中国农民工落户调查

欧阳慧 刘保奎 等著

中国市场出版社
China Market Press
·北京·

图书在版编目（CIP）数据

中国农民工落户调查 / 欧阳慧，刘保奎等著. ——
北京：中国市场出版社有限公司，2021.1
ISBN 978-7-5092-1952-2

Ⅰ. ①中… Ⅱ. ①欧… ②刘… Ⅲ. ①民工—城市化
—研究—中国 Ⅳ. ①D422.64

中国版本图书馆CIP数据核字（2020）第093674号

中国农民工落户调查
ZHONGGUO NONGMINGONG LUOHU DIAOCHA

著　　者：欧阳慧　刘保奎　等
责任编辑：晋璧东（874911015@qq.com）
出版发行：中国市场出版社
社　　址：北京市西城区月坛北小街2号院3号楼（100837）
电　　话：（010）68033539
经　　销：新华书店
印　　刷：河北鑫兆源印刷有限公司
成品尺寸：170mm × 240mm　　开　　本：16开
印　　张：18.75　　字　　数：340千
图　　数：46　　表　　数：104
版　　次：2021年1月第1版　　印　　次：2021年1月第1次印刷
书　　号：978-7-5092-1952-2
定　　价：88.00元

前言

当代中国农民工，是中国社会一个庞大的群体，不仅已是中国工人阶级的主体，而且是中国工人阶级的代表。他们勤劳肯干、积极有为、日日夜夜工作，但长期处于流动中，难以享受到与城市居民一样的城市基本公共服务。在尊重意愿的前提下，让更多符合条件的农民工尽早尽快落户城镇，减轻未来“二次”市民化的压力，既是我国经济社会持续健康发展的重要战略举措，也是农民工期盼尽快实现“同城同权”的现实诉求。

为此，党中央、国务院高度重视符合条件的农民工落户城镇，党的十九大报告明确提出“加快农业转移人口市民化”，习近平总书记在多个场合提出加快农业转移人口落户城镇，并在十八届五中全会上指出“户籍人口城镇化率直接反映城镇化的健康程度”；李克强总理提出了“推进1亿左右农民工和其他常住人口在城镇定居落户”的明确要求。2014年7月，国务院《关于进一步推进户籍制度改革的意见》的颁布实施开启了新一轮户籍制度改革，并多次发文要求放宽放开落户限制。

为了了解新一轮户籍制度改革以来农民工落户情况，我们从2016年以来开展了多次调查，包括全国12个省份的农民工落户意愿问卷调查以及洛阳、西安、苏州、嘉兴、温州、台州、赣州、大连、海城、蓟州、张北、西宁、武威、高台等几十个地方的实地调研。调查发现，尽管当前各城市对人才已经放宽了落户限制，但农民工落户依然是一个很大的痛点，想落户的地方不让落，让落户的地方不想落，长期以来大量的农民工依然像候鸟一样迁徙、流动。为了破解农民工落户问题，在大量调查的基础上，我们组织课题组开展了农民工群体差别化落户与实施方案研究，即如何在户籍制度改革困境中研究探索出农民工落户之路。

然而，这是一项争论性较大且难度极大的课题。我们大胆设想，小心求证，坚持“用事实说话”，以大量的数据分析为依据，以大量调查问卷和实地调研为支撑，以突破课题的切入点和关键点为路径，艰难地开展了以下工作：一是在分析了我国当前户籍制度改革基础上，针对当前按照城市规模制差别化落户政策的缺陷，构建了农民工差别化落户的理论框架和划分方案。二是开展了全国12个省份农民工落户的问卷调查，对当前不同区域不同群体农民工的特征、落户意愿、落户敏感性和面临的落户困难进行了比较分析。三是研究提出了农民工差别化落户的思路和实施路径。四是测算了农民工差别化落户的全国总成本、分项成本构成、四类地区的成本、中央与地方的分担成本，厘清了成本与收益的关系，构建了多主体、长周期、可负担落户成本分担机制。

经过努力，本课题形成了以下可能属于创新的地方。

第一，反思户籍制度改革的顶层设计，指出当前按照城市规模推进差别化落户陷入困境，研究提出按照“城市压力+农民工条件差异”分区域分群体推进双重差异化落户的设想，并分区域将全国339个空间单元划分为四类地区，分群体划分为四类人群。

第二，在大量调查问卷的基础上，提出要科学看待农民工落户意愿问题，指出绝大多数农民工受城市工作生活条件、公共服务和福利等优势吸引，政策供给不足是当前农民工落户意愿“不高”的主要原因，如果能有效解决城市稳定就业、住房和子女就学等问题并维护其在农村的土地权益，农民工落户意愿将大幅度提升。

第三，在以大量的问卷调查为支撑，比较分析了不同区域不同群体农民工特征、落户意愿、落户敏感性和落户困难的基础上，提出了分区域围绕“谁落户、怎么落、落到哪、如何保障”确定落户策略、分群体以“两稳定+分群体年限指标”设置准入条件的政策设计思路。

第四，提出了落户策略的区域差别化。北上广深地区要以空间换容量为突破点，实行“重点突破、适度从紧、郊区为主、提升管理”的落户策略；珠三角、长三角、闽东南及天（津）大（连）乌（鲁木齐）地区要以政策提能力为突破点，实行“存量优先、渐次放开、全域承接、加大倾斜”的落户策略；其他中央直辖市、省会城市、副省级城市要以创新强保障为突破点，实行“存量为主、适度宽松、分级引导、省域统筹”落户策略；其余地级市（州、盟）要以激励增意愿为突破点，实行“全面放开、取消门槛、市县为主、增强承载”落户策略。

第五，测算了我国不同类型地区农民工落户的成本及构成，构建了多主体、长周期、可负担的农民工差别化落户成本分担机制；并针对当前广受诟病的农民工落户的“隐形门槛”问题，提出了建立全国统一公开的户籍迁移信息化平台等建议。

在研究过程中，课题组成员专业分工与团队协作相结合，对框架结构和主要结论反复讨论，谨慎求证。课题研究也多次征询专家意见，并得到许多专家学者的大力支持和积极帮助。感谢国家发展改革委中国宏观经济研究院众多学术委员会专家的真知灼见和悉心指导，感谢史育龙、申兵、肖金成作为课题顾问在课题框架设计和观点论证方面提出了建设性指导意见。感谢国家发展改革委规划司、中华全国总工会、重庆经济研究院及各调研地方在调查研究中给予的大力帮助。在后期的研究中，本课题也得到清华大学新型城镇化研究院开放基金课题（No. K-17011-01）的资助。

本课题研究成果曾提交国务院领导和国家有关部门参阅，其中有6篇报告获得国务院领导和国家发展改革委有关领导的肯定性批示，课题成果的部分观点先后在《中国软科学》《宏观经济研究》《中国发展观察》《人口与经济》《经济纵横》《宏观经济管理》等学术刊物上发表。本课题获得了2017年度国家发展改革委优秀成果奖二等奖、2017年度国家发展改革委中国宏观经济研究院优秀成果一等奖，调研报告获得国家发展改革委中国宏观经济研究院优秀调研报告二等奖。

本书各章执笔人分别为：第一章　胡杰成、刘保奎、欧阳慧；第二章　欧阳慧；第三章　刘保奎、张燕、邓兰燕；第四章　欧阳慧、李智、李爱民；第五章　邓兰燕；第六章　欧阳慧、邹一南；第七章　张燕；第八章　滕飞；第九章　胡拥军；

第十章　李爱民。全书由欧阳慧进行结构设计和修改定稿，调查问卷的设计与分析由胡杰成、相伟完成。

本课题遵循原始原创宗旨，力求在前人研究的基石上再迈进一步。在研究中，我们也深刻地体味到了来自农民工底层的呐喊。我们尽力而为，但因受能力和时间所限，仍有诸多不足之处，有待更深入的思考和论证。希望各位专家及读者不吝赐教，批评指正。

欧阳慧

目 录

上篇 落户调查

下篇 出路与对策

上篇 落户调查

第一章　农民工群体落户意愿差异与敏感性调查——基于12个省份的问卷调查

内容提要：对全国东中西部12个省份的12291份有效问卷调查显示，目前愿意落户的农民工占一定比例，四成以上的农民工“看情况再定”，多数农民工受城市工作生活条件、公共服务和福利等优势吸引，向往稳定、高质量的城市生活。如果能有效解决城市稳定就业、住房、子女就学等问题并维护其在农村的土地权益，农民工落户意愿将大幅提高。农民工落户意愿不强的主要原因是担心失去农村土地和集体收益、落户城市后不能完全享有城镇公共服务等。对新生代、长期进城、举家迁徙等重点农民工群体的进一步分析发现，其落户意愿有一定差异，新生代农民工的落户意愿存在较大不确定性，长期进城农民工更关心子女就学，举家迁徙农民工较倾向于全家一起落户等。最后，从克服城市的阻力（克服之后成为引力）和隔断农村的引力（隔断引力可以形成推力）、形成新的城乡推力和拉力等角度，提出有效增强农民工落户意愿的六项政策建议。

掌握翔实的一手数据，是推进新型城镇化和农民工市民化理论创新和政策设计的基础。当前，伴随农民工经济社会属性的快速变化，其落户意愿、诉求也发生了重大变化。为更好地掌握农民工群体的这些最新变化，2016年4月至6月，国家发展改革委国土开发与地区经济研究所（简称国地所）《农民工群体差别化落户政策及实施方案研究》课题组与国家发展改革委规划司、中华全国总工会合作，在全国12个省份就农民工落户开展专题问卷调查，涉及50个地级及以上城市、50个县级城市、50个建制镇等大中小不同层级城市及小城镇，地域范围涵盖东、中、西及东北地区，从业范围覆盖了制造业、建筑业、服务业等各个行业，同时农民工样本选取时兼顾了不同年龄段的农民工和不同工作岗位的农民工。整项调查在调查方案、问卷、抽样等方面进行了精心设计，在调查实施、问卷回收、问卷录入等环节进行了严格的过程控制，问卷发放15300份，最终实际回收有效问卷15218份，问卷收回有效率达到99.46%。问卷结果对下一步完善农民工落户政策具有重要支撑价值。

一、问卷调查的基本情况

（一）问卷内容结构

问卷内容包括个人基本情况、就业情况、落户意愿、社保教育与住房（含土地）等4大部分共41个问题（问卷见本书附件），涵盖了农民工基本的人口学、社会学属性，从不同角度掌握农民工的落户意愿，并设计了多个敏感性问题。

（二）问卷的发放量

为了更好地从面上了解我国各地农民工落户意愿的总体情况，兼顾问卷调查的经济性，充分考虑东中西部各省份经济发展、农民工数量、城市规模等情况，课题组在全国选择了12个省份的不同层级城市，其中既包含了北广深等一线城市，也包含了苏州、无锡、东莞等沿海城市群地区的城市，还有济南、青岛、成都、郑州等副省级市和省会城市，以及中西部省份的城市。（如表1–1所示）

各城市问卷数量及发放方式为：北广深每个城市500份问卷，其中市区300份，远郊区县城100份，远郊区建制镇100份；其他省会城市及副省级城市每个城市400份问卷，其中市区200份，县城或县级市城区150份，建制镇50份；其他地级市每个城市250份问卷，其中市区100份，县城或县级市城区100份，建制镇50份。

表1-1 农民工落户问卷调查城市名单

序号	省份	城市名单
1	北京	北京
2	浙江	杭州、温州、宁波、金华、丽水
3	江苏	南京、苏州、泰州、南通、徐州
4	广东	深圳、广州、东莞、中山、汕头
5	山东	济南、青岛、烟台、潍坊、菏泽
6	河南	郑州、洛阳、商丘、安阳
7	湖南	长沙、株洲、常德、怀化
8	四川	成都、绵阳、南充、凉山州
9	贵州	贵阳、遵义、黔西南州、毕节
10	陕西	西安、宝鸡、榆林、延安
11	甘肃	兰州、白银、金昌、平凉
12	辽宁	大连、沈阳、营口、朝阳、铁岭

（三）样本的基本情况

对样本年龄、收入等基本信息进行统计分析，与已有的一些大型调研数据进行对比校验，可发现农民工有以下新动向（将之概括为“三高一变”）：年龄在提高、收入在提高、受教育水平在提高，就业行业发生变化。具体而言：

性别上：男性占55.4%，女性占44.6%。

年龄上：平均年龄34.7岁，其中16～36岁的占62.1%、37～50岁的占33.1%、51岁及以上的占4.8%。

婚姻上：未婚的占21.3%，已婚的占74.7%，离异或丧偶的占4.1%。

文化程度上：初中及以上的占88.0%，高中及以上的占54.8%。

就业行业上：制造业的占45.1%，建筑业的占15.7%，服务业和其他行业的占39.3%。

月收入上：1500元及以下的占8.5%，1501～2500元的占32.9%，2501～3500元的占33.0%，3501～5000元的占18.8%，5001元及以上的占6.8%。

二、农民工群体落户意愿的总体状况

（一）愿意落户的农民工占有一定比重，持观望态度的比重较高

在受访农民工中，21.6%的人愿意转为城镇户口（粗略估算全国约为5000万人），32.4%的人表示看情况再定，8.7%的人表示说不清，也即四成左右（全国约为1亿人）农民工处于观望状态，如果提供准确、恰当的政策激励，这1亿人左右的农民工中会有相当一部分可能会改变意愿选择落户。也有37.3%的人不愿意落户。（如图1-1所示）

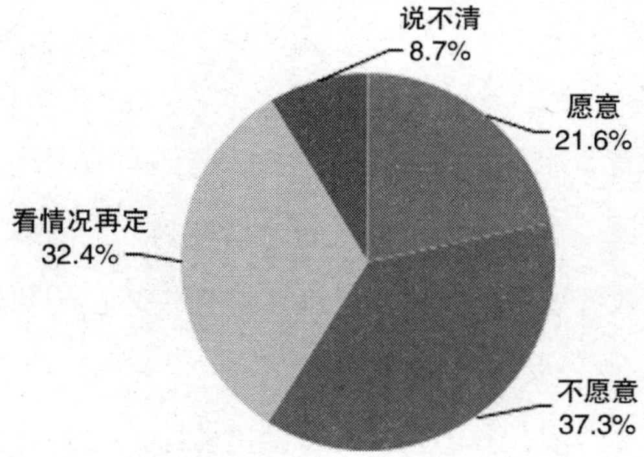

图1-1 “您是否愿意将户口转为城镇户口”调查结果比例图

（二）愿意落户的农民工绝大部分迫切希望全家一同落户

在愿意转为城镇户口的受访农民工中，69.1%希望全家一起转为城镇户口，农民工落户行为倾向具有明显的家庭化特征，存在进一步疏通家庭化落户通道的强烈需求；还有10.5%希望仅自己转户，13.5%希望仅孩子转户，5.5%希望只自己和孩子转户（配偶不转）。此外，愿意转户的农民工中，44.7%希望越快转户越

好、9.1%希望近期落户，即超过半数的人对落户较为迫切。另外，26.7%的人希望符合落户条件时再落户，19.6%的人希望在孩子上学或有其他需要时再落户。（如图1–2所示）

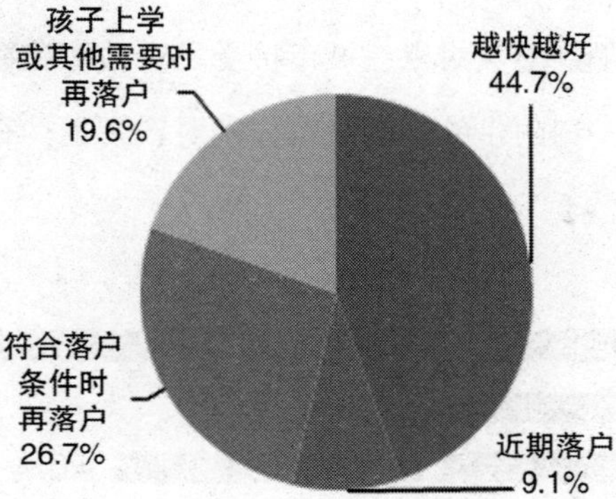

图1–2 “您想什么时候落户”调查结果比例图

此外，在落户地点上，绝大多数农民工希望在流入地城市落户，占69.1%；另外，15.6%的人希望在流出地地级市（城区）落户，而希望在流出地县城或者乡镇落户的分别只占9.0%、5.3%。（如图1–3所示）

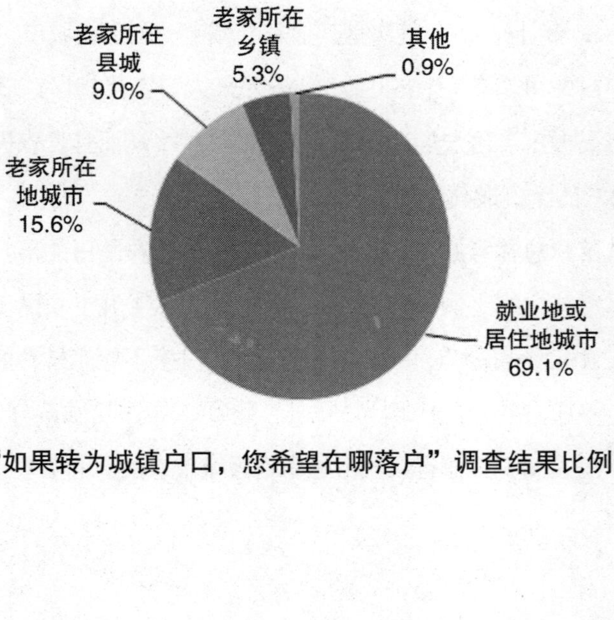

图1–3 “如果转为城镇户口，您希望在哪落户”调查结果比例图

（三）落户的动力主要是更好的教育和更多的工作机会

在愿意落户的原因中，64.0%的人是为了让孩子接受更好的教育，60.6%的人是因为城市工作机会多，仅有24.7%的人是因为可申请城镇保障房。在城镇户口权益中，79.8%的农民工最看重子女可以在城镇上学，特别是子女可以在当地参加高考，这说明农民工随迁子女可以在城市接受义务教育和在当地参加高考方面的需求迫切，目前城镇户口附带的子女教育权利对农民工具有很强的吸引力。（如图1-4所示）

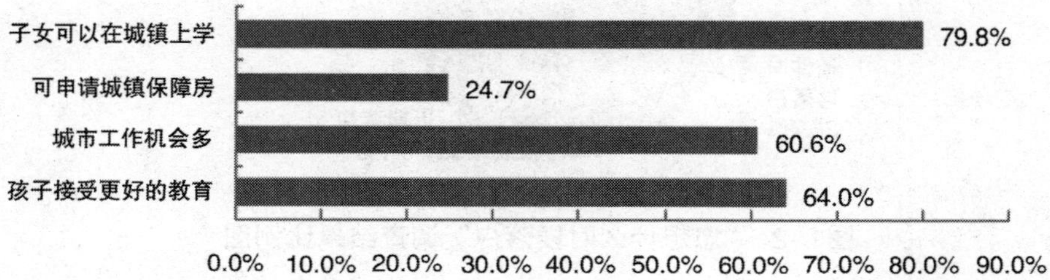

图1-4 “您落户的原因（最多选3项）”调查结果比例图

（四）不同区域农民工落户意愿分化明显

北京、广州、深圳地区农民工的落户意愿最高，占比34.8%，“看情况再定”占33.6%，合计68.4%。其次是其他省会城市、副省级城市，占比22.4%，“看情况再定”占33.6%，合计56.0%。沿海外来人口密集地区跨省农民工的比重较高，“看情况再定”落户的占比最高，达到37.3%。而且，农民工愿意在就业地或居住地落户的比例最高。具体而言：

一是从落户总体意愿上来说：（1）一线城市农民工的落户意愿明显强于其他地区，愿意转户的比例达到34.8%，比②、③、④城市农民工落户意愿分别高15.8、12.4、15.2个百分点。（2）一线城市农民工不愿意转户的比例也明显低于其他地区，不愿意转户的比例为23.7%，比②、③、④城市分别低11.3、16.7、15.8个百分点。（3）其他省会城市和副省级城市农民工的落户态度最不确定，其中46.0%的人表示看情况再定或说不清（其中表示看情况再定的占37.2%，表示说不清的占8.8%）。（4）沿海外来人口密集地区、其他城市的农民工不愿转户的比例高于其他地区，分别为40.4%、39.5%，高于一线城市、其他省会城市和副省级城市。（如表1–2所示）

表1–2 四类不同地区农民工的落户意愿

落户意愿	①北广深等一线城市	②其他省会城市和副省级城市	③沿海外来人口密集地区	④中西部其他地级城市	合计
愿意	34.8%	22.4%	19.0%	19.6%	21.6%
不愿意	23.7%	40.4%	35.0%	39.5%	37.3%
看情况再定	33.6%	29.7%	37.2%	31.5%	32.4%
说不清	7.9%	7.5%	8.8%	9.4%	8.7%
合计	100.0%	100.0%	100.0%	100.0%	100.0%

二是从落户地点期望上来说：（1）其他省会城市和副省级城市农民工中希望在流入地城市落户的比例最高（81.3%），其次是一线城市（77.8%），都明显高于沿海外来人口密集地区（69.9%）、中西部其他地级城市（57.3%）。（2）中西部其他地级城市农民工就地城镇化的倾向更为显著，希望在流出地城市（19.2%）、县城（13.9%）或建制镇（8.4%）落户的比例明显高于其他地区，合计达到41.5%。（如表1–3所示）

表1–3 四类不同地区农民工对落户地点的期望

落户地点	①北广深等一线城市	②其他省会城市和副省级城市	③沿海外来人口密集地区	④其他城市	合计
就业地或居住地城市	77.8%	81.3%	69.9%	57.3%	69.1%
老家所在地城市	12.9%	10.8%	17.1%	19.2%	15.6%
老家所在县城	5.6%	4.3%	8.3%	13.9%	9.0%
老家所在乡镇	2.5%	3.1%	4.1%	8.4%	5.3%
其他	1.3%	0.6%	0.6%	1.2%	0.9%
合计	100.0%	100.0%	100.0%	100.0%	100.0%

三是落户时间期望上来说：（1）北京、广州、深圳等一线城市和其他省会城市和副省级城市愿意落户的农民工在时间上较为迫切，在愿意落户的农民工中希望越快越好、近期的比例合计分别达到了58.7%和57.5%，高于沿海外来人口密集地区（46.4%）和中西部其他地级城市（52.7%）。（2）沿海外来人口密集地区农民工在落户时间的期望上偏缓，希望符合落户条件时、孩子上学或者有其他需要时落户的分别占30.9%、22.7%。（如表1-4所示）

表1-4　四类不同地区农民工对落户时间的期望

落户时间	①北广深等一线城市	②其他省会城市和副省级城市	③沿海外来人口密集地区	④其他城市	合计
越快越好	51.6%	48.5%	37.8%	42.5%	44.7%
近期	7.1%	9.0%	8.6%	10.2%	9.1%
符合落户条件时	24.1%	25.7%	30.9%	26.3%	26.7%
孩子上学或者有其他需要时	17.2%	16.7%	22.7%	21.0%	19.6%
合计	100.0%	100.0%	100.0%	100.0%	100.0%

（五）三类重点人群落户意愿不尽一致

新生代农民工落户意愿虽与其他人群差异不大，只有21.5%，但不愿意落户比重却明显较低，比其他人群低5个百分点左右，大量新生代农民工处于观望状态。长期进城农民工、举家迁徙农民工的落户意愿与其他人群相似，但不愿意落户的比重却高4个百分点以上，主要原因是这部分农民工多数年龄偏大。这三类人群都倾向于全家一起落户，倾向于在流入地城市落户，并将城镇户口附带的子女教育权利和资格作为落户的首要原因。

一是新生代农民工。在有效样本中，新生代农民工（1980年及以后出生）占62.1%。分析发现：（1）新生代农民工在落户意愿上存在更多的不确定性，表示落户要看情况再定的占35.3%，比老一代农民工高7.4个百分点。新生代农民工在落户时间上期待较缓，有更多人希望在孩子上学或有其他需要时再落户，政策的可引导性也更大。（2）新生代农民工希望全家一起转户的比例比老一代低，在愿意转户的新生代农民工中占到了67.9%，但比老一代农民工的同项比例低3.4个百分点；希望只自已转、只自己和孩子转的分别占12.1%、6.3%，分别比老一代农民工高4.4、2.3个百分点。（3）新生代农民工更倾向于流入地落户，占70.0%，高于老一代农民工（68.4%）。（4）新生代农民工落户时间期望上没有老一代迫切，希望越快越好的占41.9%、希望近期的占8.0%，分别比老一代农民工低7.5、2.8个百分点，这两项的合计比例比老一代农民工低10.3个百分点。（如图1–5所示）

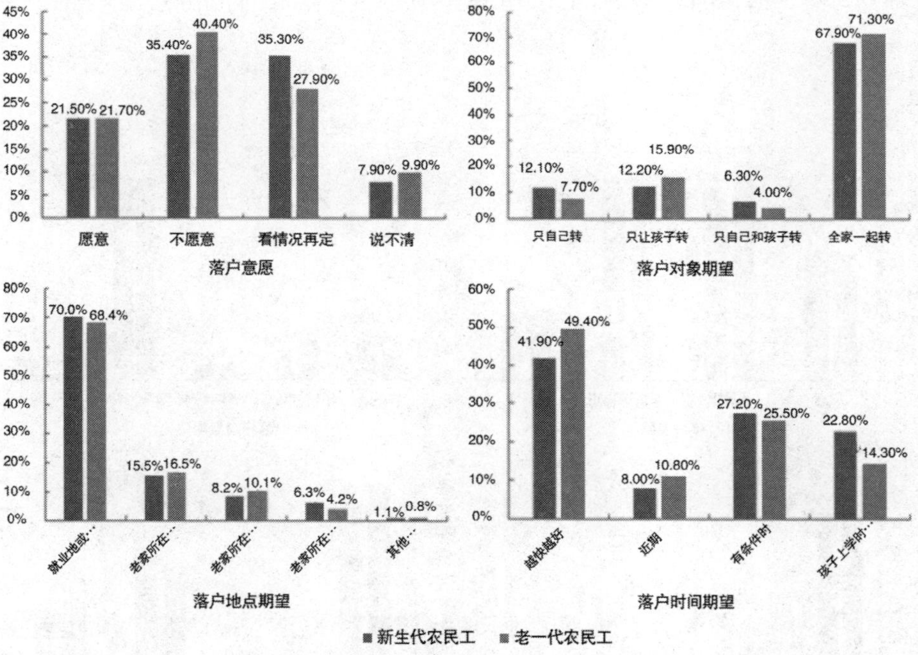

图1–5　新生代农民工和老一代农民工落户意愿对比

二是长期进城农民工。在有效样本中，长期进城农民工（在城镇就业居住5年以上）占82.4%。分析发现：（1）长期进城农民工没有表现出更强的转户意愿。愿意转户的比例占21.9%，与非长期进城农民工接近；但是不愿转户的比例（37.7%）要比非长期进城农民工高4.5个百分点。（2）长期进城农民工更倾向于全家一起落户或只让孩子落户。长期进城农民工中希望全家一起转户的占69.7%，希望只让孩子转户的占14.3%，分别比非长期进城农民工高4.2、4.4个百分点。（3）长期进城农民工更倾向于在流入地城市落户。高达71.1%的人希望在就业地或居住地城市落户，比非长期进城农民工的同项比例高7.5个百分点。（4）长期进城农民工比非长期进城农民工在落户时间上要更迫切。希望越快越好的占45.7%，希望近期的占8.8%，分别比非长期进城农民工高3.4、−1.2个百分点，两项合计高2.2个百分点。另外，长期进城农民工中希望在孩子上学或者有其他需要时再落户的占20.4%，比非长期进城农民工高4.7个百分点。（如图1-6所示）

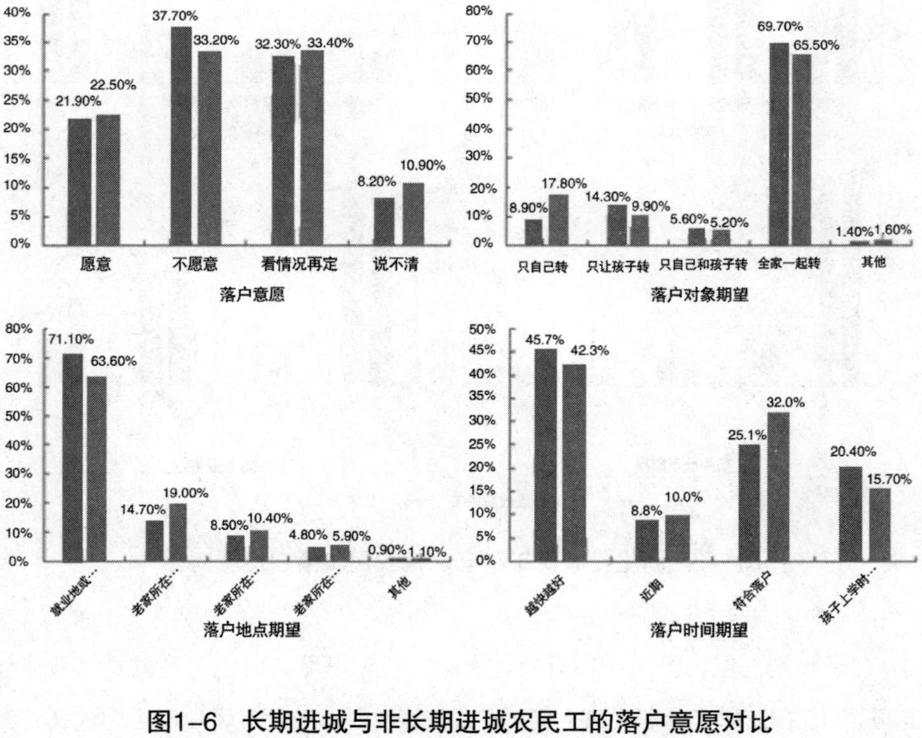

图1-6　长期进城与非长期进城农民工的落户意愿对比

三是举家迁徙农民工。在有效样本中，举家迁徙农民工占47.1%。分析发现：（1）举家迁徙农民工的落户意愿不强，愿意落户的比例为21.9%，与非举家迁徙农民工接近。举家迁徙农民工中39.5%的人不愿意将户口转为城镇户口，比非举家迁徙的高4.2个百分点。（2）举家迁徙农民工更倾向于全家一起落户，72.7%的人希望全家一起转户，比非举家迁徙的高6.7个百分点。（3）举家迁徙农民工更希望在流入地城市落户，达71.5%，比非举家迁徙农民工（67.1%）高4.4个百分点。（4）举家迁徙农民工在落户时间的期望上更迫切。47.5%的人希望越快越好，比非举家迁徙农民工（41.8%）高5.7个百分点；9.7%的希望近期落户，比非举家迁徙农民工（8.6%）高1.1个百分点。（如图1–7所示）

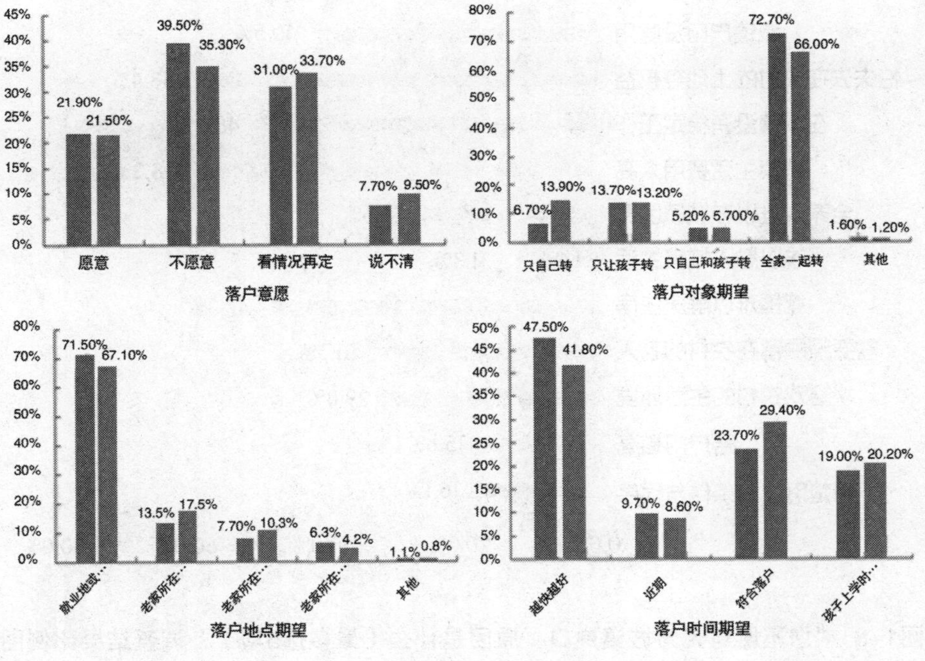

图1–7 举家迁徙与非举家迁徙农民工的落户意愿对比

三、影响农民工落户意愿的主要因素

（一）不愿意落户的首要原因是怕失去农村土地等权益

“怕失去在农村的土地等权益”是目前农民工不愿意转户、态度不确定的首要原因，占比58.4%；其次是城镇生活费用太高、在城镇没有稳定工作、难以解决城镇住房，分别占58.3%、48.9%、47.3%。而认为“城镇户口没啥用”的占到了40.5%；需要照顾留在农村的老人的占到了31.7%。（如图1-8所示）

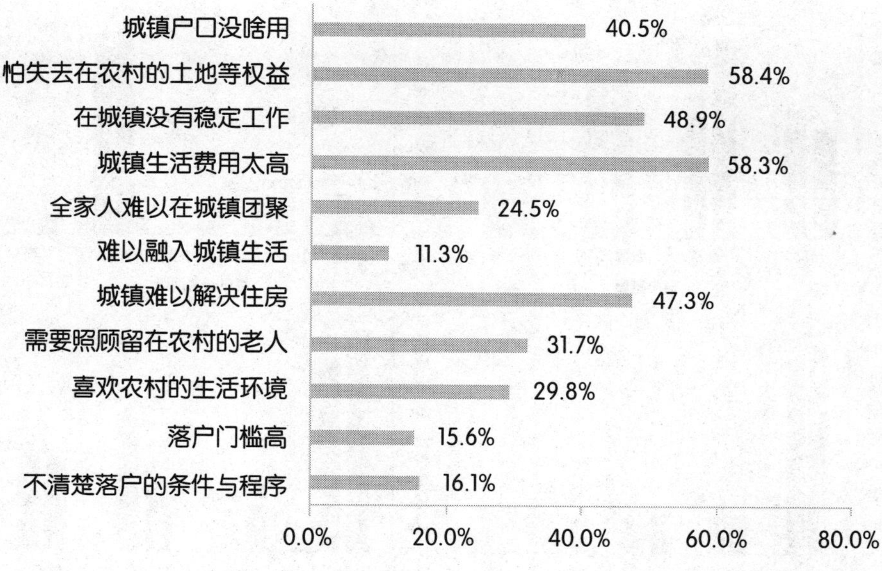

图1-8 “您不愿意转为城镇户口，原因是什么（最多选5项）”调查结果比例图

（二）不同区域农民工不愿意落户的原因不同

北京、广州、深圳等一线城市农民工不愿意落户的主要原因是“难以解决住房”，占比50.1%；其他省会城市和副省级城市农民工不愿意落户的首要原因是“怕

失去农村的土地等权益”，占比60.7%；而中西部地区的地级以及以下城市农民工不愿意落户的首要原因是“在城镇没有稳定工作”，占比52.9%。（如表1-5所示）

表1-5 不同地区农民工不愿转为城镇户口的原因

不愿意转户的原因	①北广深等一线城市	②其他省会城市和副省级城市	③沿海外来人口密集地区	④中西部其他城市
城镇户口没啥用	33.9%	40.4%	40.2%	41.9%
怕失去在农村的土地等权益	53.0%	60.7%	57.7%	58.4%
在城镇没有稳定工作	46.1%	48.1%	42.6%	52.9%
城镇生活费用太高	63.0%	59.8%	56.1%	57.7%
全家人难以在城镇团聚	27.3%	24.3%	28.2%	22.2%
难以融入城镇生活	12.5%	12.0%	10.3%	11.2%
城镇难以解决住房	50.1%	48.3%	45.5%	47.1%
需要照顾留在农村的老人	28.4%	30.7%	34.3%	31.6%
喜欢农村的生活环境	27.0%	27.3%	35.1%	29.1%
落户门槛高	27.1%	15.9%	18.2%	11.9%
不清楚落户的条件与程序	20.1%	13.8%	17.8%	15.8%

（三）不同群体农民工不愿意落户的原因不同

目前新生代农民工不愿意落户的首要原因是“在城镇生活费用太高”，占比57.9%。长期进城农民工、举家迁徙农民工不愿意落户的原因首选均是“怕失去农村的土地等权益”，分别占比为60.4%、61.6%。

一是新生代与老一代农民工不愿落户的原因不同。（1）新生代农民工主要因“在城镇生活费用太高”不愿落户，57.9%的人选择此项；其次是“怕失去在农村的土地等权益”，占55.6%；再次是“城镇难以解决住房”，占49.1%；最后是“在城镇没有稳定工作”，占45.6%。（2）而老一代农民工不愿落户的首要原因是“怕失去在农村的土地等权益”，其次是“城镇生活费用太高”，再次是“在城镇没有稳定工作”，最后是“城镇难以解决住房”，比例分别为63.0%、59.1%、54.2%、44.4%。

二是长期进城和非长期进城农民工不愿落户的原因不同。（1）长期进城农民工不愿落户的关键原因是“怕失去在农村的土地等权益”，占60.4%，比非长期进城农民工高11.7个百分点；长期进城农民工选择“城镇生活费用太高”“在城镇没有稳定工作”“城镇难以解决住房”的比例分别为59.3%、49.4%、48.1%，分别比非长期进城农民工的同项选择高3.9、2.1、3.1个百分点。这说明以上这些原因尤其是“怕失去农村土地等权益”在更大程度上阻碍了长期进城农民工选择落户。（2）非长期进城农民工不愿意落户的首要原因是“城镇生活费用太高”，55.4%选了此项，其他原因分别有“在城镇没有稳定工作”（47.3%）、“怕失去在农村的土地等权益”（47.3%）。

三是举家迁徙和非举家迁徙农民工不愿落户的原因不同。（1）举家迁徙农民工不愿意落户的首选原因是“怕失去在农村的土地等权益”，61.6%选了此项，高于新生代农民工（55.6%）、长期进城农民工（60.4%），也高于非举家迁徙农民工（55.4%）；随后的原因是“城镇生活费用太高”（58.7%）、“城镇难以解决住房”（46.4%）。（2）非举家迁徙农民工不愿意落户的首选原因是“城镇生活费用太高”，57.9%选了此项，其他原因是“怕失去在农村的土地等权益”（55.4%）、“城镇难以解决住房”（48.1%）。

上述内容参见表1–6所示。

表1–6　不同群体农民工不愿转为城镇户口的原因

不愿意转户的原因	新生代农民工	老一代农民工	长期进城农民工	非长期进城农民工	举家迁徙农民工	非举家迁徙农民工
城镇户口没啥用	39.8%	41.7%	40.2%	40.7%	42.2%	38.8%
怕失去在农村的土地等权益	55.6%	63.0%	60.4%	48.7%	61.6%	55.4%
在城镇没有稳定工作	45.6%	54.2%	49.4%	47.3%	47.7%	49.9%
城镇生活费用太高	57.9%	59.1%	59.3%	55.4%	58.7%	57.9%
全家人难以在城镇团聚	27.6%	19.3%	24.2%	27.0%	17.8%	30.3%
难以融入城镇生活	11.0%	11.7%	11.1%	13.2%	10.6%	11.9%
城镇难以解决住房	49.1%	44.4%	48.1%	45.0%	46.4%	48.1%
需要照顾留在农村的老人	31.5%	31.8%	32.7%	28.4%	29.8%	33.3%

续表

不愿意转户的原因	新生代农民工	老一代农民工	长期进城农民工	非长期进城农民工	举家迁徙农民工	非举家迁徙农民工
喜欢农村的生活环境	31.5%	26.8%	29.6%	28.3%	31.6%	28.3%
落户门槛高	16.7%	13.6%	16.0%	14.7%	14.6%	16.4%
不清楚落户的条件与程序	18.3%	12.4%	15.4%	19.3%	16.3%	15.9%

（四）缺乏对落户条件和手续的了解也是落户意愿不高的重要原因

农民工并不了解在城镇落户的条件和办理手续，41.2%的人表示对就业地和老家所在城镇的落户条件和手续都不知道，33.8%的人对就业地的落户情况知道一点但不清楚，24.8%对老家所在城镇的落户情况知道一点但不清楚，清楚就业地和老家所在城镇落户条件和手续的仅占6.6%。落户政策中存在的“门槛”仍较高，45.8%的人认为就业地落户条件太高、很难达到标准，10.8%认为老家城镇落户条件太高、很难达到标准。

仅有11.3%认为就业地落户条件不高、现在就可以达到，另有27.7%认为通过努力就可以达到；13.2%认为老家城镇落户条件不高、现在就可以达到。

四、提高农民工落户意愿的政策敏感性调查

（一）工作收入改善、购房和子女就学等均能增强农民工落户意愿

针对“未来如果具备什么样的条件，目前不愿意转户的农民工将愿意转为城镇户口”的问题，63.0%的农民工选择了“在城镇工作较为稳定”，62.1%的人选择了“在城镇收入明显提高”，明显高于其他条件的相应比例。其次是“在城镇购买了商品房”，占49.5%。再次是“子女能够进入城镇公立学校就读”，占42.8%。最后是“不会失去自己在农村的土地”“不会影响分享农村集体经济收益”，分别占40.8%、37.8%。（如图1-9所示）

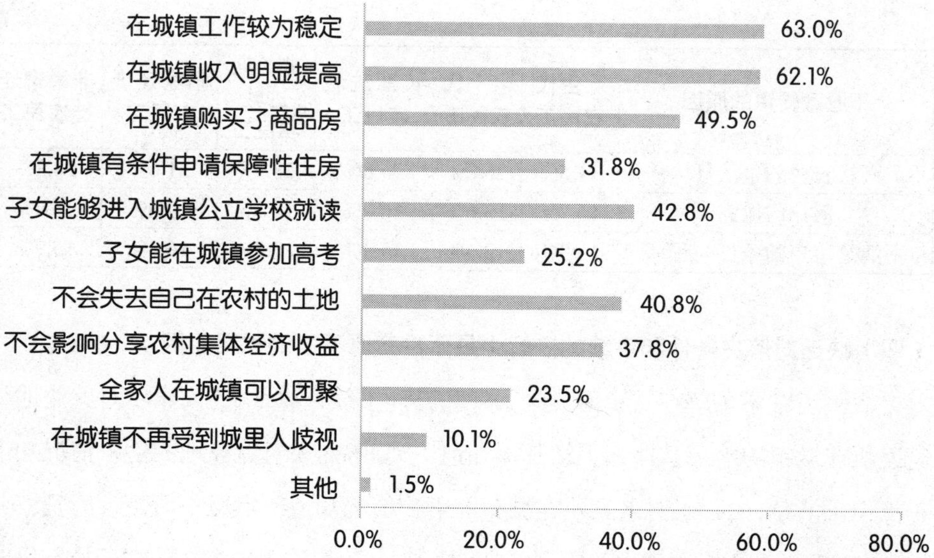

图1-9 “未来如果您具备什么样的条件，将愿意转为城镇户口（最多选5项）”调查结果比例图

（二）如果保留农村土地等权益能大幅度提高农民工落户意愿

如果保留农村土地、宅基地和集体分红，目前不愿落户的农民工绝大部分对落户持积极态度。其中明确表示愿意落户的占22.3%，表示可以考虑落户的占52.3%，两者合计达到了74.6%；而仍不愿落户的只占12.8%。这表明保留农村土地、宅基地和集体分红将极大地提升农民工的落户意愿。（如图1-10所示）

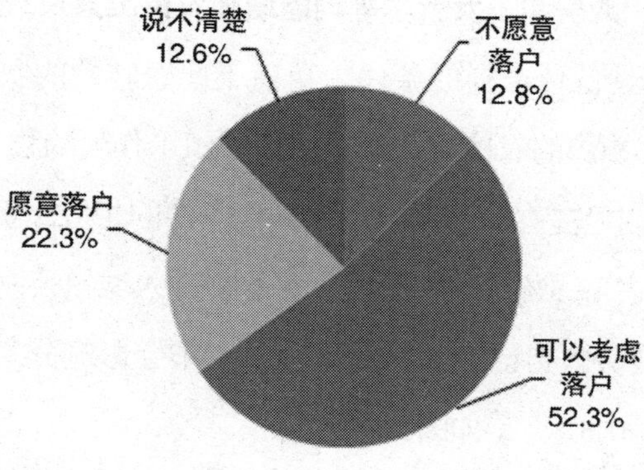

图1-10 “如果保留农村土地、宅基地和集体分红，您愿意落户城镇吗”调查结果比例图

（三）改变农民工落户意愿的途径存在区域差异

沿海地区[1]农民工落户意愿受城镇工作稳定性的影响较大，随迁子女能够进入城镇公立学校就读也是提高落户意愿的重要方面。选择“在城镇工作较为稳定”“在城镇收入明显提高”的均超过了60%，除此之外，这些地区农民工最关心的是“在城镇购买了商品房”，超过50%；而选择“子女能够进入城镇公立学校就读”的，在北广深等一线城市超过53.9%，在沿海外来人口密集地区的城市达到46.9%。

其他省会城市和副省级城市、中西部其他城市也比较类似，除了“在城镇工作较为稳定”“在城镇收入明显提高”均超过60%外，第二位的原因是“在城镇购买了商品房”“不会失去自己在农村的土地”，分别达到了50%多和40%多。（如表1–7所示）

表1–7 不同地区农民工未来愿意转户的敏感条件

未来愿意转户的敏感条件	北广深等一线城市	沿海外来人口密集地区	其他省会城市和副省级城市	中西部其他城市
在城镇工作较为稳定	64.1%	60.9%	61.7%	64.5%
在城镇收入明显提高	64.0%	58.8%	63.8%	62.4%
在城镇购买了商品房	51.5%	48.4%	51.3%	48.7%
在城镇有条件申请保障性住房	35.5%	31.2%	32.7%	30.8%
子女能够进入城镇公立学校就读	53.9%	46.9%	41.6%	39.4%
子女能在城镇参加高考	34.4%	29.6%	25.7%	21.1%
不会失去自己在农村的土地	31.1%	40.3%	43.0%	41.6%
不会影响分享农村集体经济收益	29.9%	40.0%	37.1%	38.7%
全家人在城镇可以团聚	29.4%	26.4%	23.4%	21.1%
在城镇不再受到城里人歧视	12.8%	10.9%	9.8%	9.5%
其他	1.1%	1.5%	1.3%	1.6%

（四）工作收入改善和购房是影响重点人群落户意愿的主要因素

三类重点农民工群体均将“在城镇工作较为稳定”“在城镇收入明显提高”

[1]“沿海地区”，此处代指北广深等一线城市和长三角、珠三角等沿海外来人口密集地区两类。

“在城镇购买了商品房”作为未来愿意落户首选的三个条件，即工作、收入、住房是农民工是否愿意落户的重要因素。

一是新生代农民工对“子女能够进入城镇公立学校就读”的敏感性明显强于其他两类。不愿转户的新生代农民工未来愿意转户的最敏感条件是在城镇收入明显提高、在城镇工作较为稳定，选择比例分别为64.4%、63.8%，然后是在城镇购买了商品房、子女能进入城镇公立学校就读，比例分别为51.1%、47.5%；而且，新生代农民工选择这四项条件的比例比老一代农民工分别高5.9、2.0、4.0、12.6个百分点，说明新生代农民工对这四项条件的敏感性都强于老一代农民工，尤其是对子女能进入城镇公立学校就读的敏感性要强于后者。

二是长期进城、举家迁徙农民工对保留农村土地和集体分红更为敏感。长期进城农民工中分别有42.5%、39.3%的人选择如果未来不会失去自己在农村的土地、不会影响分享农村集体经济收益，将愿意转为城镇户口，分别比非长期进城农民工的同项比例高10.7、9.7个百分点。举家迁徙农民工中44.3%的人选择不会失去自己在农村的土地，比非举家迁徙农民工高6.6个百分点；42.0%的人选择不会影响分享农村集体经济收益，比非举家迁徙高7.9个百分点。

上述内容参见表1–8所示。

表1–8　不同群体农民工改变落户意愿的敏感条件

未来愿意转户的敏感条件	新生代农民工	老一代农民工	长期进城农民工	非长期进城农民工	举家迁徙农民工	非举家迁徙农民工
在城镇工作较为稳定	63.8%	61.8%	62.7%	64.9%	63.0%	63.0%
在城镇收入明显提高	64.4%	58.5%	62.3%	62.5%	61.8%	62.4%
在城镇购买了商品房	51.1%	47.1%	49.5%	51.2%	49.0%	50.0%
在城镇有条件申请保障性住房	31.5%	32.1%	31.7%	33.7%	30.5%	32.8%
子女能够进入城镇公立学校就读	47.5%	34.9%	43.6%	40.0%	41.8%	43.7%
子女能在城镇参加高考	25.5%	24.7%	26.2%	21.8%	24.7%	25.7%
不会失去自己在农村的土地	38.2%	45.0%	42.5%	31.8%	44.3%	37.7%
不会影响分享农村集体经济收益	36.6%	39.9%	39.3%	29.6%	42.0%	34.1%

续表

未来愿意转户的敏感条件	新生代农民工	老一代农民工	长期进城农民工	非长期进城农民工	举家迁徙农民工	非举家迁徙农民工
全家人在城镇可以团聚	25.6%	20.1%	22.8%	27.3%	18.4%	28.1%
在城镇不再受到城里人歧视	9.2%	11.6%	10.4%	9.6%	9.2%	11.0%
其他	1.3%	1.7%	1.4%	1.8%	1.4%	1.5%

五、结论与建议

（一）主要结论

本文调查分析发现，尽管目前农民工群体的落户意愿存在提高的可能，他们对稳定、可持续的城市生活充满向往，被城市在教育质量、工作机会、生活条件、其他公共服务和福利等方面的优势所吸引。所以存在这种向往城市生活而又落户意愿不强的矛盾，是因为大部分农民工在城市缺乏较稳定的生活预期，其收入不足以支撑体面的城镇生活、工作不够稳定、难以解决住房等，同时还存在一些较大的后顾之忧，如担心失去在农村的土地等权益。高达四成的农民工在落户意愿上的不确定态度（包括“看情况再定”和“说不清”），正体现了生活理想与现实之间的矛盾给他们造成的犹豫、彷徨与迷茫。

在理论解释上，农民工的落户意愿受到来自城市的阻力和来自农村的引力这两方面力量制约。落户城市的阻力在于无法享受到子女平等受教育权利、其他公共服务和福利，以及户籍身份融入当地城市带来的生活稳定感、安全感和归属感（即户籍绑定当地城市之后却无法安居乐业，无法维持一个较稳定、可持续的生计和居所）等。来自农村的引力表现为农村土地的升值、分红及财产权利的变现预期。农民工落户意愿及意愿的改变，正是这些阻力（克服之后成为引力）和引力（隔断引力可以形成推力）相互较量、综合作用的结果。而目前农民工群体落户意愿不强的关键原因在于落户城市的风险和户籍迁出农村的阻力较大。

进一步分析发现，落户地、年龄、迁移特征等因素也影响到农民工的落户意愿，不同地区、不同群体的落户意愿及转变有明显差异（参见表1-9所示）。（1）四类不同地区农民工。①北上广深等一线城市农民工落户意愿较强，阻碍其偏向落户的主要因素是城镇生活费用太高、难以解决住房问题等。②沿海跨省农民工集聚区城市农民工的落户意愿最不确定，在落户目的上特别偏重于使子女接受更好的教育；未来愿意落户的较敏感条件是保留农村集体经济收益。③其他省会城市和副省级城市农民工中愿意落户者希望在就业地或居住地落户的比例高达八成，而担心失去农村土地等权益、在城镇收入不高则制约了其中许多人偏向落户。④中西部其他地级城市农民工希望在老家所在城镇落户的比例较高，在城镇能否获得工作机会是影响其落户意愿的关键因素。（2）新生代农民工。落户意愿存在较大的不确定性；未来愿意落户的最敏感条件是在城镇收入明显提高、工作较为稳定，然后是在城镇购买商品房、子女进入城镇公立学校就读等。（3）长期进城农民工。较倾向于全家一起或只让孩子落户，在就业地或居住地落户，较看重城镇户口附带的子女教育权利；部分人不愿落户的关键原因是担心失去农村土地等权益。（4）举家迁徙农民工。较倾向于全家一起落户、在就业地或居住地落户，在落户时间期待上较为迫切；部分人不愿落户的很重要原因是怕失去农村土地等权益。（5）其他农民工。老一代、非长期进城、非举家迁徙等其他农民工的落户意愿较弱；部分人不愿落户的突出原因是在城镇没有稳定工作。

（二）六点建议

克服阻力（克服之后成为引力）和隔断引力（隔断引力可以形成推力）可以形成新的推力和拉力，有效增强农民工落户意愿。政策建议如下：

一是把稳定农民工就业作为提高农民工落户意愿的重中之重。一定规模的、较为稳定的就业空间是促进农民工融入城市、预期稳定、落户扎根的基本前提。在产业结构升级、城市发展建设过程中，应避免低技能岗位的急剧减少对农民工就业带来的冲击。在发展资本、技术密集型产业的同时，继续重视劳动密集型产业的发展；在发展金融、信息等高端服务业的同时，也要重视批发零售、住宿餐饮、社区服务等低端服务业的发展，减少对低端服务业从业人口的过度疏解政

表1–9　不同类别农民工落户意愿特征比较

农民工类别		落户意愿特征	影响落户意愿的原因	落户意愿的敏感条件
分区域	北广深等一线城市	1.落户意愿明显强于其他地区农民工，34.8%的人明确表示愿意落户 2.落户时间的期待上较为迫切	1.部分人不愿落户的首要原因是城镇生活费用太高 2.相比其他地区农民工，他们更可能因为城市公共服务和福利好而愿意落户，更可能因为城镇难以解决住房问题而不愿落户	对保留农村土地和集体经济收益，子女能进入城镇公立学校就读、能在城镇参加高考的敏感性较强
	沿海外来人口密集地区	1.落户意愿最不确定，46.0%的人表示看情况再定或说不清 2.落户时间的期待上相对偏缓	在落户目的方面特别偏重于使子女能接受更好的教育	对保留农村集体经济收益的敏感性较强
	其他省会城市和副省级城市	1.愿意落户的人中希望在就业地或居住地城市落户的比例最高，高达81.3% 2.落户时间的期望上较为迫切	相比其他地区农民工，他们更可能因为城市生活条件好而愿意落户，更可能因为怕失去农村土地等权益而不愿落户	对在城镇收入明显提高的敏感性较强
	中西部其他地市级城市	愿意落户的人中希望在老家所在城市、县城或乡镇落户的比例为41.5%，明显高于其他地区农民工	愿意落户的首要原因是城市工作机会多，较可能因为在城镇没有稳定工作而不愿落户	对在城镇工作较为稳定的敏感性最强
分群体	新生代农民工	1.落户意愿的不确定性较强，表示看情况再定的占35.3% 2.相比老一代农民工，他们在落户时间上的迫切性稍缓，更希望在孩子上学或有其他需要时再落户	1.相比老一代农民工，他们更看重城镇户口附带的子女上学和高考权利，更追求城市工作机会、公共服务和福利 2.部分人不愿落户的主要原因是城镇生活费用太高、怕失去农村土地权益等	1.未来愿意落户的最敏感条件是在城镇收入明显提高、在城镇工作较为稳定 2.对子女能进入城镇公立学校就读的敏感性明显强于老一代农民工
	长期进城农民工	1.较倾向于全家一起落户或只让孩子落户 2.较倾向于在就业地或居住地城市落户	1.很看重城镇户口附带的子女上学和高考权利，愿意落户的十分重要的原因是为了子女接受更好的教育 2.部分人不愿落户的关键原因是怕失去农村土地等权益	1.很看重城镇户口附带的子女上学和高考权利，愿意落户的十分重要的原因是为了子女接受更好的教育 2.部分人不愿落户的关键原因是怕失去农村土地等权益
	举家迁徙农民工	1.较倾向于全家一起落户 2.较倾向于在就业地或居住地城市落户 3.在落户时间上较为迫切	1.愿意落户的主要原因是为了子女接受更好的教育，城市工作机会多、生活条件好等 2.部分人不愿落户的关键原因是怕失去农村土地等权益	对保留农村土地和集体经济收益的敏感性较强
	其他农民工	1.落户意愿偏弱，愿意转为城镇户口的只占17.4% 2.希望在老家所在城市、县城或乡镇落户的比例较高 3.在落户时间的期待上偏缓	1.愿意落户的首要原因是为了子女接受更好的教育 2.部分人不愿落户的突出原因之一是在城镇没有稳定工作	对一系列条件的敏感性都弱于全部农民工的整体状况

策；积极引导沿海地区劳动密集型制造业向中西部地区合理转移，为中西部农村劳动力就近就地城镇化转移创造条件。

二是把维护进城农民工的土地权益作为提高其落户意愿的根本保障。担心失去农村土地等权益已经成为一些人不愿转户的重要原因。应加快确权颁证，加强农村集体土地、宅基地等所有权、使用权、租赁权等的保护，创新抵押权、发展权等新的权属形式，禁止违法调整、收回、强迫流转外出农民工的承包地。农民外出就业期间，在依法自愿有偿的原则下，可采取转包、出租、转让、股份合作等形式，流转土地承包经营权。对已经在城镇稳定就业并落户的农民工，允许其出售土地长期承包权，将土地转让给从事农业的农民，或者保留土地承包权，依法流转；在有条件的地区允许部分宅基地使用权流转、抵押与退出。

三是加大对农民工的职业技能、文化和生活方式的培训。这不仅是我国经济转型升级、培养现代产业工人队伍的需要，也是提高农民工市场竞争力和收入水平，使农民工有能力扎根城市、放心地留在城市的重要手段。应完善政府、企业与农民工共担培训经费的机制，加大政府对农民工培训的投入；建立学校教育、企业培训、社会机构培训、政府培训等相结合的多层次培训体系；根据我国产业结构升级的需要和农民工自身的需求，有针对性地设置培训的工种、科目、课程；加强对培训效果的评估。

四是高度重视农民工子女教育问题，让城镇化在代际间传棒接力。为了子女接受更好的教育是农民工愿意落户的重要原因；子女进入城镇公立学校就读也是部分人未来愿意转户的较强敏感条件。应出台农民工子女教育专项规划，制定全面、系统、有针对性的政策措施；真正打破城乡教育体系分割，以城市公立学校为主，解决好农民工随迁子女平等接受义务教育的问题；为农民工子女提供一些专门的教育支持和救助，缩小他们与城市学生之间的教育差距；落实解决农民工随迁子女在流入地参加高考的问题。

五是创新完善农民工群体差异化落户的促进政策。（1）分地区完善政策设计。北上广深等一线城市应加快推进基本公共服务常住人口全覆盖，通过“城中村”改造、公租房等方式促进农民工住房问题的缓解。沿海外来农民工集聚地区应大力完善促进农民工市民化的系统性政策，重点突破农民工随迁子女平等接受义务教育问题。其他省会城市和副省级城市应着重提升农民工就业层次和收入水平，促进农民工就地落户。中西部其他地级城市应大力拓展农民工就业空间，政府应鼓励引导产业项目在资源环境承载力强、发展潜力大的地方布局。（2）分群体完善支持政策。对于新生代农民工，应以提升就业创业能力、加强经济社会权益保障、健全社会管理、增强社会关爱等为重点，增强其市场竞争力和城市融入度，稳定未来预期，促进其落户。对于长期进城、举家迁徙农民工，应将其作为促进落户的重中之重，完善家庭化落户政策、解决好随迁子女入学问题，依法保护农村土地等权益。对于老一代、非长期进城、非举家迁徙的其他农民工，应完善基本公共服务，加强就业扶持，促进其在老家所在城镇就近落户。

六是加快构建全国公开统一的户籍迁移平台。针对各地落户政策内涵、流程、要求等差别较大，农民工对落户政策不熟悉且学习成本高的问题，未来应加快应用互联网技术，构建全国公开统一的户籍迁移平台。该平台的核心功能应包括：（1）户籍政策的“套餐化”组合。中央政府要列出户籍政策的标准化条目，形成若干政策套餐，各地按规定选取套餐类型，这样减少户籍政策的碎片化，降低学习成本。（2）落户办理流程的“一站式”服务。有落户需求的农民工可以在该平台上查阅所有地区的落户流程及要求，可以在线填写表格、上传证明等，让农民工不用耽误上班时间即可完成户籍申请、办理。（3）各地推进落户进展的“公开化”监督。各地定期将办理户籍人数、申请-批准率、服务和便利内容等在该平台上进行公开，接受社会监督，中央政府有关部门可依托该平台对此进行检查评估。

第二章　农民工落户的“隐形门槛”调查

内容提要：从多地调查中发现，户籍制度改革落实不甚理想，各地农民工落户通道依然不畅，“玻璃门”“旋转门”“弹簧门”等问题较大程度存在，突出表现为：一些大城市及外来人口密集地区实行的“积分落户”制度，以“指标分值+落户指标”构筑起农民工落户的“高门槛”；不少地方对“合法稳定住所”的具体规定成为农民工落户难以逾越的“门槛”；普遍存在的信息不对称使不少农民工对落户“望而却步”等。建议多措并举、综合施策，攻克农民工落户城镇的“最后一公里”。

推进有条件的农民工群体在城镇落户是涉及亿万农业转移人口的一项重大举措，也是以人为核心的新型城镇化的关键环节。党中央、国务院高度重视有条件的农业转移人口进城落户，习近平总书记在党的十八届五中全会上就“十三五”规划建议所作的说明中指出“户籍人口城镇化率直接反映城镇化的健康程度”；李克强总理要求加快推进“1亿左右农民工和其他常住人口在城镇定居落户”“放宽城镇落户条件”。2014年以来，《国家新型城镇化规划》《国务院关于进一步推进户籍制度改革的意见》《国务院关于深入推进新型城镇化建设的若干意见》《中华人民共和国国民经济和社会发展“十三五”规划纲要》等多个文件对

“放宽农业转移人口进城落户门槛，促进农民工市民化”进行了战略部署。然而，从多地调查中发现，户籍制度改革落实不甚理想，各地农民工落户通道依然不畅，“玻璃门”“旋转门”“弹簧门”等问题较大程度存在，严重制约户籍城镇化率的提高。落户的“隐形门槛”突出表现在以下几个方面：

一、“积分落户”制度形成的落户“隐形门槛”调查

“积分落户”起源于中山市小榄镇，后来先后推广到中山市、广东省以及全国大城市和外来人口密集地区。截至目前，据不完全统计，我国至少有30个城市实行了“积分落户”制度。“积分落户”制度把个人素质、参加社保、社会贡献、住房、纳税等几十项指标作为农民工落户的准入条件，表面上拓宽了原有落户的单一渠道，但积分指标分值设置及户口指标控制却使农民工在城市落户几成“奢望”。

（一）指标分值设置的人才指向，使农民工的积分难以与高学历、高技术人才“比拼”

“积分落户”制度是在落户指标控制下按照分值由高到低确定落户人选，针对的是城市所有外来人口，不仅包括从农村流入的农民工，也包括大中专毕业生、高技能人才。从设置指标的分值来看，各地把人才作为最重要的评分指标，高学历、高技能人才所设分值远远高于一般农民工，使一般农民工的积分难以与高学历、高技能人才“比拼”。如广东省规定初中分值5分，高中或中技、中职分值20分，而本科及以上分值却高达80分，高学历与一般学历的巨大分值差使学历不占优势的农民工几乎被排斥在落户之外。（如表2-1所示）

表2-1 广东省农民工积分指导指标及分值表

指标分类	一级指标	二级指标①	三级指标	指导分值	方向	实施说明
省统一指标	个人素质	文化程度②	初中	5分	正	由本人按照就高不就低的原则提供其最高学历证书，不得累加计分
			高中或中技、中职	20分	正	
			大专	60分	正	
			本科及以上	80分	正	
		职业资格或专业技术职称	初级工、事业单位工勤技术工岗位五级	10分	正	由本人按照就高不就低的原则提供其最高级别的技能等级或技术职称证书，不得累加计分
			中级工、事业单位工勤技术工岗位四级	30分	正	
			高级工、事业单位工勤技术工岗位三级、初级职称	50分	正	
			技师、事业单位工勤技术工岗位二级、中级职称	60分	正	
	参保情况	参加社会保险情况	缴纳社会保险费年限	参加城镇基本养老保险、城镇基本医疗保险、失业保险、工伤保险、生育保险，每个险种每满一年积1分。总分最高不超过50分	正	由本人提供社保经办机构或地税部门出具的证明
	社会贡献	社会服务	参加献血	每次2分，最高不超过10分	正	由本人提供捐献证明
		近5年内	参加义工、青年志愿者服务慈善捐赠，接受捐赠的单位必须是政府认定的慈善组织	服务每满50小时积2分，最高不超过10分 每千元积2分，最高不超过10分	正	由本人提供志愿者机构出具的相应证明 由本人提供捐赠证明

续表

指标分类	一级指标	二级指标	三级指标	指导分值	方向	实施说明
省统一指标	社会贡献	表彰奖励	获得县级党委、政府或处级部门表彰嘉奖或授予荣誉称号	每次积10分，最高不超过30分	正	由本人提供荣誉证书
			获得地级以上市委党委、政府或厅级以上部门表彰、嘉奖或授予荣誉称号③	每次积60分，最高不超过120分	正	由本人提供荣誉证书
	减分指标	违反计划生育政策	不符合政策生育	有超生行为的人员，自作出处理决定之日起5年内不能申请入户城镇；期限届满后，超生一个子女的扣100分，再超生的加倍扣分；未办理结婚登记生育第一个子女且60日内未补办结婚登记的，以及未依法办理收养登记收养子女的，扣50分	负	由本人提供户籍地计生部门出具的证明材料
		违法犯罪（近5年内）	曾受过劳动教养	扣50分	负	由本人提供户籍地公安派出所出具的有无违法犯罪记录的证明
			曾受过刑事处罚	扣100分	负	
各市自定指标④						

注：①二级指标中没有标明年限的，无年限限制。
②初中以下学历不积分。
③符合《广东省劳动和社会保障厅 广东省发展和改革委员会 广东省公安厅关于做好优秀农民工入户城镇工作的意见》（粤劳社发〔2008〕13号）规定条件的，可直接申请入户。
④各市自定指标的指标项目和分值由各地自行确定。

资料来源：广东省人民政府网。

（二）指标控制的“安全阀”功能，使城市有条件地将一般农民工“二次”排除

“积分落户”制度是一种“指标控制+门槛积分”的落户模式，是我国原有落户计划指令下的一种改进，在制度设计上，谨慎地给“积分落户”安上一个能灵活调节“出水量”的“安全阀”，即当地政府可根据落户计划指标随时调节入户的“阀门”。受地方利益导向的影响，城市政府可通过“阀门”再次将学历不占优势、技术一般的农民工排除在外。如北京市提出积分不设上限，即使积分高如果在当年公布的落户指标范围之外也不能落户。又如实施“积分落户”较早的东莞市，2010—2014年5年时间通过积分落户3.6万人，年均落户7200人，仅占全部外来人口的0.1%；而东莞大专以上学历的外来人口就占10%左右，按照这样的速度要完成大专以上学历的外来人口落户就需要几十年，农民工更是难上加难。

（三）办理积分材料的“高成本”，让农民工“望而生畏”

在调查中发现，“积分落户”申请材料达到几十项，涉及的部门达十几个。不少人反映，即使申请人马不停蹄地去办理这些证明，也需要一个人反复奔跑几个月，而且各种证明材料难办理、政府部门办事员“脸难看”时有发生。此外，大部分城市的积分落户证明材料，要求专业技术资格证书等，需要培训、考试才能拿到，相应的培训费、考试报名费也不容忽视。

二、“两稳定”具体规定形成的落户“隐形门槛”调查

合法稳定住所、合法稳定职业是户口迁移的基本条件，中央多次强调“合法稳定住所”含租赁，然而不少地方对“合法稳定住所”的具体规定却使“合法稳定住所”成为农民工落户城镇难以逾越的一道“门槛”。

（一）将“合法稳定住所”规定为“自有住房”

如江苏省明确，合法稳定住所是指在城镇购买、自建、继承、受赠的产权房和政府提供的保障性住房，并不包括租赁住房。（参见专栏2–1）

专栏2-1　江苏省辖市本地户口通迁 合法稳定住所不含长租房

2015年7月1日起，江苏公安机关推出改革惠民五项措施，包括户口迁移、身份证办理、机动车检验、出入境办证、边检登轮许可证办理等五个方面。8月4日，江苏省公安厅通报了这些措施的实施情况，并回应了居民的一些热点问题。

【政策】本省居民凭合法稳定住所，在省辖市范围内自由迁移户口；城市综合承载能力压力小的地方，可凭合法稳定就业并参加城镇社会保险，在本地自由迁移户口。

【解读】省公安厅治安总队负责人说，合法稳定住所指在城镇购买、自建、继承、受赠的产权房和政府提供的保障性住房，在建制镇和小城市还包括在当地房管部门办理租赁登记备案的租赁房屋；合法稳定就业，指有合法职业、依法签订劳动合同、参加社会保险，或取得营业执照、具有稳定收入并依法纳税。

有市民问，长期租住的房子算不算合法稳定的住所？对此，相关负责人表示，“不算，必须是自己的产权房，或者政府提供的公租房或者廉租房，因为租房存在不稳定性，房东随时可以不出租”。

本市范围内户口可以迁移了，那么今后省内户口可不可以随便迁移？“现在还做不到。”这位负责人表示，对于特大城市的人口，国家还是控制的，中小城市是放开的，中等城市推行居住证制度。

资料来源：《扬子晚报》，2015年8月5日。

（二）将“合法稳定住所”规定为“能提供房产证明或需相关部门备案的房屋租赁合同”

这种规定在我国多个城市普遍存在。很多农民工虽然在就业地租房多年，但大多数业主为规避“租房税费”而对合同备案采取“消极抵抗”政策。此外，不少农民工居住在“城中村”的小产权房中，租赁房主也没有办法出示房产证明，更没办法备案。还有部分农民工居住在厂里的集体宿舍，更没办法出示相关证明材料。甚至不少地方，如中山、东莞以“合法稳定住所”条件拓展为农民工子女入学的基准条件，使农民工子女入学也面临障碍。（参见专栏2-2）

专栏2-2 “卡”在无合法稳定住所证明

本报讯（记者陈臣） 2014年开始，符合条件的非广东省户籍随迁子女（非粤籍考生）均可在广东省报名参加高职类高考。但昨日记者从东莞市教育局获悉，2014年东莞中职学生中有41名非广东籍随迁子女报考，而最终通过审核的只有6人。对于公办职中，由于2013年才开始招收非本省户籍生源，所以报名高考的外地生源寥寥无几。而民办职中的学生则多因为父母提供不了合法稳定住所证明而致报考“卡壳”。

民办职中：“合法稳定住所”成门槛

作为民办职中的东莞市育才职业技术学校，近年来主要面向外地生源招生，其中也有不少外省生源。但记者从校方相关负责人处了解到，今年该校报名高考最终通过审核的只有1名学生，很多报考都被条件中“合法稳定住所”卡住。根据相关规定，进城务工人员随迁子女在东莞市报名参加高校招生考试的，需具有合法稳定住所，主要指拥有自有住房和合法租赁住房两种情形：其一，对于拥有自有住房的，要求申请人提供房地产权证、购房合同、房屋征收（拆迁）补偿协议等证明材料；其二，对于租赁住房的，应提供办理了登记备案手续的房屋租赁合同，或房屋租赁登记备案证明。所以随迁子女报名参加高考时，提供父亲或母亲在我省具有合法稳定住所证明具体包括：房地产权证、购房合同、房屋征收（拆迁）补偿协议、房屋租赁合同、房屋租赁登记备案证明等其中一项有效证明材料。

对于这个规定，上述民办职中负责人告诉记者，家长要么能提供房产证明要么能提供房屋租赁合同，但实际上很多新莞人虽然在东莞租有房子但所租的房子并没有到相关部门备案，他们也就没有办法出示相关的房屋租赁合同，而有的买的是小产权房，也没有办法出示房产证明。另外还有部分家长是住在厂里的集体宿舍，也没办法出示相关材料。所以该负责人认为，这个条件对于新莞人来说有些严苛。他表示，其实在东莞缴纳社保满3年就能证明肯定在东莞工作。

公办职中：满3年学籍外省生较少

根据广东省2012年年底公布的异地高考政策，2014年起，具有合法稳定职业、住所并连续3年以上持有广东省居住证，并按国家规定在广东参加社会保险累计3年以上的进城务工人员，其随迁子女在广东中职学校具3年完整学籍的，可参加中职报考高职的考试，并与广东籍考生同等录取。但昨日下午，记者从东莞理工学校了解到，由于满3年学籍的外省生源较少，所以该校报名参加高考且顺利通过审核的非本省户籍学生并不多。“因为去年才开始放开向新莞人子女招生，所以目前东莞的公办中职中达到3年学籍的外省生源很少。”该校负责人告诉记者，该校去年招的1100多名学生中外省生源大概仅有几十人，而该校每年的毕业生大约七八成都会选择参加高考，其中基本是本地生源。

东莞市轻工业学校的相关负责人也向记者透露，该校2014年的毕业生共有500多人，其中有260多名学生成功报名高考，但没有一名非广东省户籍的学生。在昨日的采访中，几所公办职中的负责人接受记者采访时均提到，非广东省户籍学生很少成功报名高考的原因主要是东莞的公办中职去年才开始放开面向所有新莞人子女招生，符合3年完整学籍的非广东省户籍的学生不多。同时，外省生源的父母中，不少人没在东莞缴纳社保或在东莞缴纳社保年限未达3年规定。

资料来源：《广州日报》，2014年4月14日。

（三）如以租赁住房落户还需要“房主合法固定住所证明及同意落户证明”

在我国大部分地区，即使是县级城市，如河北省安国市，也明确要求“合法稳定住所”。如果是租赁住房的，同时需要提供“房主合法固定住所证明及同意落户证明”。但现实中，房主受多方面的自身利益考虑，很难同意出具这样的证明，更不愿意农民工落户在自己房屋名下。（参见专栏2-3）

专栏2-3 河北省安国市申请办理本人及共同居住直系亲属的常住人口的手续

1. 申请人书面申请。

2. 申请人合法固定住所证明原件及复印件。

3. 稳定的职业或生活来源证明。如：工商部门核发的营业执照，县（市、区）以上劳动、人事部门录(聘)用合同书，领取养老保险金、退休金等证件的原件及复印件。

4. 申请人及其直系亲属的户口簿、身份证原件及复印件。

5. 申请人及其直系亲属的亲属关系证明。

合法稳定住所证明包括：（1）合法自购房的，提供房产证或购房合同（协议）和购房票据；（2）合法自建房的，提供宅基地使用证明或土地使用证明；（3）借住房的，提供房主合法固定住所证明和同意落户证明；（4）政府、单位授权个人使用的保障性住房、单位公产房的，提供政府、单位授权个人使用的证明材料；（5）租赁房屋的，提供房屋租赁合同（协议）、房主合法固定住所证明及同意落户证明。

合法稳定职业证明包括：（1）行政机关、人民团体、事业单位聘用或与企业依法签订劳动合同的，提供聘用合同或劳动合同及缴纳城镇职工基本养老保险6个月以上的票据；（2）依法取得工商营业执照的，提供工商部门核发的营业执照及依法纳税6个月以上的票据；（3）从事自由职业的人员提供办理6个月以上的居住证。

资料来源：安国市人民政府官网。

三、“信息不对称”形成的落户“隐形门槛”调查

（一）落户政策不跟进

即使2014年以来国务院对户籍制度改革出台了文件，对落户政策有了较大的放宽，但搜索相关政府网站发现，不少城市甚至一些中部地区的县（市），实施的还是十多年前的落户政策。此外，到目前为止，自2014年7月《国务院关于进一步推进户籍制度改革的意见》颁布以来，仅有山东、河南等少数省份的地市一级出台了相应的实施方案或实施细则，而大部分省份的地市一级还没有出台相关实施性文件。

（二）落户信息繁琐且不对称

调研中发现，落户方式多样，落户政策繁多，各地审批条件和程序各异，信息不对称现象突出，很多符合申办当地户口条件的农民工对如何解决户口这一民生问题大多陷入“不摸门”：不知道到哪个部门去申办，也不知道自己是否符合条件，需要经历什么样的程序，甚至不知道如何获取这些信息。通过对部分城市的政府网站搜索发现，无论是政府网站，还是公安部门网站，落户信息少、位置不醒目，公安部门热线电话渠道也很难打通。有些城市即使有落户信息和程序，也只是局限在本地人迁移或人才落户等方面，关于农民工落户渠道的信息很少，甚至不涉及。

四、打通农民工落户的“最后一公里”

2013年习近平总书记在山东考察时，曾强调“一分部署，九分落实”。2016年1月22日召开的中央政法会议也明确指出，大中城市要取消落户“暗门槛”。为扎实推进新型城镇化，完成“1亿左右农民工和其他常住人口在城镇定居落

户”目标，需多措并举、综合施策，攻克农民工落户的“最后一公里”。

（一）出台“户籍新政”的实施细则文件，规范各种落户方式的实施范围和落户条件的具体内涵

目前，《国务院关于进一步推进户籍制度改革的意见》出台两年多了，但由于政策弹性较大，地方政府对相关规定有多种解读，影响了落户效果。对此，一要根据《国务院关于进一步推进户籍制度改革的意见》，尽快明确各种落户方式的实施范围。我国各地采取的落户方式有多种，有人才落户、购房落户、公务员落户、投靠落户、积分落户等，需要进一步明确各种落户方式的实施范围，对不合理的落户方式进行清理。二要对落户条件尽快明确具体内涵。如对“合法稳定就业”“合法稳定居所”“参与社会保险年限”“居住年限”等关键名词的内涵界定、计算方法等要有明确规定。

（二）出台“积分落户”制度的指导性文件，清理和规范“积分落户”制度

“积分落户”制度为特大城市的农民工打开一道落户的“口子”，但为避免把“积分落户”制度这一民心工程变成民怨工程，建议国家尽快出台“积分落户”制度的指导性文件，规范其实施范围和实施条件。一要根据《中华人民共和国国民经济和社会发展第十三个五年规划纲要》中“大中城市不得采取购买房屋、投资纳税、积分制等方式设置落户限制”的要求，加快清理不符合实施范围城市的“积分落户”制度。二要进一步明确城区人口在300万以上的大城市、特大城市、超大城市才能建立“积分落户”的政策，鉴于我国城市人口规模的统计口径和数量有一定的争议，建议明确并公布我国实施“积分落户”的城市名单。三要规范积分落户的指标管理和分值设置方法，对落户指标以相对值设定下限，并适当降低不同学历、不同技能之间的积分差距，鼓励逐步放宽积分条件。

（三）应对“玻璃门、弹簧门”现象，构建全国公开统一的户籍迁移平台

各地户籍政策内涵、流程、要求等差别较大，滋生了落户的“玻璃门、弹簧门”问题。未来应注重应用互联网技术，构建全国公开统一的户籍迁移平台。该平台的核心功能主要包括以下几个方面：一是各地户籍迁移政策的“一站式”公开。公布各地户籍迁移方式以及落户政策的标准化条目，形成若干政策套餐，各地结合各地实际按规定选取套餐类型，减少户籍政策的碎片化。二是各地落户的“一站式”申请和办理。有落户需求的农民工可以在该平台上查阅所有地区的落户流程及要求，可以在线填写表格、上传证明等，让农民工不用耽误上班时间即可完成户籍申请、办理。三是各地落户进展的“一站式”监督。各地定期将办理户籍人数、申请–批准率、服务和便利内容等在该平台上进行公开，接受社会监督，中央政府有关部门可依托该平台对此进行检查评估。

（四）强化城市政府的主体责任，建立对各地户籍制度改革的督促检查机制

我国户籍制度改革是中央出台的政策方针，具体的管理职能在地方。在现有制度安排下，考虑到地方政府要为户籍制度改革特别是农民工落户付出一些成本，受地方政府较强的自利性影响，地方政府会从减少成本的角度出发，尽可能对落户政策落实不力。从实践中来看，突出表现为以下三种现象：一是“看”，地方不是积极贯彻落实落户政策，而是按兵不动，等着其他省市先落实，看看其他省市是如何落实的，或者等中央一再催促之后再落实。如国务院颁布“户籍新政”近两年了，在省（自治区、直辖市）一级的实施意见也没有完全出台。二是“拖”，户籍政策出台后，有些地方拖着不办、不落实，如江西某县还在实行2006年江西省出台的户口迁移政策。三是“歪”，落实落户政策时打折扣，甚至曲解落户政策，如某些城市将落户的“两稳定”基准条件延伸到居住证。鉴于此，建议中央进一步强调推进有条件的农民工落户城镇的国家意义和实现城市远期发展的人口价值，加快对各地落实“户籍新政”情况开展监督检查。

参考资料

1. 胡拥军. 新型城镇化条件下政府与市场关系再解构：观照国际经验［J］. 改革，2014（2）.
2. 张翼. 农民工“进城落户”意愿与中国近期城镇化道路的选择？［J］. 中国人口科学，2011（2）.
3. 马晓河，涂圣伟，张义博. 推进新型城镇化要处理好四大关系［J］. 经济纵横，2014（11）.
4. 欧阳慧. 农民工市民化的动力困境与路径创新［J］. 宏观经济管理，2016（1）.
5. 欧阳慧. 农业转移劳动力市民化研究［M］. 北京：中国经济出版社，2014.
6. 李振京，张林山，等. 我国户籍制度改革问题研究［M］. 济南：山东人民出版社，2014.
7. 彭希哲，等. 中国大城市户籍制度改革研究［M］. 北京：经济科学出版社，2015.
8. 蔡昉. 以农民工市民化推进城镇化［J］. 经济研究，2013（3）.
9. 国家发展改革委国土所课题组. “十二五”时期促进农民工市民化问题研究［R］. 宏观经济研究院重点课题，2012.

第三章　沿海地区推进农民工落户的烦恼
——来自浙江嘉善的调研

内容提要：嘉善作为长江三角洲城市群核心地区的一个小城市，产业基础好，就业承载力强，理应在我国新型城镇化战略中扮演重要角色，但调研发现，嘉善在推进农民工落户中面临着一些烦恼，主要是：从城市规模上讲，嘉善应“全面放开”落户，但由于嘉善的外来农民工规模大、比重高，财政面临较大负担，没有适当、充足的政策支持，嘉善在接纳人口等方面的潜力难以变现，这在我国沿海城市群地区城市中具有一定的普遍性。为此，建议未来要在管理政策、特大城市功能疏解、新生代等重点群体、降低门槛、推动有关改革等方面加大政策供给。

2016年4月14—15日，国家发展改革委国土所《农民工群体差别化落户政策及实施方案研究》课题组一行3人赴浙江省嘉善县进行调研，期间召开了县直部门的座谈会，调研了姚庄镇、魏塘街道魏中村等村镇，组织了农民工代表的座谈会，了解嘉善县在农民工落户、农民工管理等方面的做法，了解农民工群体的落户意愿及需求等，获得了宝贵的一手资料。

一、嘉善农民工的新情况

嘉善县位于浙江省东北部，与上海、江苏接壤，地处长三角核心地区，距离虹桥机场45分钟车程，20分钟高铁即可到达上海，全县面积506平方公里，2015年常住人口73.3万人，其中户籍人口38.7万人。

（一）虽是小城市但外来人口占比高、规模大，制造业和建筑业是吸纳农民工的主体

便利的交通区位条件使嘉善已充分融入上海半小时经济圈、工作圈和生活圈，随着长三角城市群以及嘉善经济社会快速发展，嘉善外来人口规模快速增长，由2000年的4.31万人猛增到2004年的24.08万人，2015年嘉善户籍人口38.7万人，外来人口34.6万人（其中农民工25万人，占72.3%），新老居民比达到100：89。尽管嘉善是小城市，但外来人口数量大、比重高，是安徽、四川、河南等临近内陆人口大省地区农民工的重要流入地，三地分别占外来人口的18.48%、17.16%、9.6%。由于嘉善为上海配套的电子信息、装备制造等工业较为发达，这些外来人口就业主要集中在第二产业，一、二、三产就业比例为1.2：72.3：26.5。与此同时，人口的大规模集聚也促进建筑业以及批零业、住宿餐饮业等服务业加快发展，吸纳农民工的规模呈现明显增大趋势。

（二）外来人口达到峰值后开始回落，近两年常住人口有所减少

大量外来人口集聚不仅使嘉善在城市住房、教育、医疗、社会保障、交通、社会治理等公共服务和基础设施方面的承载力面临较大挑战，也使劳动力等要素成本快速上升和高企，在主观和客观双重因素作用下，嘉善人口结构发生重大变化，常住人口开始呈回落态势，外来人口也从最高时2010年的41.38万人逐步下降至2015年的34.6万人，降幅22.6%。（如图3–1所示）

嘉善外来人口的减少主要得益于政府推动产业结构调整。一是嘉善强化了重

点行业整治，主动对电镀、印染、造纸等过剩行业实施清理，关停淘汰喷水织机8000多台、淘汰改造工业自备锅炉100多台，用工总量减少的同时，用工层次也相应调整。二是嘉善大力推进“机器换人”，累计实施“机器换人”项目467个，直接减员2.8万多人，劳动生产率提高18.9%。同时，全面实施绩效综合评价，强化新建、扩建项目“亩均、人均、科技”条件，减少产业用工需求，全面减增量提效率。

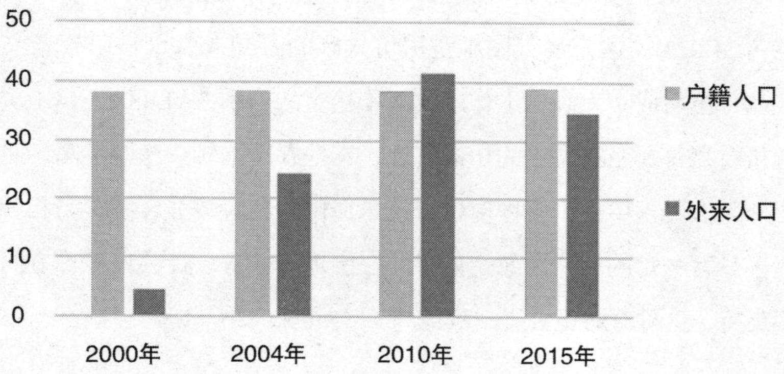

图3-1 嘉善近年来户籍人口和外来人口变化图（单位：万人）

（三）农村户籍吸引力提高，出现城市向农村的人口“逆流动”

嘉善一直致力于城乡基本公共服务均等化建设，2015年嘉善城乡居民收入差距仅1.7∶1，远低于全国平均水平。城乡、区域政策差异也不断趋于缩小，嘉善仅对子女入学和公共住房补贴等稀缺资源实施新居民积分制，而农村户籍则附着土地、直补、分红等特有的政策权利。加之农村现代化建设进程加快，就业机会增多，城市人口向农村流动落户的需求不断增多，近年来出现人口“逆流动”趋势。嘉善也在允许城市向农村转户、实现城乡人口双向流动上进行了积极探索，规定城市向农村转户需要满足4个条件：一是非机关、事业单位工作人员；二是夫妻及子女在城区无商品住房；三是实际在农村居住的人员；四是农村宅基地上有此人姓名和份额。

（四）农民工落户意愿出现分化，新生代和外来农民工意愿较高

根据嘉善县新居民事务局于2016年3月1日和4月10日开展的新居民落户意愿调查，共发放问卷调查表3397份，收回3016份，调查显示居民落户意愿较为分散。调查中，认为在本地工作和生活比较适应的占88.2%，有长期居住生活意愿的占37.30%、没有长期居住生活意愿的占33.32%。有户口迁入意愿的占17.57%、没有户口迁入意愿的占54.78%，意愿落户选择县城的占59.85%、中心镇的占33.52%。落户最主要原因是子女教育和上学升学问题的占46.40%、就业及个人发展的占24.62%。落户最大困难是房价太高的占30.42%、户口放老家有好处的占15.56%，生活成本太高、工作或收入不稳定的分别占14.88%、14.16%。与此同时，随机对嘉善20名农民工的访谈发现，本地农民工转户意愿不高，而新生代农民工、外来农民工中处于管理岗位、技术岗位的具有较强经济实力和就业能力的人员大多具有一定的转户意愿，如果能在土地、住房、社会保障等方面给予一定的政策支持，这种意愿还会进一步提高。（如图3–2所示）

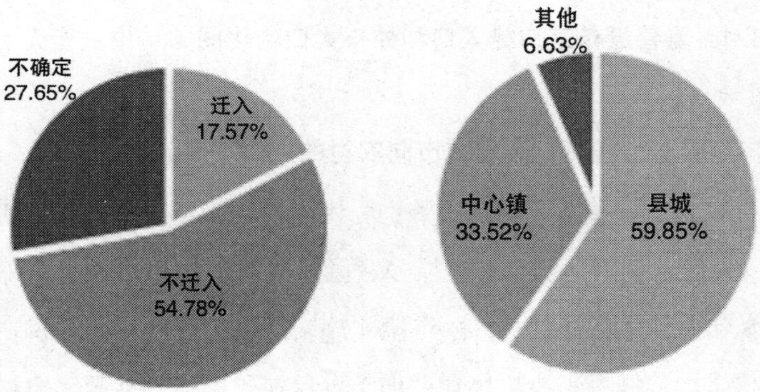

图3–2　嘉善县户口迁入意愿和迁入地意愿结构比例图

（五）外来人口中转户规模比重较小，落户地点主要为县城

2009年，嘉善县户籍管理制度改革领导小组印发了《嘉善县城乡一体化户籍管理制度改革户口迁移实施细则（试行）》（善户改领〔2009〕1号），明确了户

口迁移的政策制度。2010年以来，嘉善县外迁入落户13295人，占外来人口总量的3.84%，其中：县外农村迁入的有5649人，占迁入总人数的42.5%。而县外农村迁入人员中，通过购房落户的2890人，通过夫妻投靠、子女随迁、子女投靠父母、年老父母投靠子女的有2759人，基本各占一半。县外迁入的农村人员主要来自安徽（26.8%）、四川（12%）、河南（8.6%）、福建（7.8%）、江西（7.2%）、江苏（7.1%）、湖北（6.5%），落户地点主要在三个街道，占80.2%。（如图3-3所示）

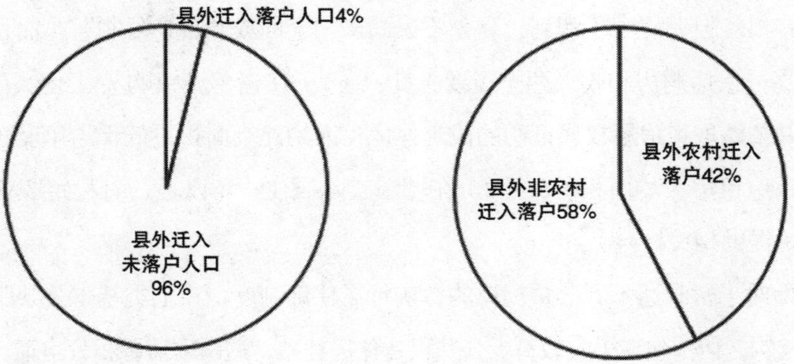

图3-3 嘉善县外迁入落户人口及其中农村迁入落户人口占比

二、嘉善推进农民工落户面临的困难

（一）本地农民转户城镇意愿低，制约城镇化水平提升

随着农村土地分红增加、集体资产增多以及社会保障和公共服务日益完善，在嘉善，本地农民大多不愿意转为城镇户口。在一些村，村民每人每年的集体经济分红可以超过5万元，农村户口的“含金量”十分可观，出现了“回流”，即一些城镇居民希望转回农村户口。为此，地方政府不得不严格控制，出台了有关办法：一是规定机关、事业单位、国有企业工作人员不得再转回农村户口；二是转回农村户口的名下须无城镇住房，且须在转回的农村取得宅基地。2015年，嘉

善县户籍人口城镇化率为36.1%，本地农民转为城镇户口的意愿不高，将制约这一指标的提高。

（二）外来农民工落户有渠道，但门槛依然较高

根据《浙江省人民政府关于进一步推进户籍制度改革的实施意见》，要全面放开县（市）落户限制，在县级市市区、县人民政府驻地镇（街道）和其他建制镇（街道）有合法稳定住所（含租赁）的人员，本人及其共同居住生活的配偶、未成年子女（包括无生活来源的未婚子女，下同）、父母，可以在当地申请登记常住户口。但调研中了解到，嘉善不仅尚未“全面放开落户限制”，而且落户门槛较高，包括购房和收入两个重要条件：（1）在嘉善城镇购买、继承、受赠、建造并依法取得房屋权属证明的成套住房（人均建筑面积不低于当年度政府公布的申请廉租房人均面积）；（2）在城镇实际居住一年以上，有稳定职业或生活来源（提供相关材料）。

而对于暂时达不到落户门槛的，实行居住证制度，将七类基本公共服务与居住证挂钩，但不包含子女教育、公共租赁住房补贴，这两项需要积分申请。其中积分入学尚远不能满足农民工子女就读公办学校的需求，2014—2015年，共有5777名农民工子女成功办理积分申请，仅相当于有子女就学需求的农民工数量的12.5%，其余则安排在农民工子弟学校。而公共租赁住房补贴的“门槛”更高，2015年度的保障名额为30户，保障标准为每平方米每月补贴10元，保障标准按1～2人户36平方米、3人户45平方米、3人户以上家庭最高不超过60平方米。

在总共500分的积分落户指标分值中，文化程度占到60分，其中高中仅为5分。住房状况最高可得30分，但未购房为0分。专利创新最高可得50分，农民工也基本上很难拿到这项积分。投资纳税最高可得40分，但门槛较高，纳税每满1万元得1分，雇佣10个人得1分。上述180分中，农民工得分一般不足10分。

（三）部分农民工具备落户能力，但政策支持不够

购房落户的门槛基本上是开放的，调研中了解到，嘉善县城的房价每平方米在8000元左右，而各方面条件也不错的大姚镇房价在5000元左右。如果购买一

套90平方米的房屋，总价45万元，首付需要13.5万元，商业贷款按揭30年，每月需还款1672元。在大姚镇打工的农民工，月收入普遍在3500元以上，夫妻双方年收入达到8万元的比例也较高，每月还房贷2000元甚至4000元的能力也是具备的。但由于：一是农民工对未来预期的不确定性，二是对当地的适应性，三是在金融政策上的缺失，使得许多具备购房能力的农民工难以或不敢购房。另外，没有资格办理住房按揭贷款，其在农村的宅基地和房屋也无法办理抵押贷款。影响有能力的人购房落户的另一个原因在于，农民工面临的公共服务环境不好，比如没有子女托管机构，影响了他们举家迁徙。

（四）率先推出“三权三抵押”，但未能助力城镇化

2014年，嘉善县在浙江省率先试行农村产权“三权三抵押”改革，推出融农村集体经济股权、农民住房财产权、土地承包流转经营权“三权”为一体的农村综合产权抵押产品，构建形成以“三权三抵押”为核心，配套农村产权确权赋能、活权运转和交易服务三大平台的“一核心、三平台”改革总体框架和制度体系。截至2016年3月，累计办理“三权三抵押”贷款172笔，发放贷款总量超2亿元。

调研中发现，嘉善的“三权三抵押”改革，主要增加了当地农民的融资渠道，这些农民在拥有更多资产后，收入得到了提高，但进城落户的意愿并没有得到增强，反而有所下降。也就是说，在相对发达的地区，土地制度安排的调整，并没有让城镇化得到加速，反而使城镇化推进受到了阻碍。

（五）现有制度下，政府推进农民工落户的积极性不高

调研中发现，由于嘉善县外来农民工规模较大，虽然为城市发展作出巨大贡献，同时也给城市管理带来了很大压力，如社会治安、城市执法等每年要额外支出超过5亿元，而目前中央和省级财政并没有在这方面的专项补助。地方政府担忧，一旦全面放开了落户，在城市管理上的支出将进一步增大，在经济形势好、财政增长较快的时期，地方政府还能负担，但是，一旦地方财政不好时，则会陷入非常困难的境地。因此城市政府主要是分步骤、有选择地推进落户，让自己处于“可进可退”的有利位置，通过居住证、积分落户等来缓解短期内的落户需求压力，在积分门槛设置上倾向于将所谓的“低素质非人才标准的人口”排挤出去。下一步，如何采取有效政策，促进中央政府在中央财政转移支付、城镇建设用地指标、财政性建设资金与农业转移人口落户数量挂钩机制等方面推进改革，调整有关落户政策，真正能够调动地方政府的积极性，是推进落户工作的重要内容。

三、从嘉善看沿海地区：对农民工落户的启示与建议

嘉善作为浙江紧邻上海的发达县级城市，外来务工人员特别是农民工群体占比大，近年来嘉善在推进农民工落户进程中取得的工作成效、面临的压力与问题，具有一定的典型性和代表性，对于全国特别是沿海城市群地区中小城市推进农民工落户具有启示意义。

（一）增强农民工服务管理供给有利于促进落户

为加强和创新居民（外来农民工）管理服务工作，嘉善构建了县级、镇级、村级三级新居民管理服务机构，突出抓好企业工作站和社区需求服务站建设，实现网格化管理全覆盖。例如，魏塘街道魏中村在浙江全省率先成立了新居民管委会，并探索了“以新管新”的服务管理模式，村集体提供劳动就业培训、社保、计生、人口统计等公共服务，鼓励村民自盖公寓供农民工出租使用；姚庄镇推进建设城乡一体新社区，实施生产以村为主、生活以社区为主的双重管理模式，并建设标准化的公寓住房和配套用房。通过加强对新居民的服务管理，有力地保障了外来农民工群体更好地融入当地社会，有利于促进外来人口落户。显然，加强对外来人口的服务管理特别是对跨地区农民工群体集聚的地区，通过提高服务供给水平，保障农民工“安居乐业”，逐步推进农民工融入当地社会生活，变相降低农民工落户的综合成本，有利于加速农民工落户进程。

（二）推进落户要与承接特大城市人口疏解相结合

近年来，嘉善县农民工迁入户口的原因主要是为了子女教育，其次是一部分人长期工作在嘉善或周边地区（例如上海），为了工作生活便利，将户口迁入嘉

善，特别是2016年以来，由于上海户口难以迁入，大批工作在上海的外来人员包括农民工，为了解决小孩的读书问题，对于在嘉善落户的意愿非常强烈。可见，嘉善县要解决落户的不仅是嘉善县境内的农民工，还要接受来自上海农民工群体的分流。

从全国范围看，在大都市周边的中小城市所要面临的农民工落户压力较大，如果仅从城市规模来看，这些中小城市的落户政策应该是要全面放开的，但地方在操作中难度较大，很难全面放开。未来对于这些城市，应该制定适合的落户政策导向，与承接特大城市人口疏解结合起来，充分考虑这些城市的实际情况，渐次承接人口。

（三）新生代农民工应成为落户的关注重点群体

在嘉善调研期间，专门邀请了浙江××阳光能源有限公司、浙江××数码喷绘材料有限公司、浙江××复合面料有限公司、浙江××精机股份有限公司、浙江××服饰辅料有限公司等企业的80后新生代农民工群体代表座谈。

通过座谈交流，普遍反映80后、90后新生代农民工面临落不了户又回不去的两难境地。一方面长期外出务工已经融入城市生活，另一方面农村生产已经不适应或者说劳动力出现过剩，不能返乡从事农业生产，并且随着新生代农民工成家之后，面临子女教育、稳定住所等迫切需要解决的人口发展和生活需求问题，80后新生代农民工的落户意愿相对其他群体也较为强烈。与此同时，新生代农民工也是城市未来人力资本和城市劳动力增长的主力军，有利于增强城市发展的人口红利。因此，不仅对于嘉善，在全国范围内都应该关注新生代农民工群体，加快推进让这部分农民工群体融入城市、落户城市，保障安居乐业，对于农民工群体和城市政府双方都具有重大的现实意义和中长期发展意义。

（四）适时有序降低外来农民工群体落户的门槛

根据《嘉善县城乡一体化户籍管理制度改革户口迁移实施细则（试行）》，外来居民包括农民工城镇落户需满足三个条件：一是依法取得房屋权属证明的成套住房（人均建筑面积不低于当年度政府公布的申请廉租房人均面积）；二是在城镇实际居住一年以上；三是有稳定职业或生活来源（即被机关、团体、企业、事业单位依法录用或聘用，具有相对固定的工作和经济收入并依法缴纳社会保险金，或依法取得工商营业执照，从事相关经营活动，具有相应的经济收入并依法缴纳社会保险金）。

对于条件二和三可以通过努力实现，但条件一的难度最大，难以获得“取得房屋权属证明的成套住房”成为落户的最大困难。调研发现，目前嘉善外来新居民租房的有27.3万人，占到了78.98%，而另据嘉善县2016年3月1日、4月10日新居民落户意愿问卷调查，认为房价太高的占30.42%。可见，降低落户门槛条件对于全国大部分地区和城市仍然是目前推进落户的必要工作，特别是要加快推进在全国范围内允许以租赁住房方式核定“稳定居所”这一实际落户条件。

（五）深化制度改革提高本地农民工群体落户意愿

嘉善本地农民工群体落户城镇的意愿不强，可以从农村推力和城市拉力两个角度解释。一方面，农村的推力不够。从农村土地升值预期上看，由于嘉善是浙江唯一同时接壤上海和江苏的县，到虹桥机场45分钟车程，高铁20分钟左右，已经形成了融入上海的半小时经济圈、工作圈和生活圈，有利的区位交通条件导致当地农村居民对农村土地升值有较大的预期，不愿意剥离农村户口。另一方面，城市吸引力拉力不强。当地城乡差距很小，甚至部分农民非常富有，仅从城乡居民收入差距看，2015年嘉善县城乡居民收入差距为1.7∶1，小于同期浙江省的1.9∶1、全国的2.7∶1。另外，城乡基本公共服务包括教育、医疗卫生等总体实现了城乡一体化共享，城乡差距不大，因此城市户口对当地农民的吸引力不大。在这种情况下，就需要深化体制机制改革，包括农村农民财产权益保护及有序流转的机制创新，以及对于城乡差距较小的地区可以率先推进户籍制度本身改革，将所有本地农村居民转为城市户籍，适时取消城乡户籍二元分割。

参考资料

1. 中共嘉兴市委办公室，嘉兴市人民政府办公室. 嘉兴市国家新型城镇化综合试点工作方案［E］. 2015-08.
2. 陈斌开，陆铭，钟明桦. 户籍制约下的居民消费［J］. 经济研究，2010.
3. 张翼. 农民工“进城落户”意愿与中国近期城镇化道路的选择［J］. 中国人口科学，2011（2）.
4. 秦立建，王震. 农民工城镇户籍转换意愿的影响因素分析［J］. 中国人口科学，2014（5）.
5. 王一鸣，杨宜勇，史育龙，刘勇，曹广忠. 关于加快城市化进程的若干问题研究［J］. 宏观经济研究，2000（2）.
6. 申兵. “十二五”时期农民工市民化成本测算及其分担机制构建——以跨省农民工集中流入地区宁波市为案例［J］. 城市发展研究，2012（1）.

第四章　从浙江、江苏调研看户籍改革落地实施的“痛点”

内容提要：长三角是我国主要人口流入地区之一，也是推进户籍制度改革的重点和难点地区。对江苏省苏州市和无锡市、浙江省温州市和台州市的专题调研发现，长三角人口流入大市呈现城镇化放缓、人口净流出、落户人口整体较少，流动人口呈现低学历、年轻化，就业结构呈现深度服务化等新态势。通过与政府相关部门、企业管理人员和一线工人进行深入交流，发现户籍制度改革落地实施仍然面临实际门槛较高、随迁子女入学困难、区域性公共资源分配统筹不够、部分非户籍人口落户能力不强等“痛点”。基于此，研究提出在外来人口密集地区探索建立非户籍人口落户综合试点、加大住房保障力度、压实流入地保障随迁子女教育责任、推动落户从审批制改为准入制等政策建议。

推进有条件的农民工群体在城镇落户是涉及亿万农业转移人口的一项重大举措，也是以人为核心的新型城镇化的关键环节。为此，党中央、国务院接连推出了户籍制度改革的“重磅政策”，并在2016年作出了“推动1亿左右农业转移人口和其他常住人口等非户籍人口在城市落户”的决策部署。为了解户籍制度改革的落地实施情况，2019年6月，调研组对江苏省、浙江省开展了相关问题的调研。调研中发现，受农业转移人口落户能力不强等因素影响，非户籍人口在城市落户不理想，体现出以下两个特点：一是落户人口少，占外来人口比重低；二是落户人口以本地为主，外地落户较少。如浙江台州市外来人口达191.63万人，而

2018年外地人员落户3238人，仅占0.17%。农业转移人口落户城镇的最主要动因是保障随迁子女在当地就学，然而在落户过程中，有意愿落户城镇的农民工仍然面临不少障碍。

一、江浙4市人口流动及非户籍人口落户新态势

调研发现，江苏省苏州市和无锡市、浙江省温州市和台州市在城镇化进程、非户籍人口落户进展、流动人口的迁徙趋势、人口特征和行业分布等方面呈现出一些新特征。

（一）城镇化速度呈现放缓趋势

苏州、无锡和温州三市已迈入城镇化后期阶段，2018年常住人口城镇化率均超过70%，分别达到76.05%、76.28%和70%。三市城镇化速度呈现由升转降趋势，且近几年来大幅显著下降，与近6年城镇化速度峰值相比，2017—2018年苏州、无锡、温州城镇化速度分别下降了0.7、0.65和0.7个百分点。台州市2018年城镇化率达到63%，仍然处于城镇化中后期阶段，近5年城镇化率年均增速达到1个百分点，城镇化速度依然较快，但随着城镇化向后期迈进，城镇化速度也呈现逐年下降趋势，近3年来，台州城镇化速度每年下降0.1个百分点。

上述内容参见图4-1所示。

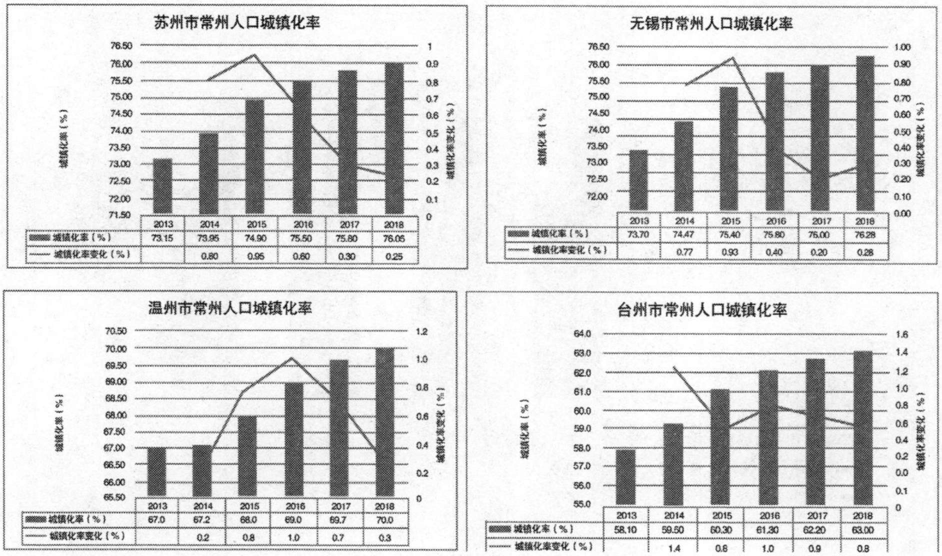

图4-1 调研城市近五年城镇化水平及变化情况

数据来源：各市公安和统计部门。

（二）落户人口整体较少且以本地落户为主

仍然处于城镇化中后期的台州市，近3年户籍人口城镇化率年均增速为0.4个百分点，低于常住人口城镇化率年均增速0.5个百分点，常住人口和户籍人口城镇化率差距呈逐年扩大趋势。同时，落户人口少，比重低，以本地落户为主，外地落户较少。2018年，台州市农业转移人口落户城镇共12474人；其中本市人口占了绝大部分，为9236人，占74.04%，外地人员落户为3238人，仅占外来流动人口的0.17%。整体来看，调研中发现，由于新生代农民工数量逐渐增多，流动性较大，同时难以割舍农村的既得和预期利益，加上相对较高的城镇生活成本，调研地区农业转移人口落户城镇的意愿普遍不强。据台州市公安局调查问卷显示，仅有43.8%的本地农民和33.8%的外来务工人员愿意在当地城镇落户，而落户的主要动因是保障随迁子女在当地就学。（如图4-2所示）

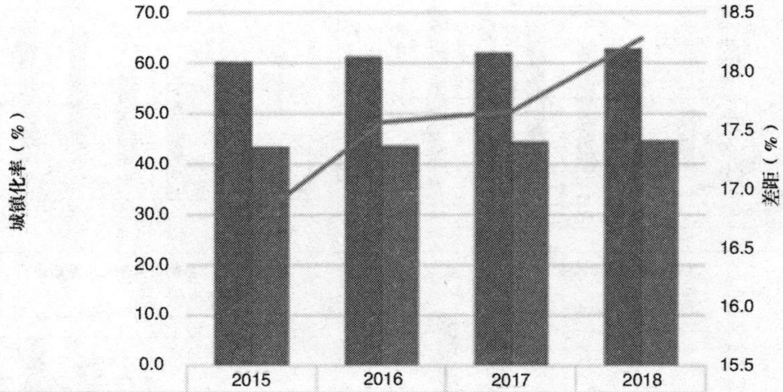

	2015	2016	2017	2018
常住人口城镇化率（%）	60.3	61.3	62.2	63.0
户籍人口城镇化率（%）	43.6	43.7	44.5	44.7
差距（%）	16.7	17.6	17.7	18.3

图4-2　台州市农业转移人口市民化情况

数据来源：台州市公安和统计部门。

（三）部分流动人口大市出现人口净流出态势

温州和台州外来人口多，人口流动性大。近年来，两市流动人口持续减少、户籍人口机械负增长，整体呈现出人口净流出态势。2018年，温州市居住半年以上的市外流动人口为224.59万人，比2017年减少4.77万人；台州市流动人口为191.63万，比2017年减少4.8万人，且连续5年持续下降。同时，两市户籍人口增长以自然增长为主，机械变动呈现负增长，迁出人口主要以迁往省内其他城市为主。2018年，温州和台州净迁出人口分别为1.46万人和5804人，且净迁出规模逐年扩大，温州2017年和2018年户籍人口机械增长率分别为-0.75‰和-1.76‰，台州市净迁出规模近3年扩大了8.3倍。（如图4-3所示）

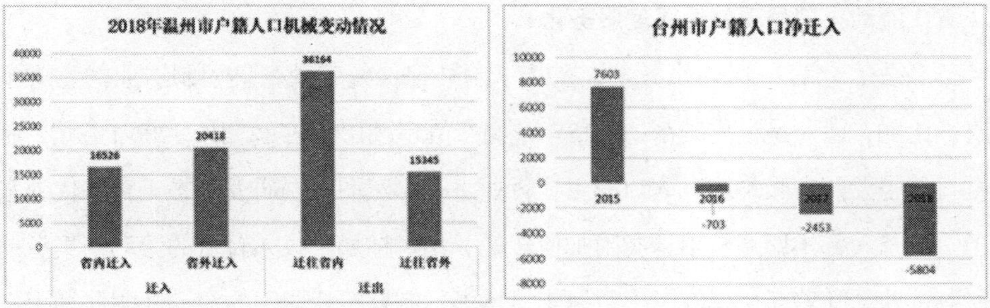

图4–3 温州和台州户籍人口机械变动情况

数据来源：温州和台州市公安和统计部门。

同时，人口流入来源地以中部省份为主，流出目的地以本省省域中心城市为主。比如，温州市外来迁入人口以省外流入为主，2018年省外流入流动人口达到313.97万人，占流动总人口的90.66%，排名前五的省份分别为贵州、江西、安徽、湖北、河南等，共计210.8万人，占来自省外流动人口总数的67.1%。台州市迁出人口主要以迁往本省省域中心城市为主，2018年迁往省内其他城市的人口数占总迁出人口的70%，其中主要迁往杭州与宁波，迁往两地共计11292人，占迁往省内其他城市总人数的63.03%。

（四）流动人口呈现低学历、年轻化

整体来看，青壮年群体是调研地区流动人口的主体。调研地区的16岁以下流动人口规模大幅上涨，流动人口呈现年轻化态势。比如，温州市2018年16～44岁流动人口为255.91万人，各年龄段流动人口中占比最高，为65.24%；16岁以下流动人口为32.43万人，较2017年增加6.47万人，占比达到9.36%，同比增加24.92%，增速远高于其他年龄段流动人口。同时，流动人口整体文化程度较低。2018年温州市流动人口中，初中及以下学历人员为298.18万人，占比86.1%，同比上升5.8%；台州市2018年流动人口中，初中及以下学历人员占比79.19%，其中：小学学历占27.2%，远高于全省15.9%的平均水平。

（五）流动人口呈现就业深度服务化

首先，年轻一代外来务工人员从事制鞋等传统劳动密集型制造业的意愿不高。比如，温州是世界鞋都，2018年鞋类产值超过1000亿元，出口286.1亿元，制鞋行业是温州市吸纳流动人口的主要行业之一。然而，调研发现，年轻一代外来务工人员大都不愿意从事这类附加值较低、相对枯燥、收入较低的劳动密集型一般制造业，随着新生代农民工数量明显增多，制鞋企业职工的流动性明显增大。在与鞋厂一线年轻工人交流中发现，跳槽走的年轻人大多离开工厂流水线，转向电商等服务业。

同时，随着产业智能化转型升级和“机器换人”加快推进，对学历要求不高的一般制造业岗位逐渐减少。调研发现，近年来，温州、台州等市大力引导帮扶企业“机器换人”，不断推动技术红利替代人口红利，实现减员、减能、减污和减耗，产业智能化升级改造步伐明显加快，对学历要求不高的劳动密集型传统制造业就业岗位减少，导致部分文化程度较低的外来务工人员呈现流出态势。

另外，新经济、新产业、新业态加快创造了新就业，逐渐成为吸纳年轻一代流动人口就业的主要行业。调研发现，相比于枯燥的传统制造业岗位，大量年轻一代流动人口更愿意从事外卖、快递等新经济领域行业，支撑了新经济服务业的快速扩张。根据饿了么公布的2017年外卖数据，在全国城市订单量排名中，温州市位列第7名。据《城市新青年：2018外卖骑手就业报告》显示，2018年，仅美团外卖在全国就有270多万骑手，比2017年增加近50万；工作地域以广东、江苏、浙江等外来务工人员集聚地为主；年龄结构以80后、90后居多；学历以初中、高中为主，其中初中学历占比最高，达到38%。

二、户籍制度改革在江苏、浙江落地实施遇到的“痛点”

调研中发现，由于新生代农民工数量逐渐增多，流动性较大，同时难以割舍农村的既得和预期利益，加上相对较高的城镇生活成本，调研地区农业转移人口落户城镇的意愿普遍不强。农业转移人口落户城镇的最主要动因是保障随迁子女在当地就学，然而在落户过程中，有意愿落户城镇的农民工仍然面临不少障碍。

（一）外来人口密集区外来人口落户城镇实际门槛依然较高

购买房屋依然是落户的重要门槛。2016年国务院办公厅印发的《推动1亿非户籍人口在城市落户方案》明确规定，大中城市均不得采取购买房屋、投资纳税等方式设置落户限制。然而，调研中发现购房以及购房面积依然是在部分城市落户的重要门槛，或是决定落户难易程度的重要条件。例如，江苏无锡市2018年底城区常住人口达到366.6万人，属于I型大城市，然而购买房屋以及购买房屋面积大小依然是落户条件的主要内容：根据外来人口住房情况，设置了差异化的缴纳社会保险和连续居住年限的落户门槛。其中，有建筑面积54平方米以上所有权住宅，需在本市依法缴纳社会保险并申领（签注）江苏省居住证满1年即可落户；而有建筑面积54平方米以下所有权住宅和租房的外来人口分别需要满足在本市依法缴纳社会保险并申领（签注）江苏省居住证2年和5年的年限要求；同时，购买房屋是父母、子女和配偶投靠落户的必备前置条件。（如表4-1、表4-2、表4-3所示）

表4-1 无锡市外来务工人员访谈

受访者	性别	原户籍所在地	对户籍政策了解程度
1号	男	青岛	不了解落户要求和手续
2号	女	西安户县	不了解落户政策
3号	男	徐州	落户是为了小孩上学，但是不了解落户政策
4号	男	南通	已购房落户
5号	女		租房落户难度较大，不了解政策，身边多数人为购房落户
6号	女	山西	已购房落户
7号	女		落户至公司集体户口，对落户政策不了解

表4-2 无锡市依据住房条件设置差异化落户门槛

住房门槛	本市依法缴纳社会保险年限要求	申领（签注）江苏省居住证年限要求
在本市有建筑面积54平方米以上的所有权住宅	满1年	满1年
在本市有建筑面积54平方米以下的所有权住宅	满2年	满2年
在本市有经房产管理部门办理租赁登记备案的租赁住宅	满5年 （宜兴市为满3年）	满5年 （宜兴市为满3年）

资料来源：无锡市户籍准入登记规定。

表4-3 无锡市亲属投靠落户门槛

投靠落户类型	投靠落户条件
父母投靠	·在本市有所有权住宅的无锡户籍人员 ·外地的父母男性满60周岁或女性满55周岁
子女投靠	·在本市有所有权住宅的无锡户籍人员 ·投靠后人均住房面积不低于18平方米
配偶投靠	·在本市有所有权住宅的无锡户籍人员

资料来源：无锡市户籍准入登记规定

普通技术工人和职业院校毕业生等部分重点人群仍然面临不平等落户限制。2016年国务院办公厅印发的《推动1亿非户籍人口在城市落户方案》明确规定，省会及以下城市要全面放开对高校毕业生、技术工人、职业院校毕业生、留学归国人员的落户限制。然而，部分地区仅对高学历、高技能人才和留学归国人员放开了落户限制，而对普通技术工人、职业院校毕业生依然设置了参加城镇社会保险和连续居住年限要求的落户门槛。（如表4-4所示）

表4-4 无锡市重点人群落户门槛

重点人群	本市依法缴纳社会保险年限要求	申领（签注）江苏省居住证年限要求
高校毕业生、中高级技术工人、留学归国人员	无	无
技术工人、职业院校毕业生	满1年	满1年

资料来源：无锡市户籍准入登记规定。

大城市“指标分值+落户指标+住房面积”的积分落户政策构筑了农民工落户的高门槛。调研中发现苏州市属于I型大城市，外来人口密集，采取流动人口积分管理办法，具体为：根据公共资源的实际情况，每年设定“入户指标数”，已纳入本市流动人口积分管理，并在市区具有合法稳定住所且人均住房面积不低于市区住房保障准入标准（人均18平方米）的流动人口可以申请积分落户。在每年“入户指标数”总量控制的基础上，由于文化程度、技能水平和房产情况在计分体系中占有较大比重，高学历、高技能人才，其购买房屋人群所得分值远远高于一般普通农民工，导致普通农民工的积分排名通常靠后，处于“入户指标数”之外，积分落户难度依然较大。（参见专栏4-1）

专栏4-1 苏州市流动人口积分管理计分标准

苏州市流动人口积分管理计分标准由三部分组成：基础分、附加分、扣减分。其中，基础分指标包括个人基本情况、参加社会保险情况和居住情况三项内容，附加分指标包括计划生育情况、发明创造、表彰奖励、社会贡献、投资纳税、公共卫生六项内容，扣减分指标包括违反计划生育政策、违法犯罪、失信行为三项内容。基础分具体计分标准如下：

（一）个人基本情况积分=年龄+文化程度得分+职业技能等级或专业技术职称资格得分

1．年龄。

得分标准：18周岁以上至40周岁以下人员为10分。

2．文化程度得分。

得分标准：大专（高职）为30分；大学本科为60分；硕士研究生为200分；博士研究生为400分。按最高学历计分，不累加计分。

3．技能人才职业技能等级或专业技术人才职称资格得分。

得分标准：职业技能等级五级（初级工）为10分；职业技能等级四级（中级工）、专业技术资格初级职称为30分；职业技能等级三级（高级工）、专业技术资格中级职称为50分；职业技能等级二级（技师）为100分；职业技能等级一级（高级技师）、专业技术资格副高及以上为300分。按最高职业技能等级或专业技术职称资格计分，不累加计分。

（二）参加社会保障情况得分

得分标准：在苏州大市范围内参加城镇职工社会保险并缴纳社会保险费每满1个月，加5分；累计总分不超过500分。

缴纳住房公积金每满一年加5分，累计总分不超过50分。

（三）居住情况积分=房产情况得分+办理居住证年限得分

1．房产情况。

得分标准：本人、配偶或未成年子女在苏州市区（以下市区均不包含吴江区）拥有自有产权房建筑面积超过75平方米（含75平方米）且居住的为60分，75平方米以上的每增加25平方米加20分；多套房面积可累计计算，总分不超过200分。

2．办理居住证年限。

得分标准：在苏州市区连续居住时间每满1年加30分，最高分不超过300分。

资料来源：《苏州市流动人口积分管理计分标准》。

租房落户仍存在隐形门槛。虽然各地对合法稳定住所的认定包含了租赁住宅，但是不少地区规定仅在房产管理部门办理租赁登记备案的租赁住宅才符合落户条件，从而导致租房落户面临重重隐形门槛。比如，很多农民工虽然在就业地租房多年，但大多数业主为规避“租房税费”而对合同备案采取“消极抵抗”政策。此外，不少农民工居住在“城中村”的小产权房中，租赁房主也没有办法出示房产证明，更没办法备案；还有部分农民工，居住在厂里的集体宿舍更没办法出示相关证明材料。

（二）农民工子女教育问题依然突出

调研中发现，沿海外来人口密集地区对农民工随迁子女入学采取了“前置门槛+总量控制+指标分值”的积分制管理办法，导致随迁子女入学面临重重限制。

一是前置报名门槛。外来农民工首先应满足一定基本门槛设置，才有资格参加随迁子女入学的积分排位。比如，浙江温州市外来农民工应提供其子女在户籍所在地没有监护条件证明、满足一定的在本地连续居住和工作年限、固定住所、缴纳社保年限等要求。（参见专栏4-2）

专栏4-2 温州市农民工随迁子女就读市局直属和部分鹿城区属初中公办学校条件

农民工随迁子女就读温州市局直属和部分鹿城区属初中公办学校须符合以下条件并提供相应材料：

1．随迁子女在户籍所在地没有监护条件。应提供户籍所在地乡镇政府或街道办事处出具的证明。

2．新居民在鹿城城区居住一年（含）以上。应提供在鹿城城区居住一年（含）以上的居住证或临时居住证。

3．新居民在鹿城城区有固定住所。应提供房产证或房屋租赁合同或其他居住证明。

4．新居民在鹿城城区经商或工作一年（含）以上。从事个体经营或经营企业的应提供发照时间在一年（含）以上的工商营业执照、企业法定代表人证，在企事业单位工作的应提供与用人单位连续签订一年（含）以上的正式劳动合同。

5．新居民在温州市区（鹿城、龙湾、瓯海区及经济开发区）参加基本养老保险并缴纳一年（含）以上的基本养老保险费。应提供社保缴费清单。

资料来源：温州市《市局直属和部分鹿城区属初中招收新居民随迁子女积分制（试行）办法》。

二是面向农民工随迁子女的学位数总量控制门槛。积分制管理办法是指教育部门根据教育资源分布和配置情况，确定每年数量有限的面向随迁子女在指定公办学校的入学名额，按“积分高者优先”原则，优先安排积分达到一定分值的农民工随迁子女入读公立学校。调研发现，江苏、浙江等实行积分管理的地区仅向外来农民工提供有限的公立学校学位数量，同时指定部分学校或单独设立班级接受随迁子女。比如，温州市龙湾区仅对参加积分制管理得分前40名优先照顾就近公办学校就读；瓯海区每年仅安排50名随迁子女就近入读该区办学质量最优的9所公办名校。

三是不利于普通农民工的偏向性积分设置门槛。部分地区的积分设置偏向于高学历高技能农民工。比如，浙江温州市规定拥有国家承认的大专学历以上、技能水平中级职称以上或职业资格达到四级以上者，其随迁子女可优先享受到指定的部分公办学校统一调配入学。在积分制管理计分项目中，农民工文化程度和技能水平占基础分比重高达45%，导致一般农民工在积分排名中往往处于靠后的不利位置。（参见专栏4–3）

专栏4–3　瑞安市新居民积分制管理计分项目及标准

瑞安市积分制管理计分由基础分、附加分和扣减分三部分组成，其中，基础分包括基本项目、个人素质、社会保险3项内容；附加分包括人才引进、专利创新、奖励荣誉、社会公益、担任职务、投资纳税、参政议政、政治面貌和预防保健9项内容；扣减分包括个人信用不良、违法经营、不办理随带儿童登记管理、不配合计划生育服务管理4项内容。其中，基础分具体如下：

（一）基本项目（30分）

1．居住年限（10分）

2．固定住所（5分）

3．住所标准（5分）

4．劳动合同或营业执照（10分）

（二）个人素质（45分）

1．文化程度（25分）

得分标准：按持有国家承认的最高学历证书积分。高中（中技、中职）为5分，大专为10分，本科为15分，硕士为20分，博士及以上的为25分。

2．技能水平（20分）

得分标准：按持有技术职能、职业职称及国家职业资格证书进行积分。

(1)技术员、初级职称（助理工程师）或职业资格达到五级、四级者为5分。

(2)中级职称（工程师）或职业资格达到三级者为10分。

(3)副高级职称（高级工程师）或职业资格达到二级者为15分。

(4)高级职称以上或职业资格达到一级者为20分。

（三）社会保险（25分）

1．养老保险（13分）

2．医疗、失业、工伤和生育保险（12分）

资料来源：瑞安市新居民积分制管理计分项目及标准。

此外，购买房屋依然是保障随迁子女入学的重要条件。比如，苏州市规定拥有住宅房屋所有权证并实际居住，且房屋人均面积高于18平方米的流动人口不再参加积分管理入学申请，可以以其合法固定住所为准就近入学。另外，部分地区采取按照“有户有房、有户无房、有房无户、无房无户”顺序进行分批次录取招生办法，除数量有限的满足积分入学条件的随迁子女外，购买房屋的农民工随迁子女在录取招生时处于明显优先地位。（参见专栏4-4）

专栏4-4　温州市瓯海区分批次录取招生办法

温州市瓯海区根据“就近、免试、免费”入学原则，实行分批录取招生办法。公办学校招生程序为：按第一至第四批次顺序分批招收学生，当上一批次学生录取后有剩余名额，可启动程序招收下一批次的学生。

第一批：户籍在施教区的适龄儿童少年；符合条件的现役军人、高层次人才、归侨华侨、港澳台同胞的子女；“积分入学”政策录取的新居民子女；照顾对象的子女。从2018年起，户籍在施教区但父母（或法定监护人）不具有不动产权证（或房产证）的，学校视招生实际情况予以安排入学，如不能安排则由镇街中心学校统筹安排。

第二批：父母（或法定监护人）在施教区内有不动产权证（或房产证）的瓯海区户籍的适龄儿童少年，其中泽雅镇户籍移民子女优先给予安排。

第三批：父母（或法定监护人）在施教区内有不动产权证（或房产证）的非瓯海区户籍的适龄儿童（少年），由中心学校统筹安排。

第四批：居住在施教区范围内符合条件的瓯海区新居民子女，安排到接纳新居民子女就学的公办学校，其中父母参加社会养老保险两年以上的子女给予优先统筹安排。

资料来源：《2018年瓯海区义务教育阶段学校招生工作实施办法》。

（三）区域性公共资源分配统筹不够引发地方政府积极性不高

调研中发现，地方政府推动农业转移人口市民化还存在动力不足现象，主要表现在落户政策宣传力度不够和保障农业转移人口就学、就医等基本公共服务投入的积极性不高。其主要原因有以下几方面。

一是农业转移人口相关信息难以充分获取，导致部分市民化配套工作推进难度较大。以社会救助为例，苏州市反映，随着经济社会发展，人员迁移流动日渐频繁，收入与财产构成更加复杂，由于缺少国家层面的家庭经济状况核对平台和信息库，农业转移人口真实的收入、财产状况难以评估，特别是其在原户籍地的家庭成员、房产、收入等情况难以取证，导致不能准确、全面了解求助家庭实际经济状况，从而影响救助工作的公平性、有效性。

二是地区间基本公共服务有效衔接仍然存在障碍。以养老保险为例，由于各地区之间制度不同，政策不统一，地区之间缴费率不同，待遇标准和具体管理方式也不相同，导致养老保险关系难以互联互通，有效接续。比如，由于东北等地存在大量改制国企人员待遇落实不到位的情形，一般仅给予其职工养老待遇，让其参加居民医保，而没有相应的职工医保，而根据苏州市规定，享受外地退休金、养老金的人员不属于居民医保参保范围，因此这些人员户籍迁入后无法参加居民医保，出现了参保覆盖漏洞。另外，苏州和无锡反映，目前存在一些“医保移民”现象，即在发生重大疾病后为享受更高的医保待遇选择待遇较高地区进行假就业、假落户，而这些“挂靠参保”在实践中往往因现有法律不完善而存在难以认定、难以处理的问题。

三是农业转移人口流出地和吸纳地之间部分公共资源缺乏统筹协调。吸纳了大量流动人口的外来人口集聚区，保障其随迁子女就学压力较大，虽然本地财政可以承担大部分学校新建扩建等财政支出的增加，但是由于教师编制增加规模未同吸纳农业转移人口落户数量挂钩，教师编制短缺问题长期难以解决，导致招聘教师难度加大，严重影响学校扩建扩招服务大量外来务工人员随迁子女就学。

（四）部分非户籍人口落户能力亟待加强

从调研地区外来务工人员情况看，大部分普通农民工呈现就业层次低、学历较低、收入不高等特征，导致这些人在城市长期生活工作的生存力和竞争力不强。比如，温州市流动人口总体文化水平较低，2018年全市流动人口初中及以下学历占比达到86.1%，大量流动人口主要从事制鞋等劳动密集型、附加值较低的制造业，收入不高，大多数不具备购买住房的能力。通过访谈，一线外来务工人员普遍反映房价高、生活成本高、租房选择房源少、房租贵是目前生活面临的主要问题。解决随迁子女入学问题是大部分外来务工人员落户的主要原因，但是如果不具备购买房屋的能力，在现行政策条件下，解决子女入学难度依然较大，导致户籍的含金量有所打折，这也是大部分人对落户持观望态度或意愿不高的重要原因。

三、精准发力，破除梗阻，推动户籍制度改革落地实施的建议

户籍制度改革落地实施事关我国新型城镇化建设和现代化建设全局。当前，正处于推进户籍制度改革的关键时期，要聚焦问题，破除梗阻，精准发力，推动人口在城乡间、区域间自由流动。

（一）在外来人口密集地区探索建立外来人口落户城市综合试点

东部沿海外来人口密集地区是外来人口落户城市的难点地区和重点地区。建议选择沿海外来人口密集地区开展外来人口落户城市综合试点，赋予先行先试权力，在土地制度改革、公共服务供给等方面加大支持力度，努力为外来人口密集地区农民工落户探索道路，提供可复制可推广的经验。

（二）把住房保障作为帮助外来人口落户城市的关键环节

调研发现住房是外来人口自我感觉落户城市能力不足的最直接的体现，也是阻碍非户籍人口落户城市最大“拦路虎”，建议下一步要把城市外来人口的住房摆到更加重要的位置，加大政策支持力度，推动非户籍人口落户城市进程。要以解决城镇新居民住房需求为重点，建立健全购租并举的住房制度，加快完善城镇住房保障体系。扩大沿海外来人口密集地区土地供给，促进房价进一步合理回调，使部分农民工达到购房的能力。建立农业转移人口落户退出农村宅基地与在城镇购房优惠联动机制，实现农业转移人口城镇的“住房梦”。鼓励地方政府利用集体建设用地为落户农民工提供基本住房保障。

（三）压实流入地政府对农民工子女教育问题的责任

调研发现，农民工子女就学问题在外来人口密集地区依然大量存在“上不了学、上不好学”等现象。建议进一步压实流入地政府对农民工子女教育问题的责任，加大考核力度，同时要加大中央政府对义务教育等领域的支出责任，对外来

人口密集区提供必要支持，为提高承接城市的承载力和包容性创造条件。

（四）针对地方政府“选择性落户”问题，适时推动外来人口落户城市从审批制改为准入制

当前不少地区对人才落户持欢迎态度，而对一般外来劳动者则采用各种“隐形门槛”予以排斥。针对各地落户方式繁多、落户准入条件复杂、信息不对称以及落户“隐形门槛”繁多等问题，建议建立全国统一公开的户籍服务平台，形成落户政策的“套餐化”组合、落户办理流程的“一站式”服务、各地推进落户进展的“公开化”监督。将农民工落户从审批制改为准入制，在农民工提出申请后，不是关起门来搞审批，而是依据公布的法定条件，只要符合条件，即予以落户。

参考资料

1. 马晓河，涂圣伟，张义博.推进新型城镇化要处理好四大关系.[J].经济纵横，2014（11）.
2. 欧阳慧.谨防农民工落户的“隐形门槛”［J］.中国发展观察，2016（15）：32-34.
3. 欧阳慧.农业转移劳动力市民化研究.［M］.北京：中国经济出版社，2014.
4. 张翼.农民工“进城落户”意愿与中国近期城镇化道路的选择［J］.中国人口科，2011（02）.

第五章　重庆一年半实现50.6%的农民工落户是怎么做到的

内容提要： 户改前重庆农民工呈现“落户能力低、落户意愿不高”的典型特征。然而，重庆推进农民工落户取得重大成效，一年实现50.6%的农民工落户，有力改善了重庆的城乡关系，并增强了经济增长动能。调研发现，宽松的落户准入条件、城乡利益保障、与土地挂钩的市场化投融资体制、高位推进的落实机制是重庆推进农民工落户的“法宝”。借鉴重庆的户改经验，“突出重点、分级引导、保障利益、政策激励”应成为各地推进农民工落户城镇的重要策略。

重庆市是全国大城市、大农村、大山区并存地区的缩影，也是处于工业化、城镇化快速推进阶段的地区的典型代表，在以工业为主导的产业结构下，集聚了数量众多的农民工，“半城镇化”等问题突出，推进农民工市民化的任务紧迫而艰巨。2009年，重庆以建设全国统筹城乡综合配套改革试验区为契机，于2010年8月正式启动了以农民工为主要对象的户籍制度改革，仅2010年至2011年一年半时间推动农业人口在城镇落户328万人，其中农民工在城镇落户197.2万人，占户改前农民工总量[1]的50.6%，有力释放了劳动力红利，促进了城乡经济社会健康可持续发展。重庆户籍制度改革之所以能取得这么大的进展，值得深入探索和细致总

[1] 此处农民工总量指在重庆务工的所有重庆籍和非重庆籍农民工，但不包括重庆籍在市外务工的人员。

结。课题组在收集、整理户改前重庆农民工以及农民工转户意愿资料的基础上，于2016年5月与重庆市统筹办、财政局、公安局、国土局、人力资源社会保障局、农委等单位代表进行了座谈，对重庆户籍制度改革的做法与经验、成效与启示有了进一步认识。

一、重庆推进农民工落户城镇取得的成效

（一）一年转户300万人，实现50.6%的农民工落户城镇

重庆在细致摸底调研的基础上，针对市内农民工规模巨大但实际落户较少以及库区移民、城中村等历史遗留问题，研究出台了重庆户籍制度改革方案。2010—2011年为第一阶段，约转户300万人，重在消化存量，解决符合条件的农民工、随迁家属和历史遗留人员的户籍问题。总的来看，重庆户籍制度改革自2010年8月15日全面启动以后，截至2011年底，共转户328.7万人，占常住迁移人口的60.4%，超过目标预期。其中，农民工及其家属落户197.2万人，占落户总数的60%，成为户改落户的主体。落户农民工占户改前农民工总数的50.6%，符合条件、有一定落户意愿的农民工落户问题得到优先解决[1]。

（二）户籍城镇化率迅速提升，重庆的城乡关系发生深刻变化

随着农民工落户城镇的推进，重庆农民、企业、政府等参与主体的积极性得到充分调动，户籍人口城镇化率由户改前的29%上升至38.4%，加快了城镇化的进程。城乡关系也由二元分割逐步实现统筹协调发展，城乡人口、土地、资金等要素合理流动，体现了城镇化以人为本的基本要求。转户农民工在城市获得同等的社会福利。据重庆统筹办数据，2011年养老保险、医疗保险应参保人员的参保比例分别达78.3%和91.1%，子女教育、公租房也纳入了城市保障体系[2]。重庆市推行的户籍、地票、“三权”抵押融资等一系列制度创新，一方面通过土地权属的

[1] 重庆市公安局《重庆户籍制度改革工作有关情况》。
[2]《关于推进重庆市户籍制度改革有关问题的通知》（渝办发〔2010〕269号）。

明确、可交易和可抵押，促进了城市资源下乡，实现了农村土地的集约利用和价值发现；另一方面打通了农村资源变现的渠道，农民带着资金进城，提升了进城稳定居住能力，也促进了农村撂荒耕地、“一户多宅”宅基地等闲置资源的有效利用。（如图5-1所示）

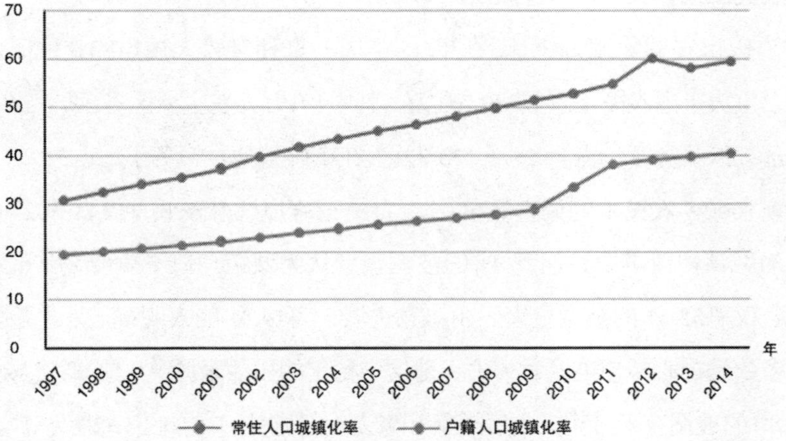

图5-1　直辖以来重庆市常住人口城镇化率和户籍人口城镇化率变化图（%）

资料来源：根据重庆市统计年鉴（1998—2015年）整理。

（三）户改带来的稳定劳动力推迟了刘易斯拐点的出现，增强了重庆经济持续增长动能

推进农民工落户城镇，支撑了以年轻人为主体的人口红利进城，推动了重庆劳动力红利的持续释放，迅速构筑起了劳动力资源优势，直接推动了重庆进出口贸易的大幅度提升，增强了经济持续增长动能。调查显示，沿海农民工具有明显的“九三现象”，即每年只工作9个月，春节前后3个月返乡。沿海企业年底只得停工，节后工人往往又流失一半，对生产力是很大的破坏。重庆农民工转户后，春节7天假、节后照常上班，而沿海企业为了保订单、降成本，春节前后纷纷把订单拿到重庆，其中一半订单最终留了下来，进而形成新的产能，促进了重庆电子信息产业集群发展和进出口贸易发展。户改带来的稳定劳动力有助于推迟刘易

斯拐点的出现，增加城镇长周期持续发展的动力。

二、户改前重庆农民工的总体特征：落户能力低、意愿不高

（一）农民工规模大，落户意愿低

据重庆市农调队调查统计，户改前重庆一直拥有较大规模的农民工群体。2010年，重庆市内农民工总数389.7万人，其中191万人在主城区务工，占49%；75万人在远郊区县务工，占19.2%；123.7万人在市内其他乡镇务工，占31.8%。通过对户改前1000名农民工的调查显示[1]，农民工落户意愿较低，仅有39.2%的被调查者认为城镇户口重要，而28.4%的被调查者认为城镇户口不重要，其他持无所谓态度。仅有52.3%的被调查者表示愿意进城，有14.4%的人明确表示不愿意进城落户，多数是担心转户进城后失去土地这一稳定的生活来源[2]。愿意进城的人员中，48.8%的被调查者希望夫妻、子女和老人一起进城。（如图5-2所示）

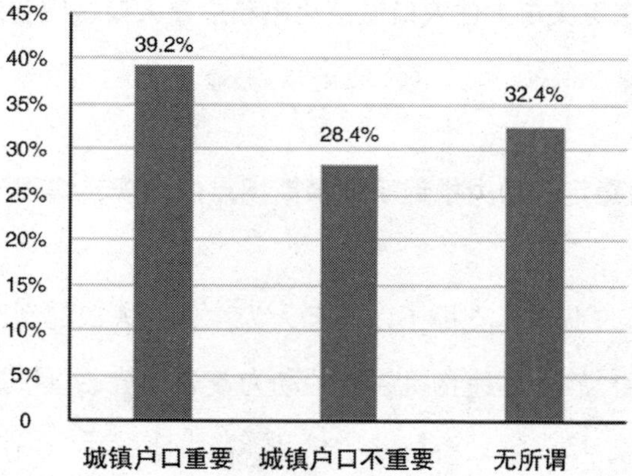

图5-2　重庆农民工落户城镇意愿调查（2009年）

资料来源：根据重庆农调队2009年对40319人的抽样调查结果整理。

[1] 根据重庆社会科学院许玉明《中国农村转移劳动力及其供养人口户籍转移制度研究——以重庆为例》中2010年对1000名农民工调查结果整理。

[2] 《农村土地承包法》规定，"承包期内，承包方全家迁入设区的市，转为非农业户口的，应当将承包的耕地和草地转交回发包方"。

（二）远郊区县农民工占比大，教育程度普遍较低

山地占了重庆全市70%以上的面积，且主要分布在远郊区县的各个乡镇。受地理区位、自然资源、经济条件等多重因素影响，重庆389.7万农民工中，大部分来自远郊区县的乡镇。根据重庆农调队2009年抽样调查数据[1]，约56%来自乡镇，19%来自主城区，11%来自其他区县政府所在地，其他14%来自市外。这些农民工以青壮年为主体，受教育程度普遍偏低；16～18岁占3%，19～35岁年龄段人员占总数的47%，36～50岁占42%，51～60岁占7%，60岁以上占1%。初中及以下文化程度占67%，高中、中专、中职学历占28%，大专占4%，本科及以上文化程度仅占1%。（如图5-3、图5-4所示）

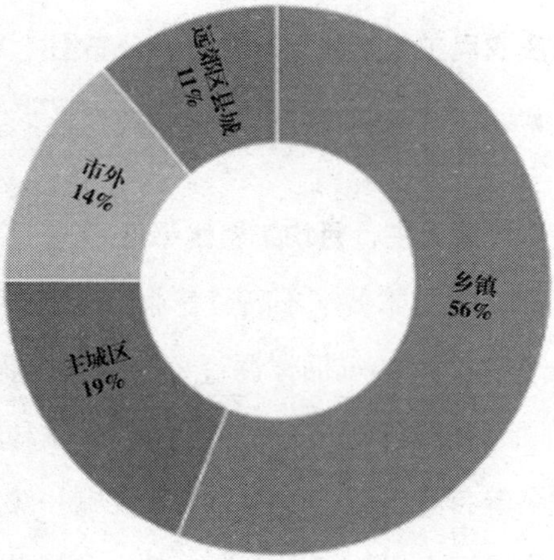

图5-3 重庆农民工来源分布图（2009年）

资料来源：根据重庆农调队2009年对40319人的抽样调查结果整理。

[1] 根据重庆农调队2009年对40319人的抽样调查结果，下文涉及的农调队调查数据来源均与此相同。

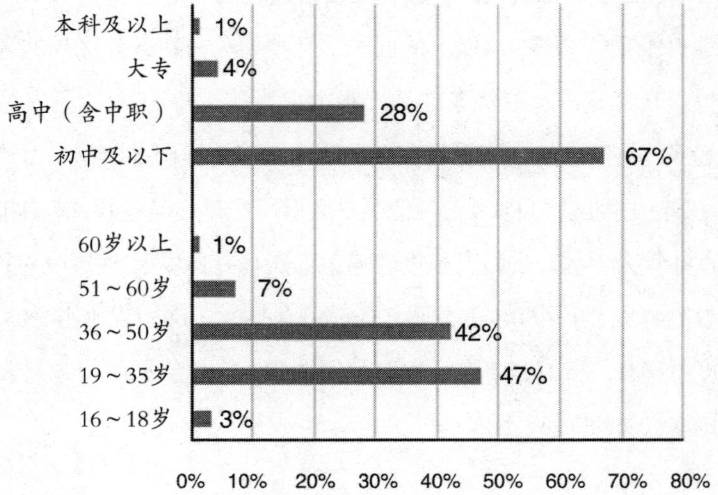

图5-4　重庆农民工年龄和受教育程度分布图（2009年）

资料来源：根据重庆农调队2009年对40319人的抽样调查结果整理。

（三）就业以劳动密集型行业为主，月均工资水平低

重庆农民工主要集中在对技术要求不高、就业门槛较低、人员容量大的劳动密集型行业。根据重庆农调队2009年抽样调查数据，制造业占33.6%，建筑业占22.4%，居民服务和其他服务业占11.2%，而需要较高文化和较丰富经验的文化教育、公共管理、技术服务等行业农民工仅占4.9%。仅有一部分农民工有较为稳定的收入，2009年被调查农民工月平均工资水平1080元，月平均收入在1000元以上的仅占66%，相当一部分低于一般城市居民的收入水平（2009年城镇居民人均可支配收入15749元）。

（四）居住方式以租房为主，劳动合同签订率与社会保险参与率低

由于农民工流动性大，绝大部分居住在单位集体宿舍或承租他人私房。根据重庆农调队2009年抽样调查数据，承租私房占46%，居住单位宿舍占30%，自购房屋居住占10%，承租公房（含廉租房）占3%，农民工公寓居住占3%，其他8%居住在工地工棚等。与此同时，农民工权益保障不容乐观，据抽样调查，接受调查的

40319人中，与用工单位签订劳动合同的约占55%，用工单位为农民工购买养老保险的约占23%，用工单位为农民工购买医疗保险的约占17%。（如图5-5、图5-6所示）

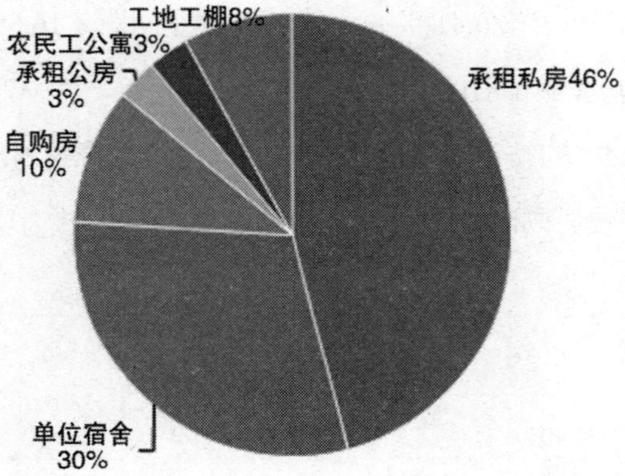

图5-5 重庆农民工居住方式结构图（2009年）

资料来源：根据重庆农调队2009年对40319人的抽样调查结果整理。

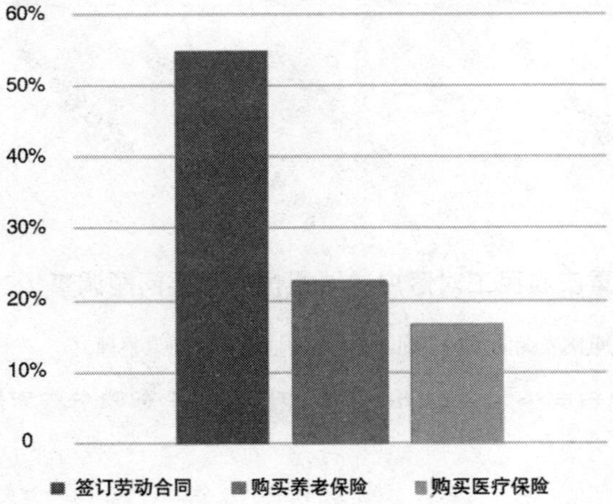

图5-6 重庆农民工权益保障情况（2009年）

资料来源：根据重庆农调队2009年对40319人的抽样调查结果整理。

（五）对落户进城担忧的问题较多，住房、生活成本以及农村土地处置尤为突出

户改前，通过对1000名农民工进城后担心的问题等方面进行问卷调查发现[1]，农民工对落户进城担忧主要来自两个方面：一方面是进城以后的生活成本和生活保障，这方面被调查者对于落户城镇的担忧依次是生活费用太贵（23.4%）、买不起商品房（20.4%）、不能解决就业问题（16.8%）、子女就业就学难（14.9%）、不能享受相应的社会保障（11.8%）等。另一方面是进城以后农村土地的处置，有34.9%的被调查者表示进城后不愿意卖掉农村老家房屋；有34%的被调查者表示如果政府同时要求退出承包地，就不愿意转为城镇户口。（如图5-7所示）

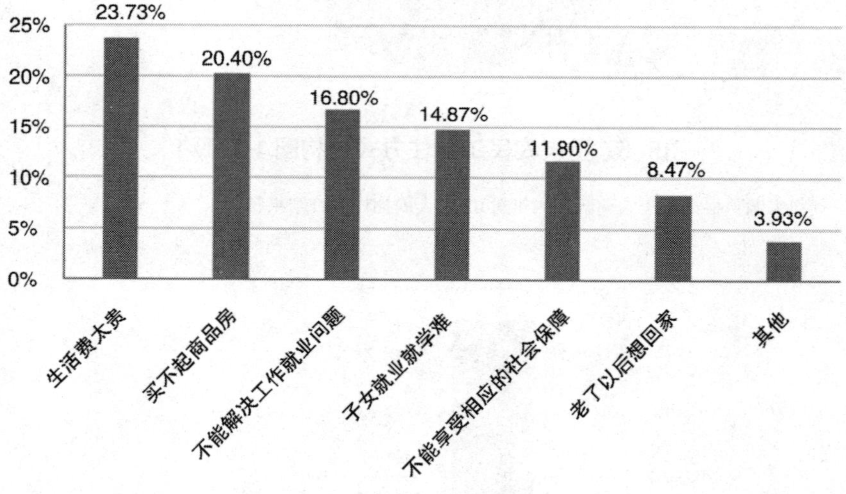

图5-7　重庆农民工对落户进城担忧的主要问题调查（2010年）

资料来源：根据重庆农调队2009年对40319人的抽样调查结果整理。

[1] 根据重庆社会科学院许玉明《中国农村转移劳动力及其供养人口户籍转移制度研究——以重庆为例》中2010年对1000名农民工调查结果整理。

三、重庆推进农民工落户的主要做法

重庆户籍制度改革的基本路径是，以实现城乡户籍制度一体化为目标，以农民自愿和在城市就业为前提，以保障转户居民利益为核心，以政策的配套衔接为支撑，统筹规划、综合配套、稳妥推进。重庆2010年推进户籍制度改革以来，针对不同群体、不同区域特征，基本形成了以1个落户政策为核心、3个关键性配套政策为补充的衔接有序的政策体系，满足了进城落户需要。

（一）分群体分区域实行较为宽松的落户准入条件

重庆户籍制度改革以差异化的人群和区域为切入点，《关于统筹城乡户籍制度改革的意见》（渝府发〔2010〕78号）考虑了不同人群的特征和诉求，考虑了不同区域的承载能力和落户条件，是总体和分阶段目标明确、执行主体落实到位、资金分级负担责任明确的政策设计。（如表5-1所示）

第一，分群体：突出两类重点人群。按照农民工需求意愿导向和先易后难的原则，重庆确定了首批进行转户的两类重点人群。第一类是农民工及新生代，主要包括已在城镇里长期居住或稳定就业的农民工，以及作为新生代代表的农村籍大中专学生、农村籍退役士兵。第二类主要是针对历史遗留问题的人群，包括历年已用地未转非人员、未转非大中型水利水电工程建设中的失地农村移民、城中村农村居民以及集中供养的农村“五保”对象等。

第二，分区域：分级承接。重庆结合农民工的区域落户意愿以及城镇的资源环境承载能力，对主城区、区县城和小城镇分级设立户籍准入条件。从政策设计上适度放宽了主城区的落户条件，主要承接具备大城市就业能力和落户条件的农民工，发挥大城市对人口的集聚辐射功能；进一步放开区县城的落户条件，主要承接中小城市及周边人口的落户；全面放开了乡镇落户条件，发挥小城镇的人口集聚功能，鼓励更多的人就地城镇化。

第三，降门槛：准入条件较为宽松。一方面，修改和废除了户籍制度中不合理的强制性条件，由转户农民自愿选择是否退出农村土地；另一方面，对于随迁配偶、子女、父母自愿转为城镇居民的，不受居住时间限制，政策设计上也较为宽松。当然，落户农民工必须满足“两稳定”[1]，避免大量农民工涌入形成城市贫民，同时考虑了城市公共服务和资源环境承载力，避免社会福利保障的短缺和激烈争夺。

表5–1　重庆户籍制度改革分类政策设计

分类		地区分类		
		主城区	31个远郊区县城	小城镇
有条件的农民工及新生代	主城区务工经商5年以上农民工[2]	可直接转户	可直接转户	可直接转户
	在远郊区县城务工经商3年以上的农民工[3]	在主城区购买商品住房的；或投资兴办实业3年累计纳税10万元或一年纳税5万元以上的	可直接转户	可直接转户
	农村籍大中专学生	入学时户口迁入学校集体户；或务工经商5年以上的；或购买商品住房的；或投资兴办实业3年累计纳税10万元或一年纳税5万元以上的	入学时户口迁入学校集体户；或务工经商三年以上的；或购买商品住房的；或投资兴办实业三年累计纳税5万元或一年纳税2万元以上的	可直接转户
	农村籍退役士兵	原籍可直接转户	原籍可直接转户	可直接转户
历史遗留问题人群	库区移民	原籍可直接转户	原籍可直接转户	原籍可直接转户
	城中村未转非人员	原籍可直接转户	原籍可直接转户	原籍可直接转户
	农村集中供养“五保”对象	原籍可直接转户	原籍可直接转户	原籍可直接转户

资料来源：《重庆市人民政府关于统筹城乡户籍制度改革的意见》（渝府发〔2010〕78号）。

[1] 稳定就业和稳定居所。

[2] 此类农民工指在主城区务工经商5年以上，缴纳社会养老保险费3年以上，且有稳定合法住所的人群（租住公租房或在有固定住所的直系亲属处实际居住一年以上）。

[3] 此类农民工指在远郊区县务工经商3年以上，缴纳社会养老保险费2年以上，且有稳定合法住所的人群（租住公租房、商租房或在有固定住所的直系亲属处实际居住）。

（二）围绕“保留‘3件衣服’+穿上‘5件衣服’”制定关键性配套政策

重庆市户籍制度改革中尤其注重对转户农民的权益保障，兼顾农村土地三项权益维护和城市五项公共服务供给。一方面，农民进城后可以继续享有农村原有的宅基地、林权、承包地土地权益，由转户居民自己依法、自愿、有偿进行处置，简称为保留“3件衣服”。另一方面，农民工进城落户后，可以参加水平更高的城镇职工养老保险，可以参加城镇职工医疗保险，其子女可以就近就地在户口所在地就学并有学籍，申请全市范围内的公租房，享受城镇的就业培训，符合条件的可申请城市低保，简称为穿上“5件衣服”。（如表5-2所示）

表5-2　重庆农民工转户保留的农村权益和新增的城市权益

权益	保留农村权益（简称保留“3件衣服”）	新增城市权益（简称穿上“5件衣服”）
1	宅基地使用权和收益权	养老。城镇职工或征地农转非或城乡居民养老保险
2	承包地使用权和收益权	医疗。城镇职工或城乡居民合作医疗保险，按规定享受城镇居民参保补助
3	林权使用权和收益权	教育。按照就近入学的原则就读城市学校，享受与现有城镇学生义务教育同等待遇；按照“指标到校、区县安排”的原则，解决农转非子女就读普通高中教育
4	—	住房。转户居民在城镇购房免交相关税费；可入住公租房、转户集中居住小区、农民工公寓等，享受租金或房价补贴
5	—	就业。创业扶持；职业培训和职业技能鉴定全额补助；城镇就业服务和政策扶持；困难人员公益性岗位托底安置；低保补助

资料来源：《重庆市人民政府关于统筹城乡户籍制度改革的意见》（渝府发〔2010〕78号）。

围绕“保留‘3件衣服’+穿上‘5件衣服’”，重庆在出台了《关于统筹城乡户籍制度改革的意见》（渝府发〔2010〕78号）一个总体意见的基础上，系统制定了农村居民转户、土地处置、社会保障三个关键性配套政策。随着改革推进，又先后出台46个政策性文件。目前仍在执行的有36个，其中总体政策文件6

个，户口迁移政策文件5个，土地处置利用政策文件15个，社会保障政策文件7个，工作规范文件3个，形成了完善的政策文件体系[1]。政策的出台，强调了改革方向，明确了工作细则，规范了工作要求，尤其是针对农村权益、宅基地利用、住房、社保、就业、教育、卫生等，消除了农民工转户后担忧的问题，及时兑现了各项户改政策，保障了转户农民工的合法权益，确保了户籍制度改革工作平稳有序推进，使转户居民"进得来，稳得住"。（如表5-3所示）

表5-3　2010年以来重庆市户籍制度改革主要配套政策总结

权益类别	文件名称及颁布日期	主要内容
农村居民转户	2010年重庆市人民政府办公厅下发《重庆市统筹城乡户籍制度改革农村居民转户实施办法（试行）》（渝办发〔2010〕204号）	明确农村居民转户后享受农村权益、住房、社保、就业、教育、卫生等问题
	2010年重庆市人民政府办公厅下发《关于推进重庆市户籍制度改革有关问题的通知》（渝办发〔2010〕269号）	明确了转户居民子女就近入学、社会保障城乡衔接、退地人员参加养老保险缴费、学生转户后继续享受征地补偿收益权、重庆籍农村转户学生享受加分政策、重庆农村籍贫困大中专学生转户后享受资助等问题。将转户居民纳入城镇就业、创业服务和政策扶持范围
	2010年重庆市人民政府办公厅下发《关于推进重庆市户籍制度改革有关问题的补充通知》（渝办发〔2010〕374号）	明确了符合租房转户条件群体转入集体户口的问题，全市各城镇街道、农村乡镇设立集体户专户，承接租房入户和大中专学生转移落户
	2011年重庆市人民政府办公厅下发《关于进一步明确户籍制度改革有关规定的通知》（渝办发〔2011〕91号）	明确放宽本市籍返乡农民工转户、市外户籍人员在渝就业入户条件，保障转户居民子女接受义务教育权利，确保转户居民住房公积金转移接续，明确农转城人员入伍学历及入伍后家庭享受优待金标准，三年内继续执行转户居民购房契税减免政策，落实转户居民基层民主选举权利

[1] 资料来源：重庆市公安局关于重庆户籍制度改革工作的有关情况。

续表

权益类别	文件名称及颁布日期	主要内容
	2011年重庆市人民政府办公厅下发《关于进一步做好户籍制度改革中转户居民合法权益维护工作的通知》（渝办发〔2011〕180号）、重庆市人民政府办公厅下发《关于进一步规范户籍制度改革工作的通知》（渝办发〔2011〕286号），以及2012年重庆市人民政府下发《关于继续推进农民工户籍制度改革的通知》（渝府发〔2012〕10号）、重庆市人民政府办公厅下发《关于积极稳妥推进农民工户籍制度改革有关问题的通知》（渝办发〔2012〕202号）	明确要加快落实转户农民的住房、就业、子女教育、社会保障、公共卫生等权益
宅基地处置利用	2010年重庆市人民政府办公厅下发《重庆市户籍制度改革农村土地退出与利用办法（试行）》（渝办发〔2010〕203号）	明确对转户居民退出宅基地及附属设施用地，给予农房及建（构）筑物补偿、宅基地使用权补偿和购房补助。退出的宅基地并非只能用于复垦产生地票，对退出时比较完好、价值较高的农村房屋，农村土地整治机构可以临时出租，实现农房的有效利用
	2011年重庆市人民政府办公厅下发《关于户籍制度改革宅基地及附属设施用地处置有关事宜的通知》（渝办发〔2011〕353号）	为维护转户居民合法权益，统一和简化了价款计算方式，即统一按地票价款政策，以宅基地加附属设施用地面积计算价款
	2012年重庆市人民政府办公厅下发《关于农民工户籍制度改革宅基地及附属设施用地处置利用等有关政策问题的通知》（渝办发〔2012〕255号）	进一步明确了转户居民宅基地及附属设施用地退出时限及价款拨付方式、暂不能复垦的宅基地及附属设施用地的处置以及户改前的一些遗留问题的处置等
社会保障	2010年重庆市人民政府颁布《重庆市统筹城乡户籍制度改革社会保障实施办法（试行）》（渝办发〔2010〕202号）	强调社会保障待遇落实，明确了符合条件的转户居民办理退地农转城人员养老保险，将符合条件的转户居民纳入城市低保

资料来源：根据相关材料整理。

（三）以市场化投融资和长期摊销为主体实现落户公共资金平衡

1. 地票制度[1]促进农村土地价值发现，打通宅基地退出通道

农村土地的处置与利用是户籍制度改革中的关键环节和难点，而建立有效的成本分担机制和融资机制是推进户改可持续发展的必要条件。重庆在户改过程中，在以“3个1/3”成本分担机制为主要实现路径的基础上，创造性地按照“土地确权–土地用益物权价值发现和可交易–通过城市反哺农村，实现农民带资金进城和户改资金平衡双重目标”的基本逻辑，重点推进了以农村产权、地票交易、投融资为主的制度创新，形成了重要的路径补充，一些政策设计已突破了国家现有法律法规。（如图5–8所示）

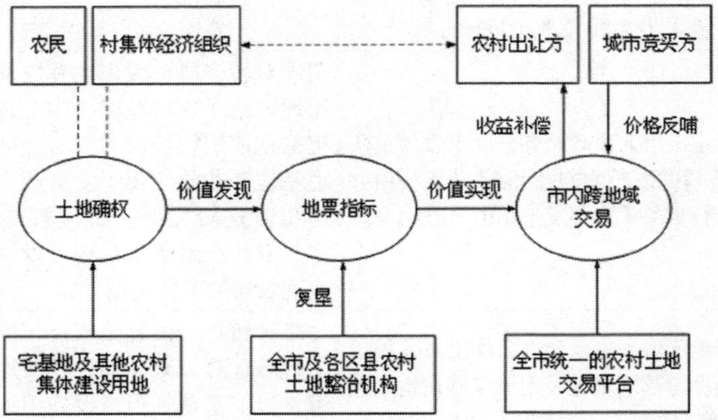

图5–8　重庆地票制度创新及农民进城个人成本分担机制示意图

推进农村产权确权颁证。重庆市依照有关技术标准开展了新一轮农村土地、房屋确权颁证工作，包括土地承包经营权、宅基地使用权及地上附着物、林地使用权的确权登记发证，保障了集体收益分配权的确权量化。现行《农村土地承包法》规定，“承包期内，承包方全家迁入设区的市，转为非农业户口的，应当将

[1] 地票，是指包括农村宅基地及其附属设施用地、乡镇企业用地、农村公共设施和农村公益事业用地等农村集体建设用地，经过复垦并经过土地管理部门严格验收后所产生的指标。企业购得的地票，可以纳入新增建设用地计划，增加相同数量的城镇建设用地。地票购买者主要是各级土地储备机构、园区建设单位及房地产企业。

承包的耕地和草地交回发包方”。重庆在户改过程中，突破了这一规定，对于举家迁徙的农民工群体，充分尊重他们“土地三权”是否退出的意愿，充分保障和体现了其土地的用益物权。根据重庆市统筹办的资料，截至2011年年底转户农民中均暂无承包地退出申请。

探索建立地票交易制度，增加转户居民宅基地退出通道。在国家实施建设用地总量控制背景下，一方面大量农村劳动力进城务工大幅增加了城市建设用地需求，进而不断占用耕地；另一方面进城农民工的大量宅基地普遍闲置。由于现行《土地管理法》规定土地转让一般只能在同村甚至同村民组进行，集体建设用地向本村镇以外的企业和个人的流转行为是法律明文禁止的，集体组织之间、城乡之间、区域之间的土地市场是相对分割的。即使国家在一些地区试点的城乡建设用地增减挂钩政策也大多没有突破省域内跨区域的占新拆旧。

重庆创造性提出地票交易制度，依托农村土地整治机构[1]这一退地复垦工作平台，将退出的宅基地复垦为耕地并置换为建设用地指标，使农村建设用地使用权取得了空间流动性特点和资产化特征，通过“地票”交易的市场化手段实现了宅基地用益物权显性化和级差地租最大化，尤其是土地定量不定位，使处于边远落后地区的农村建设用地有效实现价值发现，为集约利用农村集体建设用地的农户，以及退出宅基地的转户农民工提供合理的价值补偿，促进了转户农民财产性收入增长，提升了其进城生活和发展的能力。根据户籍改革政策，地票净收益（地票价款扣除复垦相关成本后）按 85∶15 比例分配给转户居民和农村集体经济组织，转户居民、集体经济组织应得价款每亩分别不低于12万元、2.1万元；退出的宅基地及附属设施用地暂不能复垦产生地票的，按每亩 9.6 万元一次性结清价款[2]。截至2012年2月，从转户农民申请退出宅基地情况来看，区位较偏远、

[1] 2010年成立，专门承担土地利用总体规划确定的城镇建设用地扩展边界范围外的宅基地退出的复垦、整治及融资等功能。

[2]《重庆市人民政府办公厅关于户籍制度改革宅基地及附属设施用地处置有关事宜的通知》（渝办发〔2011〕353号）。

用地条件较差的渝东南地区级差地租最大，转户农民申请退出宅基地的最多，占到申请总量的13.8%。（如表5-4所示）

表5-4　2010年1月至2012年2月重庆整户转户农民申请和批准退出宅基地情况

区域	转户数（户）	申请退地		批准退地	
		户数（户）	占转户数比例（%）	户数（户）	占转户数比例（%）
主城区渝西片区	449710	8921	1.98	4861	1.08
渝东北	233726	5001	2.14	2118	0.91
渝东南	139805	19221	13.75	4917	3.52
全市	823241	33143	4.03	11896	1.45

资料来源：根据重庆市统筹办提供资料整理。

2. 通过城市反哺农村，实现以市场化投融资和长期摊销为主体的户改公共资金平衡

户籍制度改革实质是以农民工整体融入城市公共服务体系为核心的，新增市民必然带来社会投资和社会成本的提高，重庆立足多主体、市场化、长周期、可分摊的理念，总体实现了户改公共资金的大体平衡。农民转户进城主要将增加企业的用工成本、个人保险缴纳成本以及政府公共成本，政府公共成本增加主要来自公共投资（主要用于住房保障、义务教育和民政设施等）、无用人单位个人社会保障补助（养老保险、医疗保险、失业保险、最低生活保障等）和社会福利（就业再就业、优抚救助等），其中，支出占比较大的住房保障（公租房）供给形成了以国有投资集团为建设主体的市场化投融资模式。根据测算，重庆推进320万农村居民转户共需投入935.2亿元，其中：174.7亿元（占比18.7%）可以通过市场化方式进行平衡；558.8亿元（占比59.8%）属于长期成本，可以在未来一段时期内进行摊销；201.6亿元（占比21.6%）是即期成本，需要市级及区县财政进行负担，转户居民即期人均公共财政投入约需6300元。

社会保险。需要新增的财政支出主要是无用人单位人员的养老保险补助和部分困难群体的最低生活保障，而养老保险的当期支出主要针对到龄人员。此外，尽管城乡合作医疗需要财政补贴，但由于城乡补贴标准一致，并不因为户籍变化而新增财政支出。（1）养老保险。参照征地农转非养老保险政策，以中青年人员人均标准1.6万元，“4050”人员人均标准4.1万元，老龄人员人均标准2.5万元测算，需要支出养老保险558.26亿元。但由于养老保险不需要当期支付，只需在参保人员到退休年龄后按月支付；到龄人员养老保险金在全部参保人员缴纳费用中支出，因此财政新增压力相对不大。（2）医疗保险。按现有渠道，以个人身份参加城镇企业职工医疗保险的成本由个人支付，尽管个人由农村改为参加城镇医保后能够享受较高标准的保障，但由于支付大病大额保费的概率较低，收支经费基本能够平衡，不需财政大量投入。政府主要针对城乡合作医疗需要提供财政补贴，但由于补贴标准城乡一致，与户籍无关，故在此不作测算。（3）低保。截至2009年底，重庆城市低保对象中有农转非人员15.22万人，占1982年至2009年全市农转非人员110万人的13.84%。按此比例计算，2010—2011年转户320万人中约有44.3万人将享受城市低保，按现行城乡低保标准差每人每月97元计算，每年约需5.2亿元。

住房保障。重庆公租房（廉租房）依托国有投资集团采取市场化方式进行投资、建设、管理、运营，中央和市级财政投入[1]大概占30%，融资贷款占70%。项目建设单位从长周期来看，拥有优质资产，采取租售并举的方式可以实现运营平衡。重庆相继实现了公租房、廉租房、农民工公寓并轨，根据城镇常住人口保障性住房覆盖率20%，假设新落户农民工按城镇低收入住房困难家庭的标准以实物配租的形式享受廉租住房，享受人均13平方米的实物配租，每平方米按照3000元建设成本测算，保障64万人需要投入249.6亿元，按财政投入30%测算，需要保障74.9亿元资金。

[1] 财政年度预算安排资金、土地出让收益的10%等。

义务教育。义务教育成本包括农民工子女在输入地平等接受义务教育所新增的生均教育事业费、新建城镇中小学学校需要的各级财政投入、新增教学设施等固定资产。320万农民工落户随迁子女就读，中小学校改扩建及教师培训经费63.50亿元。

就业再就业。根据全国农民工技能培训情况来看，人均财政补贴约为800元。按接受技能培训农民工占比43%测算，就业再就业补贴费用11亿元左右。

此外，针对农民可以退出宅基地带资金进城这一政策设计，重庆先期通过融资贷款、财政调度、拨付资金等渠道筹集户改市级周转资金50亿元，周转金专户设置在市农村土地整治中心，区县可先借款然后在地票交易后归还，由于区县政府支出主要是垫支宅基地的复垦成本每亩3.7万元和先期垫支产权证面积每亩补偿9.6万元，地票交易后再按照85：15比例补偿地票交易收益，因此，通过这一资金运作平台，区县成本和收益大体可以通过地票制度进行平衡。截至2011年底，全市申请退出宅基地的农户家庭并不多，仅3.3万户，而批准退地仅1.2万户，重庆共计对7237户、2869亩宅基地及附属设施用地支付价款3.2亿元。（如表5-5所示）

表5-5　重庆320万农村居民户改进城公共资金平衡表（单位：亿元）

<table>
<tr><th colspan="2">类型</th><th>成本分摊</th><th>资金需求</th><th>需求说明</th><th>资金来源</th></tr>
<tr><td rowspan="2">社会保险</td><td>养老保险</td><td>长周期成本</td><td>非城镇企业职工养老保险558.26亿元</td><td>参照征地农转非养老保险政策，以中青年人员人均标准1.6万元，“4050”人员人均标准4.1万元，老龄人员人均标准2.5万元测算</td><td>养老保险不需要当期支付，只需在参保人员到退休年龄后按月支付。到龄人员养老保险金在全部参保人员缴纳费用中支出</td></tr>
<tr><td>医疗保险</td><td>长周期成本</td><td>城乡合作医疗补贴0.58亿元</td><td>城乡合作医疗需要财政补贴一部分，但由于补贴标准城乡一致，与户籍无关，故不增加财政支出</td><td>由财政支出</td></tr>
</table>

续表

类型		成本分摊	资金需求	需求说明	资金来源
社会保险	低保	即期成本	低保 5.2亿元/年	按照13.8%低保率测算保障人数，并按现行城乡低保标准差97元/月·人计算，约需5.2亿元/年	由财政支出
住房保障		即期成本	公租房249.6亿元，财政资金占30%，约74.9亿元	对经济和住房困难的转户农民提供住房保障，公租房（廉租房）人均13平方米，建安成本3000元/平方米	依托国有投资集团采取市场化方式进行投资、建设、管理、运营，中央和地方财政支出占30%
义务教育		即期成本	中小学校改扩建及教师培训经费63.50亿元	—	各级财政原渠道负担
民政设施		即期成本	32.80亿元	—	各级财政原渠道负担
就业再就业		即期成本	11.00亿元	—	各级财政原渠道负担
优抚救助		即期成本	14.23亿元	—	各级财政原渠道负担

资料来源：根据重庆市财政局提供资料整理。

（四）构建统一部署、高位推进、市县（区）联动的落实机制

重庆在户改过程中创新性地建立了以市户籍制度改革领导小组为组织领导，各区县（自治县）人民政府为责任主体，纵横向层级联动、责任分工明确有效的落实机制，坚持区县政府考核、激励机制并重，将各部门、各区县自治县推进户籍改革工作进展情况纳入市政府年度工作目标考核，确保了户改政策的有效落实和户改工作的顺利推进。

统一部署。成立了市户籍制度改革领导小组，由市政府市长担任组长，副市长任副组长，市委政法委、市发展改革委、市财政局等20个职能部门和单位主要

领导为成员，在组织领导上形成了合力。市户籍制度改革领导小组下设办公室在市公安局，具体责任落实到区县（自治县）政府。以重庆市人民政府的名义面向全社会于2010年出台了《关于统筹城乡户籍制度改革的意见》，全面部署了户籍制度改革的政策意见。之后以重庆市人民政府办公厅的名义给下属委办局办公室下发了10余个政府文件，进一步明确了政策导向和实施路径。

高位推进。重庆市级各部门根据工作职责，制定完善相关工作细则，确保改革平稳进行。市发展改革委负责户籍制度改革相关政策措施的协调平衡，市公安局负责制定户籍登记准入实施细则，市国土房管局、市城乡建设委制定农民工住房保障，市规划局、市城乡建设委、市市政管委会负责制定城市人口扩容后公共服务基础设施的配套办法，市教委、市卫生局、市民政局、市人力资源社会保障局负责制定城市扩容后教育、医疗卫生、社区及福利设施、集中培训等配套的具体办法，市人社局制定相关就业和社保具体办法[1]，市国土房管局、市农委[2]、市林业局分别制定宅基地、承包地、林地退转的具体办法，市人口计生委做好农村居民转户后的计划生育工作，市水利局负责制定大中型水利水电基础工程失地农村移民转为城镇居民的实施办法，市金融办负责制定户籍制度改革金融配套办法，市财政局制定户籍改革资金平衡的具体方案。

市县（区）联动。全市各区县政府按照市户籍制度改革领导小组统一部署，制定并下发了本区县《关于统筹城乡户籍制度改革的实施意见》，并由区县政府协调发展改革、公安、人力资源社会保障、国土、房管、建设委、经信委、教委、卫生、民政、人口计生、财政等相关职能部门，研究出台各区县户籍登记准入、农村土地退出补偿、转户社会保障等《实施细则》以及规划、建设、政策、资金平衡等政策意见。而镇（街道）作为区县政府落实户改政策的具体责任主

[1] 出台了《关于重庆市农村居民转为城镇居民参加基本养老保险有关问题的处理意见》（渝人社发〔2010〕182号）。

[2] 出台了《关于正确处理户籍制度改革农村承包土地退出与利用有关问题的通知》（渝农发〔2010〕305号）。

体，确保各项政策的宣传、落实到位。（如图5-9所示）

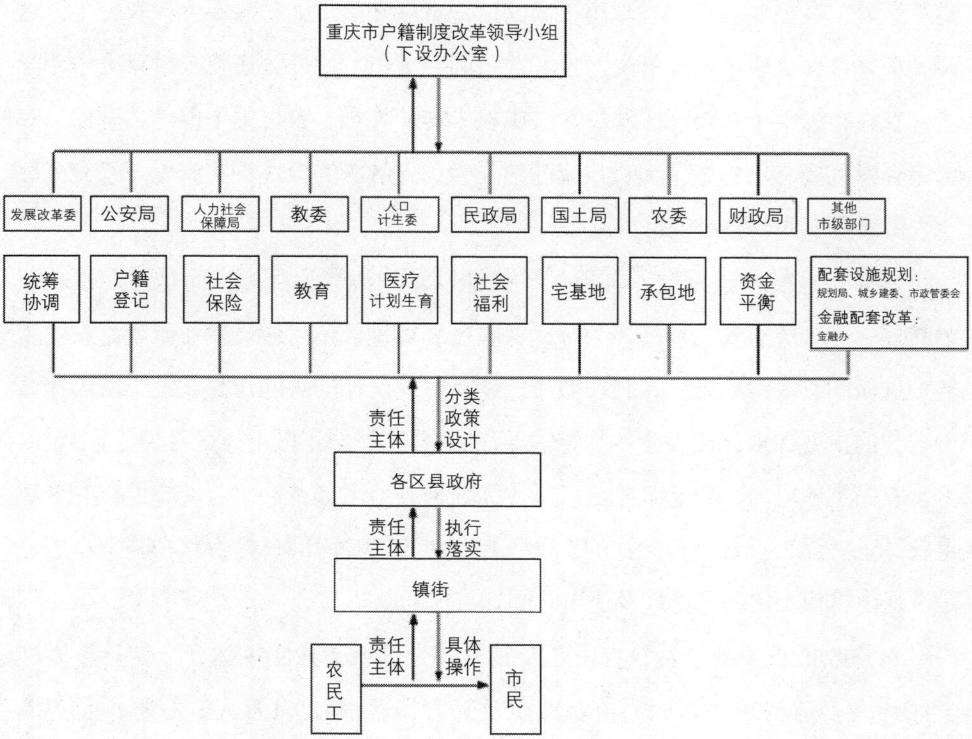

图5-9 重庆市户籍制度改革层级联动落实机制图

四、对推进农民工群体落户的经验与启示

（一）突出重点：尊重不同群体农民工意愿，优先解决有条件的农民工群体

要解决农民工长期在城市就业却难以在城市落户，破解夫妻分居、留守儿童、留守老人等一系列“半城镇化”问题，促进其思想意识、生活方式和行为方式能全面融入城市，重点要在充分尊重不同群体农民工意愿的基础上，打通农民工进城落户的渠道，打消其进城落户的顾虑。重庆在户籍改革过程中，按照先

存量后增量、分阶段推进的原则，有效把握了改革的进程和节奏，使户籍改革与城镇化发展进程相适应。在转户对象确定方面，除了在城市长期居住或就业的农民工之外，在摸底调查中表现出更高的落户意愿和落户能力的新生代农民工，这两类群体被作为重庆优先解决对象和改革的突破口。此外，还将农村籍大中专学生、农村籍退役士兵及库区移民、城中村未转非人员、农村集中供养“五保”对象等存量问题和历史遗留人员户籍问题作为优先解决的板块，实施了一条充分尊重农民意愿、先易后难的推进路径。

同时，在转户过程中，并不是单纯地以转户数量为目标，而是强调以就业为前提、充分尊重农民意愿，力争确保农民转得进、留得住。就业因素是农民工转户进城的首要考虑条件，将在城市长期居住或工作的时间作为农民工能否在城市落户的重要条件，相关文件规定需要在主城区工作5年以上、区县城工作3年以上，农民工才可将户口迁入相应区域（无任何其他附加条件）。转户过程充分尊重农民工意愿，符合转户条件的农民工自主决定转户时间、是否整户转户进城、是否退出承包土地和宅基地及退出时间等具体问题。

从户改推进情况来看，农民工及其家属是进城落户的主体，遗留存量问题全面解决。截至2015年12月，农民工及其家属落户429.1万人，占落户总数的77.2%，占户改前农民工总数的52.7%。库区移民、城中村未转非人员、农村集中供养“五保”对象等存量问题和历史遗留人员户籍问题全面得到解决。转户人员中，16～60岁的转户居民达230万人，占转户总数的54.8%，呈现出劳动年龄阶段农民工及其新生代为转户主体的特点。（如表5–6所示）

表5–6 重庆重点人群转户结构

落户群体	2011年		2015年	
	落户人口（万人）	占比（%）	落户人口（万人）	占比（%）
长期进城农民工	253.4	77.1	353.8	82.5
举家迁徙农民工	82.3	25	109	25.4

续表

落户群体	2011年		2015年	
	落户人口（万人）	占比（%）	落户人口（万人）	占比（%）
新生代农民工	53	16.1	87	20.3
其他[1]农民工	75.3	22.9	75.3	17.5
合计	328.7	—	429.1	—

数据来源：根据重庆市统筹办提供资料整理。

（二）分级引导：以就业地或居住地为落户载体，分级承接农民工落户

重庆农民工就业在区域分布上呈现“哑铃形”特征，在主城区和小城镇就业的农民工相对较密集。一方面既要充分尊重农民工的区域落户意愿，另一方面也要充分遵循人口梯度转移的自然规律，综合考虑不同层级城市的人口、基础设施、公共服务、自然资源的承载能力，因此，重庆在整体放宽落户条件和降低落户门槛的基础上，按不同区域层级设置了城市落户条件。首先，整体放宽了落户条件。主要强调是否长期稳定就业或居住，进而设置相应的就业时间或缴纳社保时间或居住时间；对于自谋职业或投资兴办实业的农民工则强调他们的稳定就业能力，并以当年或累计投资纳税情况来衡量。其次，以促进人口在主城区、区县城、小城镇三级城镇体系合理分布为导向，科学设置了分级落户条件。主城区的落户条件高于区县城，小城镇落户条件则全面放开。如此，一方面促进有落户能力的农民工落户主城区的同时，也防止主城区“大城市病”激增；另一方面促进作为重庆工业化、城镇化主战场的远郊29个区县县城增强吸纳农民工就业能力和空间的同时，提高小城镇的承载力，全面放开准入条件，着力促进有需求的农民工就地市民化。

从转户情况来看，重庆强调区域联动、分级承接，转户人口呈现主城、远郊区县城、小城镇3∶3∶4的梯形分布，既避免人口过度向大城市集中，也防止

[1] 包括库区移民、城中村未转非人员、农村集中供养“五保”对象等存量问题和历史遗留人员等。

小城镇就业和社会管理不堪重负。重庆2011年转户居民在主城区居住人数为97.4万人，占27.8%；在远郊区县城居住人数为89.7万人，占27.3%；在小城镇居住人数为147.6万人，占44.9%。转户人口较多地集中在中小城市和建制镇，这主要是因为前期消化存量和历史遗留人员的原因。近年来，由于中小城镇承载能力普遍不高，落户增长较为乏力。2015年以来，主城区和渝西片区吸纳人口能力明显增强，新增转户8.1万人，占新增总数的73.6%，比户改以来累计占比提高21个百分点，“人口跟着产业走”功能逐步显现。（如表5-7所示）

表5-7　户改前农民工空间分布与户改后农民工落户空间对比表（单位：%）

地区	2009年农民工空间分布占比	2011年农民工落户空间占比
主城区	49	27.8
远郊区县城	19.2	27.3
小城镇	31.8	44.9
合计	100	100

数据来源：根据重庆市统筹办提供资料整理。

（三）保障利益：以“1+n”落户政策体系处理农民工户改过程中的各项利益关系

从重庆户改实践来看，系统性、创新性、稳定性的政策设计是其平稳推进户改和农民工市民化的关键所在。通过系统性的政策安排，摆脱了“就户籍改户籍”的传统思路，户改过程中配套了各种社会保障和福利政策，农民土地权利、集体经济收益分配政策的调整到位，有效防止了损害农民利益、防止农民流离失所、防止出现城市贫民窟现象。通过创新性的政策设计，尤其是以农村产权、地票交易、投融资为主的制度创新，突破了现有国家政策法规限制，增强了农民的进城稳定就业生活能力，也形成了户改成本分担机制的重要路径补充，可以在全国示范推广。通过强调政策的稳定性、延续性，给予农民工稳定的制度预期，推动了户改工作的常态化发展，并合理引导了农民工充分融入城市生活的行为，有效处理了户改过程中的各项利益关系。

第一，转户居民城镇待遇一步到位。农民工一旦转户进城，就可以在落户地平等享受城市居民应有的全部福利待遇，落户地是落实这些政策的责任主体。就业方面，将转户居民纳入城镇就业服务体系，分类开展就业培训，予以创业扶持，积极落实社保补贴、岗位补贴、培训补贴、小额贷款及贴息等系列就业帮扶政策；住房方面，转户居民购买普通商品房同等享受相关税费减免，并纳入城镇公租房保障体系，确保“住有其居”；养老、医疗方面，人力资源社会保障局建立了与公安部门动态对比转户居民数据信息机制，并对工业园区和各行业领域农民工转户后的社会保险及时跟进，严格按城镇职工标准，由用工单位依法足额缴纳社会保险费用，且积极落实降低社会保险缴费基数下限政策（由社平工资的60%调整为40%）；教育方面，转户居民子女享受城市义务教育，就近免费入学，平等接受各阶段教育。

第二，保留转户居民在农村的相关权益。转户后，如果农民未退出农村土地，则可以继续享受与土地相关的各项权益，如种粮直补、农资综合补贴、良种补贴、退耕还林补助、征地补偿收益等9项。同时，与农民身份相关的权益主要依据现行承包期和政策法规，依法分类予以保留，包括家电下乡补贴、农村生育政策、计生奖励扶助、购房契税减免、就学补助等26项。

第三，保障自愿退地者的相关权益。转户居民可以自愿选择是否退出农村土地。自愿退出的宅基地复垦为耕地，土地所有权不变，仍为原农村集体经济组织所有，产生的建设用地指标形成地票，地票净收益的85%归转户居民所有，15%归集体经济组织所有，探索出了一条提高农村资源配置效率，保障农民利益的有效通道，这种方式作为农民尤其是边远地区农民土地的价值发现和价值实现渠道，有力增强了农民进城的能力，可以在全国进行探索推广或逐步建立统一的农村土地交易市场。对自愿退出的承包地，可以通过政府搭建的平台，将经营权流转给经营大户、合作社、龙头企业等，增加农民财产性收入。此外，重庆还探索了集体经济资产股权化改造，对于集体经济组织的资产进行股权化改造，农民在转户后仍可以享受集体经济组织收益分配权利。

（四）政策激励：建立多主体、长周期、可负担的长效成本分担机制

推动有就业能力和落户意愿的农民工市民化是一个系统而长期的过程，只有充分调动了户改过程中各方主体的积极性，完善激励和约束机制，才能有效形成多赢的局面。重庆户改过程中，主要涉及政府、用工企业和农民工三个方面的群体，而往往人口输入地政府需要承担较多的公共服务，因此积极性不高，用工企业由于要增加社会保险单位支出成本，也积极性不高，而农民进城后生活成本要明显增加也是他们的主要顾虑，如此等等。针对输入地政府积极性不高的问题，重庆一方面从构建“产业跟着功能走，人口跟着产业走”和“财政转移支付、城镇建设用地新增指标与农业转移人口市民化挂钩”等政策机制入手进行正面激励；另一方面加强了对区县政府的责任考核，提高了区县政府参与积极性。针对用工企业积极性不高的问题，对于国有企业进行了政策激励，允许其在年度考核中，将因农民工转户增加的成本核定为国有企业完成利润进行考核。对于民营企业也通过认定困难企业等政策，降低企业的社会保险缴纳基数。针对农民工转户致生活成本上升等顾虑，通过土地等政策设计推动其土地价值发现和变现，增强进城实力。

重庆农民工户籍制度改革成本分担具有多主体和长周期两大特点。重庆户改成本主要由政府、用工企业和社会三方面各承担三分之一，且大部分改革成本并不需要一次性支付，在10～15年的长周期过程中实现平衡。第一，企业依法承担转户居民养老、医疗等社会保险成本。农民工转户后，养老保险企业缴费比例从12%提高到20%，医疗保险缴费比例从1.5%提高到9%，新增资金支付依法由用人单位承担，约占1/3。第二，农民转户需配套增加基础设施建设和公共服务成本，主要由政府承担，此类成本约占1/3。但由于这些农民工已是城市常住人口，转户后此类成本不会增加太多，政府按照缺什么补什么的原则，在就业培训、公租房建设、学校等方面加大投入，原则上这些投入由市和迁入地区县（自治县）两级财政按原有分担机制承担，而转户人员仍然享受的农村权益则由原户籍地承担。迁入地尽管承担了较多的公共成本，但其由于人口增加获得了

更多建设用地和财政转移支付支持。第三，转户居民自行承担保险的个人缴费部分。转户居民获得社会资本提供的地票收益，可作为参加城市社会保险、支付公租房租金、子女教育、创业等的资金来源。此外，房地产商等商业类社会主体承担转户居民退出宅基地所需成本，按照每亩地票20万元计算，占土地出让价款的2%～5%。各方所承担成本均未对其造成太大压力，改革成本得到有效、合理分担。且按照有关制度安排和支付规定，这些成本将在一定年限内分摊，不是一次性支出，当期资金需求可控。

参考资料

1. 许玉明. 中国农村转移劳动力及其供养人口户籍转移制度研究——以重庆为例［M］. 成都：西南交通大学出版社，2010.
2. 易小光，等. 城镇化背景下农民工市民化若干问题研究［R］. 重庆市综合经济研究院，2013.
3. 易小光，等. 重庆户籍改革实践与深化研究［R］. 重庆市综合经济研究院，2015.
4. 易小光，等. 城乡一体化制度联动与创新——统筹城乡发展的就业、户籍与土地利用制度联动机制研究［R］. 重庆市综合经济研究院，2009.

下篇　出路与对策

第六章　推进农民工群体差别化落户

内容提要：在尊重意愿基础上，推进有条件的农民工落户城镇是重大战略选择。以城市规模制定差别化落户政策存在诸多局限，按照“城市压力+农民工条件差异”分区域分群体是推进农民工差别化落户的现实途径。推进农民工差别化落户，要分群体按照“两稳定+分群体年限指标”制定“低门槛、标准化”的准入条件，分区域因地制宜推进农民工落户城镇。Ⅰ类地区（北上广深地区）以空间换容量为突破点，实行“重点突破、适度从紧、郊区为主、提升管理”的落户策略；Ⅱ类地区［珠三角、长三角、闽东南及天（津）大（连）乌（鲁木齐）］以政策提能力为突破点，实行“存量优先、渐次放开、全域承接、加大倾斜”的落户策略；III类地区（其他直辖市、省会城市、副省级城市）以创新强保障为突破点，实行“存量为主、适度宽松、分级引导、省域统筹”落户策略；IV类地区［其余地级市（区、盟）］以激励增意愿为突破点，实行“全面放开、取消门槛、市县为主、增强承载”落户策略。此外，还需要完善相关制度安排，建立成本分担、落户激励、组织督查等机制，并构建全国统一公开的户籍迁移信息化平台。

在工业化进程中转移农业劳动力是各国现代化发展的共同规律。改革开放以来，我国农业劳动力转移取得了巨大成就，2.6亿农民工已经成为产业工人的重要组成部分，然而受城乡二元体制的影响，绝大多数农民工没有在城镇定居，没有获得与城镇居民平等的权利，被称为“半截子”转移（崔传义，2008），城乡二元结构部分地演变为城市里的二元结构。为此，党中央、国务院高度重视符合条件的农民工落户城镇，党的十九大报告明确提出“加快农业转移人口市民化”，习近平总书记在多个场合提出加快农业转移人口落户城镇，并在党的十八届五中全会上指出“户籍人口城镇化率直接反映城镇化的健康程度”；李克强总理提出了“推进1亿左右农民工和其他常住人口在城镇定居落户”的明确要求。当前，我国经济社会发展进入新的时期，户籍制度改革进展缓慢，农民工落户鲜有成效，已成为我国改革领域难以真正攻克的“堡垒”之一。为深入推进户籍制度改革，促进农业转移人口落户城镇，党中央明确了差别化落户的政策方向，农民工落户如何差别化等一系列问题迫切需要从理论和实践上给予解答。对此，我们在认真调查的基础上，进行了比较深入的探索，提出了农民工群体差别化落户的总体思路、实施路径等。

一、深化农民工群体差别化落户的认识

尽管近年来中央提出了“推进农业转移人口落户城镇、实行差别化的落户政策”，但仍有不少人对此心存疑虑，特别是对农民工愿不愿意落户、农民工要不要落户等问题争议较大，直接影响了农民工市民化进程。为此，有必要厘清农民工落户的基本认识，对农民工落户意愿、户籍制度的功能作用和发展趋势、落户与基本公共服务均等化的关系、现有落户政策的局限进行剖析，据此解答农民工为什么要落户、落户为什么要差别化、如何差别化等问题。

（一）科学认识农民工的落户意愿

落户意愿是农民工落户的前提。近年来，农民工落户意愿低的问题屡被一些学者提及。但事实上，由于调查时间、地点、样本以及抽样方法的差异，学术界至今对农民工进城落户意愿依然缺乏一致的看法，甚至不同的调查存在较大

差别。如吴伟光、李世勇（2012）开展的调查发现，70.27%的农民工具有留城意愿，而张翼（2011）基于全国城市样本的研究发现，仅有24.66%的“80后”农民工希望将农村户口转为城市户口。

本课题组在2016年开展的全国12个省份农民工落户调查中发现，在受访农民工中，21.6%的农民工愿意将农村户口转为城镇户口，粗略估算，全国5000万左右农民工有明确的落户意愿；32.4%的农民工表示“看情况再定”，8.7%的农民工表示“说不清”，也即四成左右的农民工处于观望状态，如果提供准确、恰当的政策激励，这1亿左右农民工中会有相当一部分改变意愿选择落户城镇。

政策供给不足是当前农民工落户意愿“不高”的主要原因。问卷调查结果表明，绝大多数农民工受城市工作生活条件、公共服务和福利等优势吸引，向往稳定、高质量的城市生活，如果能有效解决城市稳定就业、住房和子女就学等问题并维护其在农村的土地权益，农民工落户意愿将大幅度提升。特别是如能保留住农村土地权益，农民工落户意愿将提高到74.6%[1]。可见，农民工落户意愿不强的主要原因是政策供给不足，主要担心失去农村土地和集体收益，还担心工作和收入不够稳定、落户城镇后不能完全享有城镇公共服务等。

（二）落户城镇是有意愿有条件农民工的切实期盼和国家的重大战略选择

1. 户籍制度作为一项经济社会管理制度将较长时间存在，附属的社会福利也难以在短期内完全剥离

现行户籍制度产生的经济社会根源是我国的二元经济社会结构和计划经济体制，需要户籍制度维护经济社会秩序，实行城乡二元管理（王文录，2014）。改革开放后，我国开始逐步建立社会主义市场经济体制，二元经济结构随之松动和趋向融合，由此推动了各种户籍制度改革尝试，由严格限制“盲流”改为实行暂住证、居住证制度，由计划指标入户改为准入条件入户，准入门槛不断降低。但取消户籍制度对人口迁移的限制应逐步进行，只有随着我国社会主义市场经济体

[1] 本课题组根据调查问卷得出的分析结果。

制的逐步完善和城镇化水平达到一定程度，户籍制度改革中的落户门槛及其附加的社会福利差别才会消除，人口迁移才能走向自由迁徙。即户籍二元分隔制度的取消至少需要满足以下两个基本条件：一是城镇化水平达到70%以上，农村人口比重不到30%。在这种情况下，以户籍限制人口迁移已经没有实际意义，户籍制度限制人口迁移的功能必然自行消亡。二是农村地区享有与城市地区基本相当的公共服务和社会保障。要取消户籍二元分隔制度，只有大幅度提高农村公共服务和社会保障水平，这在我国经济发展水平还不够高，经济发展存在巨大区域差异的情况下，在短期内户籍制度改革将附加的公共服务和社会福利完全剥离显然是不现实的。

我国现行户籍制度的主要功能奠基于1958年出台的《中华人民共和国户口登记条例》，经过几十年的发展，一些规定和条款发生了变化，户籍制度基本功能也得到进一步的完善，主要包括：人口登记管理功能、人口迁移管理功能和居民身份证功能（王文录，2014）。与此同时，在户籍制度形成和发展过程中，由于特定经济社会背景形成了附属于户籍的门类繁多的公共服务和社会福利差异。随着我国社会主义市场经济体制建立，粮食、布匹等生活必需品日益充足，不再实行计划供给，也就逐步和户籍制度脱钩了，但就业保障、子女教育、医疗、住房、社保等至今仍然与户籍身份有着紧密的联系。虽然2000年以来国家加快了剥离附属在户籍制度上的福利功能，但由于受诸多因素的制约，还不可能将过去绑缚的诸多公共服务和社会福利在短期内完全剥离。即使目前剥离较好的社会养老保险，受中央财力的影响，全国统筹还远未实现，户籍限制依然在发生作用。在地方实践中，我们看到的是，21世纪以来，中央政府对城镇户籍的附加价值是采取淡化政策，但一些地方政府出于自身利益的考虑不但没有淡化却趋向于强化（李若建，2001）。在调研中发现，即使实现城乡统一户口登记制度的河南、四川等省，不但原先依据户籍管理二元结构设置的城乡不同政策和待遇差别仍然存在，而且相关部门出台以户籍界定的一些政策还在继续强化这一差异。

2. 实现基本公共服务均等化需要较长一段时期，落户城镇是有意愿有条件的农民工切实期盼和国家的重大战略选择

近年来，国家推进基本公共服务均等化在一定程度上缩小了城乡之间、区域之间因户籍制度附加功能带来的社会福利差距，但基本公共服务均等化远远没有完成，还需要较长一段时期的努力。只要城乡之间、区域之间的公共服务差距没有缩减到足够小的程度，常住人口城镇化率与户籍人口城镇化率的区分就有存在的现实意义。何况我国“十三五”规划期要实现的基本公共服务均等化还是较低水平的均等化，其内容和质量离高水平的公共服务均等化还有较大差距。虽然国务院第109次常务会议通过的《居住证暂行条例》，标志着国家出台的关于“城镇基本公共服务覆盖全部常住人口”政策将通过居住证制度来落实，但居住证与城镇户籍的“含金量”还有较大差距。（如表6–1所示）

表6–1 居住证与城镇户籍“含金量”的差距比较

比较内容	居住证	城镇户籍
享有的公共服务内容	享有6项服务和7项便利[1]，但不能享有城镇户籍人口所享有的保障性住房、高考、最低生活保障、下岗工人优惠政策等社会福利，而且一些特大城市、超大城市还有对非户籍人口购买住房和汽车的“限购令”等措施	全享有
享有公共服务的先后次序	一些城市准公共产品的“后享用者”，如大部分城市对小孩上学按照一定规则进行排序，拥有居住证的外来人口，其子女就学往往排序最后，可选择的学校资源非常有限，所享有的教育资源质量也明显低于城镇户籍人口	在一些大城市，特别是北京、上海、广州等超大城市，由于受公共产品拥挤效应的影响，户籍人口往往比非户籍人口优先享有准公共产品

[1] 根据《居住证暂行条例》，居住证拥有义务教育、基本公共就业服务、基本公共卫生服务和计划生育服务、公共文化体育服务、法律援助和其他法律服务、国家规定的其他基本公共服务等6项基本公共服务，享受按照国家有关规定办理出入境证件，按照国家有关规定换领、补领居民身份证，机动车登记，申领机动车驾驶证，报名参加职业资格考试，申请授予职业资格，办理生育服务登记和其他计划生育证明材料，国家规定的其他便利等7项便利。

续表

比较内容	居住证	城镇户籍
获取公共服务的稳定程度	《居住证暂行条例》原则上规定了持证人应依法享有就业、公共服务、证照办理便利等内容，但具体实施仍需地方政府落实，这为地方政府提供了较为宽泛的操作空间。居住证持有人在城镇享有均等化的公共服务存在反复的可能	居民获得了城镇户籍，其享受城镇公共服务的权益就受到法律保障

资料来源：本课题组根据相关资料整理。

根据前面的分析，我国事实上存在着享有不同等公共服务的“两类城里人”：持有居住证的低福利城镇人口和持有户籍的高福利城镇人口，形成了城镇新的“二元结构”。虽然受中央和地方政府财力的制约，这种城镇人口二元结构制度安排可以说是无奈之举，但与以人为本的新型城镇化要求有较大差距。推进有条件的农民工落户城镇，让更多符合条件的农民工尽早尽快落户城镇，减轻未来“二次”市民化的压力，既是我国经济社会持续健康发展的重要战略举措，也是农民工期盼尽快实现“同城同权”的现实诉求。

（三）不区分区域差异和农民工群体差异的落户政策难以实施

1. 我国户籍差距已从以城乡差距为主向区域差距为主转变

经过多年的改革与发展，我国的城乡二元结构已经发生了根本性的变化，由过去的剥夺性结构转变为保护性结构（贺雪峰，2014）。农业税费减免，城乡医疗保险和养老保险并轨加快，各种惠农补贴和扶贫资金大量投入农村，特别是农村土地尤其是城郊土地的市场价值快速攀升，使得农村户籍的“含金量”与日俱增，与城市户籍“含金量”的差距逐渐缩小。但由于公共服务主要由地方负责，随着我国区域发展绝对差距持续拉大，经济发达地区所能提供的教育、医疗、社会保障等公共服务水平较高，其城镇户籍的“含金量”就更大，而欠发达地区公共服务水平明显偏低。区域之间的户籍“含金量”差距逐渐超过了城乡户籍间的差距，区域分割也取代城乡分割成为福利分配户籍歧视的主要表现形式（邹一南，2014）。现实情况客观上要求我国户籍制度改革采取区域化差异推进的策略，忽视我国巨大的区域发展差距和公共服务水平差距推进农民工落户行不通。

2. 农民工群体结构性分异特征日趋明显

随着我国农村劳动力大量向非农产业和城镇转移，农民工群体结构日趋复杂，分异特征日趋明显。

一是以进城时间区分为长期进城农民工和非长期进城农民工。我国农民工长期进城与高度流动性并重。据第六次人口普查资料，在城市工作5年以上的农民工占27.9%，工作3～5年的占15.3%，工作3年以下的占66.8%。在长期进城的农民工中，很大一部分具有合法稳定居所和合法稳定工作，并长期参加城镇社会保险，已经基本融入城市，定居能力较强，已是城镇人口不可或缺的组成群体。这一部分人群，应作为进城农民工中的重点落户人群。而刚进城不久的农民工一般落户意愿和能力较弱，工作重点则应放在为其提供基本公共服务以及进行职业培训、帮助其增强落户能力和意愿上，使其产生在城市长期工作和生活的预期。

二是以迁移模式区分为举家迁徙农民工和非举家迁徙农民工。目前，我国外出农民工中，举家迁徙的比例约占20%。相对于非举家迁徙的农民工，举家迁徙者在城镇长期定居的倾向更明显，落户意愿相对较强，应是制定落户政策针对的重点人群。非举家迁徙农民工的流动性较大，临时性迁移特征明显，落户意愿相对较弱。同时，由于非举家迁徙农民工与家人分离，需要有较高的收入和福利补偿才愿意在城镇落户，地方政府为使其落户所需支付的公共支出较高，落实难度较大。

三是以年龄结构区分为新生代农民工和老一代农民工。新生代农民工是未来城镇化的主力军，占农民工比例逐年上升。相对于老一代农民工，新生代农民工受教育程度更高，接受过职业技能培训的比例也更高。在对未来的打算上，相对于老一代农民工，新生代农民工更倾向在城市定居，落户意愿和融入城镇社会的能力更强，是最容易实现市民化的农民工群体。

可见，如果对农民工群体不作结构性区分，“一刀切”推进农民工落户是不切实际的。

（四）按照“城市压力+农民工条件差异”分区域分群体推进农民工差别化落户是现实途径

1. 当前按照城市规模制定的差别化落户政策存在诸多局限

目前，我国落户政策分类的主要维度是“城市规模”的差别，落户门槛随城市规模增大而提高，这实际上延续了自20世纪80年代开始的城市发展方针“控制大城市规模，合理发展中等城市，积极发展小城市”。然而，单以城市规模为标准设置的差别化落户政策还存在诸多局限，亟待调整改进。

（1）落户陷入死结。一方面，农民工呈现出很强的在大城市、特大城市落户趋向，而大城市和特大城市对人口规模的严格控制，尤其是设置学历、职称等高门槛，则基本排除了农民工落户的可能。另一方面，农民工对“全面放开落户限制的中小城市和小城镇”，因其就业机会和公共服务水平较低，并没有较强的落户意愿。

（2）特大城市采用相同落户标准存在困难。同样是特大城市和超大城市，各城市面对的农民工规模和结构有巨大差异性，显然采用相同的落户政策是不适宜的。一是农民工规模的巨大差异。如2015年沈阳农民工数量约70.2万人，仅为北京的15.0%、广州的17.5%、深圳的10.9%和东莞的12.3%[1]。二是农民工跨省比例的巨大差异[2]。如重庆是我国内陆地区农民工数量最多的城市，但农民工规模不及北京、上海、广州、深圳的一半，而且跨省农民工占比不到20%，远远小于北京的90%、上海的92%、深圳的74%、广州的64%[3]。

（3）中小城市落户门槛低于大城市的要求不具有普遍适用性。有些大城市、特大城市农民工并不多，如东北地区的哈尔滨、沈阳；而东南沿海地区的一些中小城市，外来人口规模大且占常住人口的比例超过50%，如晋江、嘉兴。后者在放开落户方面所面临的公共支出压力要远大于前者。可见，如果仅以常住人

[1] 资料来自2015年各市国民经济和社会发展公报。
[2] 受我国事权财权划分的影响，城市解决跨省农民工问题的难度明显较高。
[3] 数据来源于各省第六次人口普查资料。

口规模达到大城市或特大城市标准，就要求严控城镇户籍；以常住人口数量只达到中等城市或小城市标准就要求其全面或基本放开落户，显然不符合实际。

（4）城市规模的认定存在受行政区划影响的问题。根据《关于调整城市规模划分标准的通知》，城市规模是以“城区人口”数量来认定。城市规模按这种标准来认定，受行政区划影响较大。如果某城市一旦县（市）改区，城区范围将大幅度扩大，城区人口规模也将出现较大的改变，以城市规模为标准制定的落户条件就会发生较大变化。

2. 按照“城市压力+农民工条件差异”分区域分群体是推进农民工差别化落户的现实途径

推进农民工差别化落户不仅要考虑落户政策的供给方——城市政府的落户压力，也要考虑政策的需求方——农民工的落户意愿和能力，只有城市落户供给政策与农民工差别化的政策需求相匹配，才能实现农民工顺利落户。

对于落户政策供给方，城市政府面对的落户压力（简称城市压力）主要取决于农民工的数量和跨省农民工的比例。第一，农民工数量越大则城市的落户压力越大，这是由于每一个农民工落户都将给城市增加一定的公共支出成本，所以农民工数量多的城市面临着更大的落户压力。第二，跨省农民工比例越高的城市，承接压力也越大，这是因为我国现行财政制度对各级政府的财权事权划分还未能匹配，转移支付制度尚不够科学合理，公共服务和社会保障资金的统筹层次还不高，城市解决跨省农民工落户的成本和难度高于省内农民工。

对于落户政策的需求方，农民工自身条件的差异（简称农民工条件差异）决定了农民工的落户意愿和能力。鉴于举家迁徙和长期进城的农民工落户意愿和落户能力更强，相对于老一代农民工，新生代农民工是更容易市民化的群体，因此应将举家迁徙、长期进城、新生代农民工作为推进农民工落户城镇的重点群体。

值得一提的是，农民工落户能力的差异不仅取决于农民工自身条件，也同城市落户政策有很大的关联性。如果城市落户政策比较宽松且更具针对性，特别是在“同城同权”地提供公共服务和社会保障方面有更充分的政策供给，那么农民工落户需求会得到更有效满足。因此，差别化推进农民工落户应首先考虑落户政策供给方——城市压力的差异，相应地，应将区域类型差别作为主差异，而将农民工条件的差异作为次差异。

根据以上分析，为积极有效地推进农民工在城镇落户，宜按照以下步骤进行分区域分群体划分。

（1）主差异——按城市压力划分出四类区域类型。

以4个直辖市和335个地级行政单元为339个基本空间单元，根据落户城市压力差异，将全国划分为不同区域类型。

首先，按照吸纳农民工规模大小划分为农民工聚集区和非农民工聚集区。将全国339个基本空间单元，按现有农民工数量由多到少排列，农民工数量在全国的累计占比位于前60%的城市认定为全国农民工集聚区。根据第六次人口普查数据计算，共有57个城市进入名单。其余282个基本空间单元则为非农民工聚集区。

其次，将农民工聚集区进一步划分为跨省农民工聚集区和省内农民工聚集区。跨省农民工聚集区是指跨省农民工占农民工总量的比重超过40%的城市，共33个；省内农民工聚集区是指跨省农民工占农民工总量的比重低于40%的城市，共24个。

最后，在跨省农民工聚集区内，进一步将北京、上海、广州、深圳等4个一线城市划分出来。这4个城市在跨省农民工聚集区城市中，吸纳农民工数量最多、跨省农民工占比最大，同时因其行政级别较高，在城市体系中地位特殊，经济和财政实力强，公共服务和社会保障水平较高，因而户籍的“含金量”更高，相对而言是中国城市体系中落户难度最大的城市，因此将其单列为一类。

根据以上测算，可将农民工分布的区域类型划分为以下四类。（如表6-2所示）

I类地区：北（京）上（海）广（州）深（圳）。

II类地区：除I类地区之外的珠三角、长三角、闽东南地区及天（津）大（连）乌（鲁木齐）三市。

III类地区：除I、II类地区之外的其他直辖市、省会城市及副省级城市。

IV类地区：其余地级市（区、盟）。

表6-2 农民工分布的区域类型划分表

类型		名单	个数（个）	占全国农民工的比重（%）
跨省农民工集聚区（33个）	I类地区：北上广深	北京、上海、深圳、广州	4	15.23
	II类地区：珠三角、长三角、闽东南及天（津）大（连）乌（鲁木齐），即长三角15市、珠三角6市、闽东南4市以及天（津）大（连）乌（鲁木齐）3市	长三角（南京、苏州、扬州、镇江、泰州、无锡、常州、南通、杭州、宁波、湖州、嘉兴、舟山、绍兴、台州），珠三角（东莞、佛山、中山、江门、珠海、惠州、肇庆），闽东南（福州、厦门、漳州、泉州），天（津）大（连）乌（鲁木齐）	29	29.68
省内农民工集聚区（24个）	III类地区：其他直辖市、省会城市及副省级城市	重庆、成都、武汉、郑州、长沙、合肥、南昌、太原、石家庄、济南、青岛、沈阳、哈尔滨、长春、昆明、南宁、贵阳、呼和浩特、西安、海口、兰州、银川、西宁、拉萨	24	15.11
非农民工集聚区（282个）	IV类地区：其余地级市（区、盟）	略	282	39.98
合　计			339	100

注：（1）农民工集聚地区指城市农民工数量从高到低排列，农民工数量累计占比位于前60%的城市。

（2）跨省农民工集聚地区指跨省农民工占比超过40%的地区。

（3）省内农民工集聚地区指省内农民工占比超过60%的地区。

（2）次差异——按农民工条件差异划分出四类农民工群体类型。

在尊重农民工意愿前提下，促进有能力在城镇稳定就业和生活的农民工有序实现市民化，既是基于农民工自身发展的现实考虑，也是国家推进农民工市民化的战略要求。依据2016年2月出台的《国务院关于深入推进新型城镇化建设的若干意见》，要优先解决长期进城、举家迁徙的农业转移人口以及新生代农民工落户问题。因此，在区域类型划分基础上，按照农民工条件差异，可将农民工群体类型划分为四类，即举家迁徙农民工、长期进城农民工、新生代农民工和其他农民工。（如表6-3所示）

表6-3 农民工群体类型划分表

<table>
<tr><th>区域</th><th colspan="2">群体类型</th></tr>
<tr><td rowspan="4">I类地区：北上广深</td><td rowspan="3">落户重点人群</td><td>长期进城</td></tr>
<tr><td>举家迁徙</td></tr>
<tr><td>新生代</td></tr>
<tr><td>落户非重点人群</td><td>其他</td></tr>
<tr><td rowspan="4">II类地区：珠三角、长三角、闽东南、天（津）大（连）乌（鲁木齐）</td><td rowspan="3">落户重点人群</td><td>长期进城</td></tr>
<tr><td>举家迁徙</td></tr>
<tr><td>新生代</td></tr>
<tr><td>落户非重点人群</td><td>其他</td></tr>
<tr><td rowspan="4">III类地区：其他直辖市、省会城市及副省级城市</td><td rowspan="3">落户重点人群</td><td>长期进城</td></tr>
<tr><td>举家迁徙</td></tr>
<tr><td>新生代</td></tr>
<tr><td>落户非重点人群</td><td>其他</td></tr>
<tr><td rowspan="4">IV类地区：其余地级市（区、盟）</td><td rowspan="3">落户重点人群</td><td>长期进城</td></tr>
<tr><td>举家迁徙</td></tr>
<tr><td>新生代</td></tr>
<tr><td>落户非重点人群</td><td>其他</td></tr>
</table>

二、不同类型农民工群体特征与落户意愿比较

为有序推进不同类型的农民工群体落户，必须充分了解各个类型农民工群体的特征、落户意愿及面临的落户困难。

（一）当前农民工流动与迁移呈现新态势

1. 农民工增速持续下降对推进农民工落户城镇提出了新要求

2011年以来农民工总量增速持续回落，2012年、2013年、2014年和2015年分别比上年回落了0.5、1.5、0.5和0.6个百分点[1]（如图6-1所示），新增农民工的数量从2010年的1111万人下降到2015年的352万人，外出农民工更是从802万人下降到63万人（如表6-4所示）。农民工增速下降的主要原因是每年可供进入非农产业的农村劳动力大为减少。一方面，我国人口年龄结构发生了变化。如果以16～18岁的农村人口平均值作为每年新进入劳动年龄的农村人口数量，2016年新进入劳动年龄的农村人口800万人左右，而这一数字在10年前的2006年约为1100万人[2]。另一方面，农村籍大学生数量持续增多。在1998年高校扩招之前，普通高校每年的新生约为100万人，其中农村籍比例约40%；而到2015年我国普通高校新生人数超过700万人，农村籍比例超过60%[3]。由此可见，农民工总量增速的下降将是一个长期趋势。

[1] 国家统计局《2015年农民工监测调查报告》，参见http://www.stats.gov.cn/tjsj/zxfb/201604/t20160428_1349713.html。

[2] 根据第六次人口普查推算得出。

[3] 数据来源于《中国教育统计年鉴》。

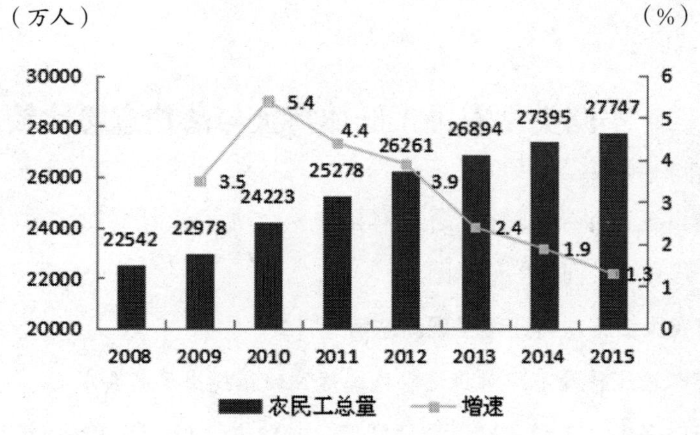

图6-1　2008—2015年农民工总量及增速变动

资料来源：各年度农民工调查监测报告。

虽然进城农民工增速放慢，但我国城镇化率仍然要以每年超过1个百分点的速度提升。新增城镇人口的来源包括城镇人口自然增长、农村转移人口和由城乡行政地域重划造成的城镇增长人口等三部分。其中，城镇人口自然增长较为稳定，近年来保持在每年300万～400万人。而在新增进城农民工人数持续下降、新增农村籍高校新生增幅有限的情况下，维持城镇化率以每年超过1个百分点的速度增长基本上依赖农民工随迁家属和城乡行政地域的重划，但后者是由行政力量主导的农民“被城镇化”，可持续性不强，不应成为城镇化水平提升的主要贡献力量。因此，要在未来若干年保持城镇化水平以每年1%左右的速度提高，实现2020年城镇化率达到60%、2030年达到70%的目标，只能主要依靠推进农民工落户城镇带动其家属城镇化。

表6-4 近年来我国新增城镇人口来源结构

年份	(1)新增城镇人口(万人)	(2)城镇自然增长人口(万人)	(3)新增外出农民工(万人)	(4)新增本地农民工(万人)	(6)普通高校农村籍新生(万人)	(7)其他新增城镇人口(万人)
2009	2109	304	492	-56	384	985
2010	2466	309	802	443	397	515
2011	2101	321	528	527	409	316
2012	2103	342	473	510	413	365
2013	1929	350	274	359	420	526
2014	1805	380	211	290	433	491
2015	1819	390	63	289	—	—

注：(1)=(2)+(3)+(4)+(5)+(6)+(7)；城镇人口自然增长率用全国人口的自然增长率代替；普通高校农村籍新生用每年的普通高校招生人数乘以60%得出[1]。

资料来源：《中国统计年鉴》《农民工调查监测报告》《中国教育统计年鉴》。

2. 农民工流入地出现区域分化

一是落户压力大的沿海城市农民工增速下降甚至负增长。北上广深等特大城市的农民工数量减少，其中，2015年北京、上海外来常住人口数量分别同比下降了1、1.5个百分点。同时，沿海城市群内次级城市农民工增速放缓，如表6-5所示。中山、嘉兴、无锡等城市由于受制造业下滑因素影响，农民工数量增长缓慢，甚至出现常住人口大幅减少的情况。可见，沿海城市已进入常住人口缓慢增长甚至减少时期；推进农民工落户，已成为沿海地区维持人口红利，促进城市可持续发展的重要一环。

二是落户压力不大的中西部省会城市常住人口保持了较快的增长速度。随着农民工的大量流入，郑州、成都、贵阳、合肥、长沙等城市常住人口增速超过15‰（如表6-5所示），与北上广深等一线城市差别显著，显示出其在省域内持续的人

[1] 由于缺乏普通高校农村籍新生比例的数据，本文采用近似值代替。根据教育部学生司官员接受媒体采访时透露，2011年普通高校新生中农村籍学生比例为60%，以此作为2009—2014年该比例的近似值。

口吸引力。农民工流入地的区域分化为推进农民工落户创造了更好的局面。

表6–5　长三角、珠三角、厦漳泉部分城市2015年常住人口总量及增速

城市		2015年常住人口（万人）	2014年常住人口（万人）	增速
沿海城市群城市	东莞	825.41	834.31	–10.67‰
	汕头	555.21	552.37	5.14‰
	中山	320.96	319.27	5.29‰
	无锡	651.10	650.01	1.68‰
	南通	730.00	729.8	0.27‰
	嘉兴	458.50	457.00	3.28‰
	湖州	295.0	293.0	6.83‰
中西部省会城市	郑州	956.9	937.8	20.37‰
	成都	1465.8	1442.8	15.94‰
	合肥	779.0	769.6	12.21‰
	贵阳	462.18	455.60	14.44‰
	长沙	743.18	731.15	16.45‰

注：根据各市2014年度、2015年度统计公报整理。

3. 长期进城、举家迁徙、新生代农民工比例逐步提高

新生代农民工已经成为外出农民工的主体，且比重仍在不断提高。根据课题组问卷调查，2016年新生代农民工占到了62.14%，较2010年的58.4%[1]提高了3.7个百分点。举家外出农民工的比重有所提高，2014年我国举家外出农民工达3578万人，分别占全部农民工的13.1%，占外出农民工的21.3%，分别比2010年提高了0.4个百分点和1.3个百分点[2]。农民工进城时间显著延长，2016年农民工平均的进城年限为8.9年[3]，比2010年的5.3年[4]提高了3.6年，其中，农民工进城4年以上的占78.9%，进城10年以上的占37.8%，分别比2010年高28.9个百分点和19.1个百分

[1] 数据来源于2010年国家统计局在10个省份进行的新生代农民工专项调查结果。

[2] 数据来源于国家统计局《2014年农民工调查监测报告》。

[3] 数据来源于本课题组2016年在全国12个省份的问卷调查。为了减少误差，统计时剔除掉进城年限在20年以上的样本。

[4] 数据来源于国家人口计生委流动人口服务管理司2010年度的调查结果。

点。（如表6–6所示）

表6–6 农民工结构性指标变动情况（2016年和2010年对比）

指标	2016年		2010年	
	数值	调查机构	数值	调查机构
新生代农民工比重	62.14%	本课题组	58.4%	国家统计局
举家迁徙占全部农民工比重	13.1%*	国家统计局	12.7%	国家统计局
举家迁徙占外出农民工比重	21.3%	国家统计局	20.0%	国家统计局
农民工平均进城年限	8.9年	本课题组	5.3年	国家卫计委
进城4年以上的占比	78.9%	本课题组	50.0%	国家卫计委
进城10年以上的占比	37.8%	本课题组	18.7%	国家卫计委

注：*为2014年数据。

4. 农民工在城镇的定居能力明显增强

近年来，随着农民工在年龄、进城方式、进城年限等人口学、社会学特征的结构性变化，定居能力和倾向明显增强。其一，农民工收入的提高增强了其落户能力，2015年，外出务工农民工月均收入3359元[1]，比上年增长8.1%，高于当年城镇居民收入增速。其二，农民工受教育程度的提高也增强了其落户能力，其中，新生代农民工接受高中及以上教育的比例，高出农民工总体水平7.6个百分点（国家发展改革委农经司，2015），接受过职业培训的人员比例（36.9%）也高出老一代农民工14个百分点（中华全国总工会课题组，2015）。

（二）不同区域不同群体的农民工特征与落户意愿差异显著

1. 特征比较

根据课题组的问卷调查，三类重点群体——长期进城、举家迁徙、新生代农民工的占比均较高。其中长期进城农民工比重最高，达到82.4%；新生代农民工次之，占比为62.1%；举家迁徙农民工占比为47.1%。

一是从文化程度看，举家迁徙、长期进城和新生代农民工大专以上文化程度

[1] 数据来源于国家统计局《2015年农民工监测调查报告》。

的比例呈现从Ⅰ类地区到Ⅳ类地区逐渐减低的特点。二是从劳动合同签订率看，三类群体签订劳动合同率Ⅰ类、Ⅱ类地区比Ⅲ类、Ⅳ类地区高出10个百分点，即Ⅰ类、Ⅱ类地区签订劳动合同的比例在80%以上，而Ⅲ类、Ⅳ类地区为70%左右，其中，新生代农民工签订劳动合同的比例高于其他群体。三是从参加社会保险情况看，Ⅰ类、Ⅱ类地区没有参加社会保险的比例略高于10%，而在Ⅲ类、Ⅳ类地区则基本都高于20%，两者相差超过10个百分点。四是从月收入看，从Ⅰ类地区到Ⅳ类地区，月收入在1500元以下的比例逐渐提高，举家迁徙农民工月收入1500元以下的比例从Ⅰ类地区的3.8%，提高到Ⅳ类地区的13.9%。（如表6-7所示）

表6-7　四类地区农民工群体特征比较（单位：%）

区域	农民工群体	大专及以上文化	签订劳动合同	月收入1500元以下	没有参加社会保险
Ⅰ类地区	新生代	34.4	87.2	3.0	12.4
	举家迁徙	33.2	82.7	3.8	12.9
	长期进城	24.1	83.8	3.0	12.5
Ⅱ类地区	新生代	29.0	86.7	3.3	11.9
	举家迁徙	24.3	83.0	8.4	12.0
	长期进城	19.4	85.6	5.0	11.6
Ⅲ类地区	新生代	28.6	73.5	4.3	20.4
	举家迁徙	19.8	72.6	7.6	18.2
	长期进城	18.4	71.6	5.1	19.8
Ⅳ类地区	新生代	28.5	71.7	8.7	23.9
	举家迁徙	20.8	69.4	13.9	24.0
	长期进城	18.1	69.3	11.6	24.5

资料来源：本课题组2016年开展的农民工落户问卷调查资料。

2. 落户意愿比较

调查显示[1]，在受访农民工中，21.6%的人愿意将农村户口转为城镇户口，37.3%的人不愿意，32.4%的人表示看情况再定，另有8.7%的人表示说不清。这表

[1] 本报告中如未特殊说明，数据均来自本课题组开展的调查问卷。

明目前农民工群体的落户意愿并不强，但有四成农民工处于看情况再定或说不清的不确定状态。从动态发展的角度看，不确定的落户态度其实给政策激励提供了较大空间，甚至目前不愿落户的农民工，其态度也并非完全不可改变，关键是要准确把握农民工落户行为规律，探清不愿落户的原因，找准政策激励的着力点。（如图6-2所示）

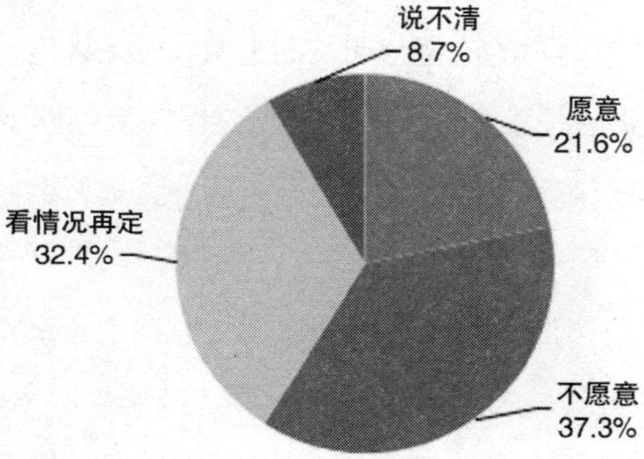

图6-2 “您是否愿意将户口转为城镇户口”调查答复情况比例图

资料来源：根据本课题组的调查问卷整理。

（1）四类不同地区农民工落户意愿比较。

I类地区农民工转户意愿明显强于其他地区农民工，对落户时间的期望较为迫切，希望在就业地或居住地城市落户的比例达到77.8%。相比其他地区农民工，I类地区农民工更可能因为城市公共服务和社会福利好而愿意落户。

II类地区农民工对落户时间的期望相对偏缓，落户目的偏重于使子女能接受更好的教育。

III类地区农民工希望在就业地或居住地城市落户的人数比例最高，落户时间期望较为迫切。相比其他地区农民工，他们更倾向于城市的生活条件好而愿意落户。

IV类地区农民工希望在老家所在城市、县城或乡镇落户的比例为41.5%，明显高于其他地区农民工的相应比例。他们愿意落户的首要原因是城市工作机会多和为了子女接受更好的教育。

（2）四类群体农民工落户意愿比较。

新生代农民工中表示落户要看情况再定的占35.3%，表明这一群体在落户意愿上存在较大不确定性。与老一代农民工相比，新生代农民工落户迫切性稍缓，更看重城镇户口附带的子女上学和参加当地高考的权利，更追求城市工作机会、公共服务和福利。

长期进城农民工愿意落户的比例与非长期进城农民工接近，但看情况再定的占32.3%；与非长期进城农民工相比，长期进城农民工更倾向于全家一起落户或只让子女落户，更倾向于在就业地或居住地城市落户，更看重城镇户口附带的子女教育权利和资格。

与非举家迁徙农民工相比，举家迁徙农民工更倾向于全家一起落户，更倾向于在就业地或居住地城市落户，在落户时间期待上更为迫切。

其他农民工的转户意愿较弱，愿意转户的只占17.4%。与全部农民工的情况相比，其他农民工希望只自身和子女转户的比例较高，愿意在老家所在城市、县城或乡镇落户的比例较高，在落户时间期待上相对缓和；对城镇户口附带的低保权利更为重视。

3. 落户敏感性比较

农民工落户意愿的敏感条件反映了目前不愿落户的农民工未来具备什么条件时将愿意落户城镇。归纳而言，分地区看（如表6-8所示），I类地区农民工对落户城镇能保留农村土地和集体经济收益、子女在城镇上学和参加高考的敏感性较强；II类地区农民工对落户能保留农村集体经济收益的敏感性较强；III类地区农民工对在城镇收入明显提高的敏感性较强；IV类地区农民工对在城镇工作较为稳定的敏感性最强。分群体看，新生代农民工未来愿意落户的最敏感条件是在城镇收入明显提高、工作较为稳定；长期进城农民工、举家迁徙农民工都对保留农村土地和集体经济收益的敏感性较强；而其他农民工对一系列条件的敏感性都偏弱。

表6–8 不同类型农民工落户意愿敏感条件比较

农民工类型		落户意愿的敏感条件
四类地区	I类地区农民工	对保留农村土地和集体经济收益，子女能进入城镇公立学校就读、能在城镇参加高考的敏感性较强
	II类地区农民工	对保留农村集体经济收益的敏感性较强
	III类地区农民工	对在城镇收入明显提高的敏感性较强
	IV类地区农民工	对在城镇工作较为稳定的敏感性最强
四类群体	新生代农民工	1. 未来愿意落户的最敏感条件是在城镇收入明显提高、在城镇工作较为稳定 2. 对子女能进入城镇公立学校就读的敏感性明显强于老一代农民工
	长期进城农民工	对保留农村土地和集体经济收益的敏感性较强
	举家迁徙农民工	对保留农村土地和集体经济收益的敏感性较强
	其他农民工	对一系列条件的敏感性都弱于全部农民工的整体状况

资料来源：根据本课题组的调查问卷整理。

（三）当前农民工群体落户城镇面临的困境

1. “落户难”与“不愿落户”现象普遍存在

2010年以来，党中央、国务院两次下发户籍制度改革的专项文件，出台涉及户籍制度改革的国家级规划或政策性文件更多达十余项。但从实施情况来看，改革效果不理想，“落户难”与“不愿落户”现象普遍存在，户籍制度改革遭遇“落地难”。如表6–9所示，2010年以来，我国户籍人口城镇化率增速仅维持在年均增长0.5个百分点，远低于常住人口城镇化率年均1个百分点的增长水平；如扣除城镇户籍人口的自然增长，农业转移人口在城镇落户的人数（即城镇户籍机械增长数）每年在500万～700万人，其中入学参军落户城镇的农业转移人口占200万人左右[1]，落户城镇的农民工每年仅为300万～500万人。

[1] 根据中国教育统计年鉴和第六次人口普查数据推算。

表6-9　2010—2015年农业转移人口在城镇落户一栏表（单位：万人；%）

年份	城镇户籍人口数	户籍城镇化率	新增城镇户籍人口	城镇户籍自然增长人口数	城镇户籍机械增长人口数	农业转移人口数	农业转移人口在城镇落户比重
2010	45819	33.77	753	309	444	24223	1.83
2011	46713	34.17	894	321	573	25278	2.27
2012	47784	35.29	1071	342	729	26261	2.78
2013	48891	35.93	1107	350	757	26894	2.81
2014	50438	36.63	1547	380	1167	27395	4.25

资料来源：《中国统计年鉴（2011—2016年）》《中国人口和就业统计年鉴（2011—2016年）》《2015年农民工调查监测报告》。

2. 各区域、各群体农民工落户城镇面临诸多困难

不同区域、不同群体农民工在城镇面临不同的落户困难。

一是分区域看，如表6-10所示，对于I类地区、III类地区，农民工落户的主要困难是承接成本高、落户门槛高，房价高、居住问题解决困难；对于II类地区，主要是农民工规模大，城市公共服务供给不足，落户门槛高；对于IV类地区，主要是就业岗位不足，预期收入低，公共服务水平低。

二是分群体看，根据本课题组对12个省份农民工落户调查分析发现，新生代农民工面临的主要困难是城市生活费用太高、难以解决住房、没有稳定工作；长期进城、举家迁徙农民工面临的突出困难是担心失去农村土地等权益；其他农民工面临的主要困难是在城市没有稳定工作。

表6–10　不同类型地区农民工落户面临的主要障碍比较

区域类型	农民工落户面临的主要障碍
I类地区	1.落户门槛最高，“积分落户”成为农民工落户的唯一通道，但“指标分值设置和落户指标控制”使农民工落户几乎不可能 2.“大城市病”问题突出，城市管理能力不适应，城市对农民工落户严格控制 3.户籍所含的社会福利最高，农民工落户制度成本较高 4.就业竞争不平等，就业限制多 5.房价高企，居住问题突出
II类地区	1.落户门槛较高 2.农民工规模大，城市公共服务供给能力总体不足 3.资本和技术替代劳动的趋势明显，企业对劳动力的吸纳能力在明显变弱
III类地区	1.落户门槛高 2.户籍所含的社会福利多，农民工落户承接成本高 3.房价高，农民工解决住房问题难 4.政策创新空间大，但受限也较大
IV类地区	1.城市就业机会少，就业竞争激烈 2.人气弱，预期收入不高 3.公共服务水平不高，社会保障能力低 4.户籍制度仍然存在障碍，“玻璃门、弹簧门、旋转门”普遍存在

资料来源：根据本课题组研究结果汇总。

（四）多种原因引致“落户困境”

1. 落户政策与落户意愿不对称

从小城市和小城镇的全面放开、中等城市的有序放开、大城市的合理放开，到特大城市和超大城市的严格控制，反映了我国户籍政策供给上随城市规模等级提高而趋紧。然而，从以农民工落户意愿为表征的需求侧来看（如表6–11所示），在北上广深等超大城市的农民工落户意愿达到了50%以上，在特大城市、大城市、中等城市的农民工落户意愿在20%～35%之间，而在小城市和小城镇的农民工落户意愿不足20%。这表明，我国农民工落户城镇的政策安排和农民工落户意愿存在明显的不对称性，以致形成“愿落户的地方不让落，让落户的地方不愿落”的困境。

表6-11 不同层级城市落户条件与落户意愿比较

城市等级	城区人口数	落户条件	落户意愿
小城市、建制镇	50万以下	全面放开	18%
中等城市	50万～100万	有序放开	22%
大城市	100万～500万	合理放开、合理确定	24%
特大城市	500万～1000万	严格控制	33%
超大城市	1000万以上	严格控制	52%

注：落户意愿数据来自于本课题组的调研结果。

2. 与户籍制度改革相关的配套改革明显滞后

农民工落户涉及城市进入环节（教育、公共服务、住房、就业等问题）、城乡衔接环节（社会保障等城乡衔接），以及农村退出环节（农房及宅基地、承包地、林地、集体资产等权益）等权益问题的妥善处理（易小光，2015）。长期城乡分割和区域分治格局下形成的户籍、劳动就业、公共服务、社会保障、土地利用等诸多二元结构性制度安排阻碍了农民工落户城镇。一方面，与户籍制度改革相关的配套改革相对滞后；另一方面，各项改革间衔接不够，直接影响农民工落户进程。实践表明，单项制度改革孤立推进的路子难以有效解决农民工新型城镇化问题。

近10年来，各地都在积极开展城乡统筹发展的改革探索。重庆市自2010年以来作为统筹城乡发展综合配套改革试验区，按照中央的要求并结合重庆实际，分阶段推进以农民工为主体、以稳定就业为前提的户籍制度改革工作，户籍人口城镇化率由29.2%上升到47.6%，提高了18.4个百分点，截至2015年12月，累计进城落户428万人，取得了非常明显的效果[1]。但在我国大部分地区，由于受政策设计和改革权限的限制，探索力度不大，在一些重点领域、关键环节的改革相对滞

［1］参见本课题组相关研究成果。

后，人口转移与土地、资金等要素保障不匹配，也未能获得类似重庆的先行先试机会。

3. 层级治理方式下地方政府积极性不高

目前，我国户籍改革执行路径采取层级治理方式，即中央→省级→地市级→县（区、市）级政府层层发文件、出方案来推动。这固然与户籍改革的事权特点相关。从20世纪80年代开始，中国户籍管理职能划归地方，甚至大量工作需由乡镇、街道来完成。层级治理方式的问题在于，政策执行链条过长，政策每经历一个层级，地方可能会根据自身认识、特殊性和地区性利益，运用自由裁量权对中央政策采取变通性处理。我国的城市公共服务支出责任主要由地方政府承担，长期以来是省及以下政府支出占大头。这样一种支出责任安排要求为新落户人口提供公共服务主要依靠地方政府财力来解决，城市政府放宽落户条件的积极性自然不高，地方可能会根据短期的局部利益来运用自由裁量权使中央政策在执行中“打折扣”。

而从国际比较看，无论是美国的“社会保障号”、欧洲的“民事登记”，还是日本的“住民票”，都强调“统一”大过“差异”。在美国，尽管county（县）和city（市）分别为州下面的二级和三级行政单元，但由于不存在行政上下级关系，因此州政府文件可以直接指导下面两级政府，而不需要county和city进行层层细化。中国“因地制宜”的户籍改革，正在形成与中长期人口管理一体化、公共服务均等化相悖的政策“碎片化”。

4. 阻碍农民工落户城镇的“隐形门槛”既多又高

从多地调查中发现，我国户籍制度改革落实不甚理想，各地农民工落户通道依然不畅，“玻璃门”“旋转门”“弹簧门”等问题较大程度存在，一些城市表面上看“零门槛”，但真正落户却困难重重。一是外来人口密集地区实行的“积分落户”制度以“指标分值+落户指标”构筑农民工落户的高门槛。一方面，从设置指标的分值来看，普遍将高学历、高职称、高技能设定高分值，使一般农民工的积分难以达标；另一方面，指标控制的“安全阀”功能，受地方利益导向的影响，城市政府可通过“控制指标”再次将大多数农民工排除在新落户人群之外。二是落实中央政策“打折扣”。合法稳定住所、合法稳定职业是户口迁移的基本条件，中央多次强调“合法稳定住所”含租赁房。然而不少地方对“合法稳定住所”规定为“自有住房”或需要“相关部门备案的房屋租赁合同及房主同意落户证明”的租赁房，使“合法稳定住所”成为农民工落户城镇难以逾越的一道门槛。三是各地落户政策审批条件和程序各异，信息不对称现象突出。很多符合条件的农民工对如何解决转户问题大多陷入“不摸门”：不知道到哪个部门去申办，也不知道自己是否符合条件，需要经历什么样的程序，甚至不知道如何获取这些信息。通过对部分城市政府网站搜索发现，无论是政府网站，还是公安部门网站，落户信息少、位置不醒目，热线电话也很难打通。有些城市政府网站即使有落户信息和程序，也基本局限在本地人迁移或高级人才落户等方面，对农民工落户提供的信息很少，甚至不涉及。

三、农民工群体差别化落户的总体思路

促进农民工落户城镇是一项长期的经济社会发展任务。着眼于这一特定时期，推进农民工群体差别化落户的总体思路，需要统筹考虑当前我国经济社会发展形势与新型城镇化的战略需求，统筹考虑不同区域经济社会发展水平和不同群体农民工在不同层级城镇的落户意愿及落户能力，统筹考虑中央和地方政府的财政承受能力及发挥“两个积极性”[1]。

（一）基本思路

推进农民工差别化落户的总体思路是：坚持尊重意愿、积极稳妥、分区分群、责任分担的原则，以推进有条件的长期进城、举家迁徙和新生代农民工为重点，以降低落户门槛为基本取向，以分区分群制定准入条件和实施综合配套政策

[1]“两个积极性”指地方政府的积极性和农民工的积极性。

为路径，以合理分担成本和完善与户籍改革相关制度为保障，全面推进农民工分区域分群体差别化落户，尽可能让更多有条件的农民工落户城镇。具体阐述如图6-3所示。

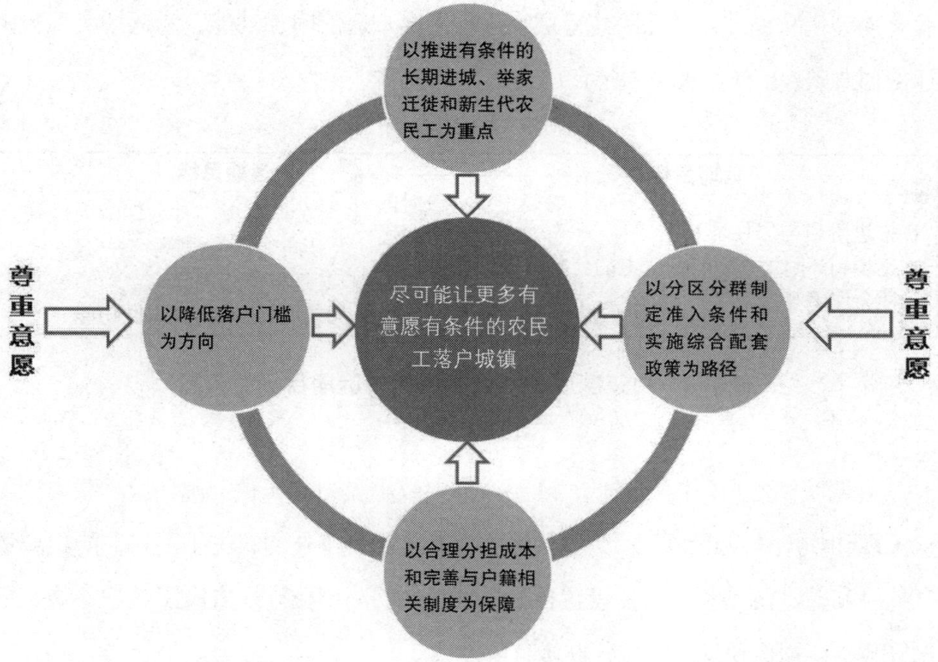

图6-3 推进农民工群体差别化落户的基本思路

1. 积极稳妥，在迈向远期目标中推进近期降低“落户门槛”

我国现行户籍制度作为一项人口迁移和管理的重要制度，在一定历史阶段有其积极意义，在今后相当长的时期内，户籍制度将继续存在并发挥作用。按照制度惯性原理，一项制度在没有找到更合理、更优化的新制度来代替以前，必然会按照原来的形式、内容和结构继续存在下去（王文录，2014）。户籍制度就是这样一种制度，在“惯性”作用下，户籍对人口迁移和城镇化的约束是通过制定具体的人口迁移和落户条件得到体现。可以预料，我国以对人口迁移“约束”为特征形成的户籍制度，在今后一定时期内仍将发挥作用。

户籍制度改革的远期目标是通过剥离附着在户籍之上的公共服务、社会保障等权益，最终实现人口自由迁徙。户籍制度改革不是一蹴而就的事情，远期目标的实现需要一个较长的过程。近期主要是降低落户门槛[1]，并结合推进基本公共服务均等化和提高社会保障统筹层次逐步剥离户籍的附加功能，为远期实现自由迁徙创造条件。（如图6-4所示）

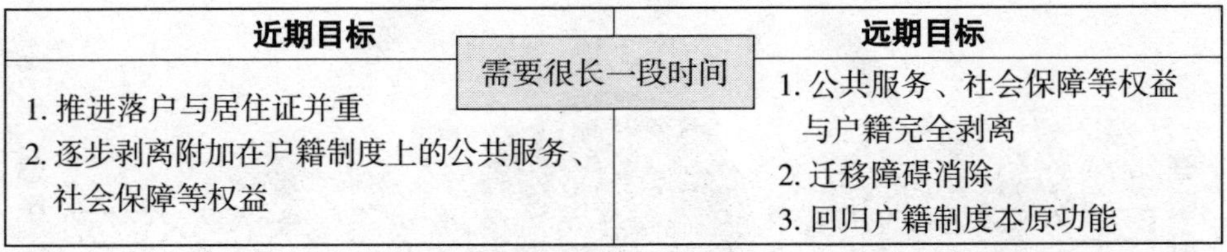

图6-4　户籍制度改革近期目标与远期目标关系图

近期城镇落户门槛的降低，既要考虑财政承受力和城镇资源环境承载力，防止出现和加剧“城市病”；又要尽可能让有意愿有条件的农民工落户，防止城镇从狭隘利益、既得利益出发设置各种显性隐性的高门槛排斥农民工落户，切实把握好节奏，积极稳妥分区域分群体有序推进。

2. 总体设计，分区域分群体合理设置落户准入条件和配套政策

在我国这样一个地区差异如此大的国家，户籍制度改革必须采取差别化政策才能顺利推进。我国不同区域发展水平差距较大，户籍“含金量”差异明显，所面对的农民工落户压力和农民工群体有较大不同，有必要采取不同的落户准入条件和配套政策。对那些农民工规模大、资源环境承载力接近极限的地区，通过设置适当的准入门槛，有选择地让部分人进入，不仅会减轻对城市发展的压力，也有助于转变经济发展方式，提高经济发展质量。对那些人口承载潜力较大且需要

[1] 如前述，城镇户籍含金量要高于居住证，从“以人为本”角度，近期还是要推动农民工落户，实现“同城同权”。

加快经济发展的地区，则应通过降低落户门槛以利于吸纳更多农村转移人口，促进经济快速发展和产业聚集。对经济不发达、就业岗位少、公共服务水平不高的地区，在全面放开落户的同时，应着力培育特色支柱产业、创造就业岗位和提高城市公共服务水平，不断提高对农民工落户的吸引力。

与此同时，基于农民工群体迁徙特征和落户意愿的差异，对长期进城、举家迁徙、新生代农民工，考虑其就业能力、融入城市社会能力、定居能力和落户意愿较强，应该作为落户重点；而对就业能力低、流动频繁、落户意愿不强的其他农民工，应以推进均等享有城市基本公共服务为重点，使其增强在城市长期生活的预期。

3. 改革联动，着力消除农民工群体落户城镇的相关制度障碍

长期以来，我国户籍制度承载了过多的附加功能。户籍“含金量”就在于这些附加功能所带来的居民权益的差异。因此，户籍制度不可能孤军突进，必须与相关制度联动改革。若仅仅放开户口登记和迁移管理，而相关制度改革不配套、不协调，不仅难以解决由人口迁徙而形成的新增城镇公共服务需求问题，还会造成“老市民”与“新市民”之间诸多方面的利益冲突，不利于社会和谐稳定。只有配套改革劳动就业、社会保障、住房保障、教育招生、农地流转等其他相关制度，才能真正消除农民工群体落户城镇的各种障碍。

4. 强化责任，在强化各级政府责任的同时合理分担成本

推进农民工落户城镇必然触及某些利益关系调整，这需要从长远发展大局出发，增强各级政府的责任意识，既要从国家层面强力推动，又要合理分担成本，使以人为本的新型城镇化落到实处。

中央政府对户籍制度改革起着主导性作用。目前，中央政府对户籍制度改革的目标和政策导向已经十分明确，那就是要提高户籍人口城镇化率，推进有条件的农民工在城镇逐步落户。地方政府对推进农民工落户城镇的态度要复杂一些。一方面，从本地区经济发展的角度出发，地方政府也希望加快农村人口向城市转移；同时，随着我国农村剩余劳动力储量减少，很多城市需要通过落户稳定一批

技能较高的农民工。另一方面，地方政府从财政能力考虑，以及担心损害原有市民的既得利益，又往往倾向于从严控制农民工进城落户。

因此，推进农民工落户城镇要在增强各级政府责任的同时，调动地方政府的积极性。一方面，由于农民工落户城镇事关权利配置与利益关系调整（欧阳慧，2016），需要中央政府以更大的力度协调推进配套改革，加快制定合理的成本分担机制。中央财政在基础教育、社会保障等纯公共品方面承担更多的支出责任，帮助那些财力薄弱而吸纳农民工进城落户任务较重的地方政府减轻经济压力。另一方面，需要在增强地方政府的责任意识的同时，通过建立切实可行的“人地”挂钩、“人钱”挂钩等系列激励性机制，有效调动地方政府加快户籍制度改革、推进农民工进城落户的积极性。

（三）实施路径

按照上述总体思路，推进农民工差别化落户宜采取下列实施路径：

1. 分群体设置准入条件：按照“两稳定+分群体年限指标”，制定“低门槛、标准化”的准入条件

（1）顺应市场经济规律坚持“条件制”制定落户门槛。从20世纪80年代国家在“自理粮户口”政策中对农民进入城镇的落户条件进行设定开始，“落户条件筛选制”（简称条件制）作为改革开放前“计划制”的替代，成为我国户籍制度改革中的一项重大突破。“条件制”是一种具有市场化因素的过渡性制度安排，即它通过预先设定学历、投资、收入、住房等条件作为农业转移人口落户城市的选择手段，实现了落户条件的甄别筛选对计划指标管理控制的替代，这不仅符合我国经济市场化改革渐进式推进的要求，也是差别化推进农民工落户的可行途径。今后仍要顺应市场经济规律，坚持以“条件制”作为农民工落户的途径。

（2）区分群体以“两稳定+分群体年限指标”设置准入条件。把合法稳定就业、合法稳定居所作为落户的基本条件，是强调迁入者本人实际在迁入地工作和生活，避免人户分离，切实推进农村人口向城市迁移。世界各国户籍制度的

经验[1]和我国户籍制度改革的实践表明，把合法稳定居所和合法稳定就业作为最基本的准入条件是合理的，关键是如何界定“合法稳定居所”和“合法稳定就业”。本研究认为应本着“低门槛、标准化”的原则，即设定条件的标准要尽可能低，作为最基本的条件，“两稳定”内涵的界定要尽量宽松。与此同时，出于公平，摒弃一些原有以学历、职称、技能、投资等排斥一般农民工落户的准入门槛，代之以易于标准化、较为公平的分群体年限指标。分群体年限指标与“两稳定”一起形成农民工落户的“低门槛、标准化”准入条件。

对长期进城农民工落户以“两稳定+进城年限”为准入条件；对举家迁徙农民工落户以“两稳定+举家迁徙年限”为准入条件；对新生代农民工落户以“两稳定+城市工作年限”为准入条件。对长期进城农民工群体设置相对较长的落户年限门槛，对举家迁徙和新生代农民工群体进城的门槛条件则相对放低。与此同时，根据城市内部不同区域的承载力、功能定位及经济社会发展水平，以落户门槛依次降低来引导农民工有序地在主城区、近郊区、远郊区落户。

2. 分区域差异化推进：突破关键点，因地制宜围绕“谁落户、怎么落、落到哪、如何保障”推进落户

考虑到四类地区的突出特点和主要矛盾，突破关键点，围绕“谁落户、怎么落、落到哪、如何保障”，从人群策略、准入策略、空间策略、保障策略等4个方面，因地制宜制定四类地区的农民工差别化落户策略。（如表6-12所示）

表6-12 推进农民工群体差别化落户策略

类型	突破点	人群策略	准入策略	空间策略	保障策略
I类地区	以空间换容量	重点突破	适度从紧	郊区为主	提升管理
II类地区	以政策提能力	存量优先	渐次放开	全域承接	加大倾斜
III类地区	以创新强保障	存量为主	适度宽松	分级引导	省域统筹
IV类地区	以激励增意愿	全面放开	取消门槛	市县为主	增强承载

[1] 在人口自由迁徙的美国，各个城市也根据自己的实际情况设定一些落户条件，其中一定面积的住房和稳定的收入来源（职业）是主要考虑条件。

（1）Ⅰ类地区（北上广深地区）：以空间换容量为突破点，实行“重点突破、适度从紧、郊区为主、提升管理”的落户策略。北上广深地区存量农民工规模大，落户意愿高，特别是5年以上长期进城农民工占比大，使用城市公共资源已是既成事实；同时大量人口持续向主城区集聚，造成“大城市病”日益突出，人口综合承载力持续下降。因此，需充分考虑Ⅰ类地区农民工的特征及城市发展实际来推进农民工落户，以空间换容量为突破点，实行“重点突破、适度从紧、郊区为主、提升管理”的落户策略。

以空间换容量为突破点，就是要加强城市空间规划管理，从更广域的空间优化生产力布局，尽可能引导新增城市人口由主城区向郊区疏解，通过空间布局的拓展优化提高城市人口容量，为降低门槛推进农民工落户突破“容量界限”。重点突破，就是在适度控制城市人口总量的前提下，重点解决存量农民工群体的落户问题，特别是已较好融入城市社会多年的长期进城、举家迁徙和落户能力较强的新生代农民工群体。适度从紧，就是要以城市综合承载力为依据，充分考虑城市科学发展、功能转型升级需要，落户政策适度从紧，避免因落户门槛过低而导致城市不堪重负。郊区为主，就是要根据城市内不同区域的承载能力和功能定位，对在主城区、近郊区、远郊区等不同区域的农民工落户实行差别化政策，近郊区和远郊区可适度放宽落户条件，严格控制在主城区落户。提升管理，就是要以解决“大城市病”为核心，增强城市规划的科学性和权威性，提高城市尤其是郊区公共服务和市政管理水平，着力打造智慧城市，加强城市公共管理，全面增强城市承载力。

（2）Ⅱ类地区［珠三角、长三角、闽东南及天（津）大（连）乌（鲁木齐）］：以政策提能力为突破点，实行“存量优先、渐次放开、全域承接、加大倾斜”的落户策略。Ⅱ类地区跨省农民工存量规模大，落户意愿高，城市还有较大的人口承载空间，但由于受城市行政等级不高的影响，城市公共服务供给能力难以满足吸纳大量农民工落户的需要，未来应以以政策提能力为突破点，实行“存量优先、渐次放开、全域承接、加大倾斜”的落户策略。

以政策提能力为突破点，就是发挥经济较发达、土地价值高的优势，给予一定的政策支持，加快形成“人地钱”良性互动的落户机制。存量优先，就是要根据城市资源环境承载能力、人口结构、经济社会发展水平，优先解决进城时间长、就业能力强、新生代等存量农民工落户。渐次放开，就是要把握好松紧力度和节奏，分期分批逐步推进农民工落户，防止急躁冒进带来城市治理压力过大和农民工不能稳定就业的风险。全域承接，就是要在统筹推进全市域基本公共服务均等化的基础上，根据全市各功能区布局规划引导落户农民工合理分布，以全域空间的合理配置增强城市承接能力。加大倾斜，就是要求国家“三挂钩”激励政策向其倾斜，引导地方政府从获得人口红利、增强城市竞争力出发，增强吸纳农民工落户的积极性。

（3）III类地区（其他直辖市、省会城市及副省级城市）：以创新强保障为突破点，实行“存量为主、适度宽松、分级引导、省域统筹”的落户策略。III类地区大部分是内陆省份的核心城市，省内农民工规模大，落户意愿高，同时是全省工业化、城镇化推进的重点地区和政策高地，资源配置能力较强，体制机制创新空间大，未来应以创新强保障为突破点，实行“存量为主、适度宽松、分级承接、省域统筹”落户策略。

以创新强保障为突破点，就是发挥III类地区是全省资源要素集聚高地的优势，创新体制机制，尽量以市场力量激活增量资源，增强吸纳农民工落户的保障能力。存量为主，就是要建立顺畅的户籍转移通道，重点引导进城时间长、举家迁徙以及新生代等存量农民工自愿进入城镇定居，适度推进有条件的增量农民工落户。适度宽松，就是分级放宽落户条件，适度放宽主城区，大幅度放开近郊区特别是远郊区县城，全面放开小城镇落户，积极引导农民工转移落户，鼓励有条件的农民工整户转为城镇居民。分级引导，就是要以“主城→县城→重点镇”梯次构建城镇体系，分级引导农民工落户，优化人口空间分布。省域统筹，就是发挥省域核心城市优势，以体制机制创新争取更多的省域资源支持，力争统筹省域资源解决农民工落户问题。

（4）Ⅳ类地区［其余地级市（区、盟）］：以激励增意愿为突破点，实行“全面放开、取消门槛、市县为主、增强承载”的落户策略。Ⅳ类地区经济发展水平不高，就业岗位不足，公共服务水平较低；各个城市的农民工规模小，落户意愿低，未来以激励增强农民工落户意愿为突破点，实行“全面放开、取消门槛、市县为主、增强承载”落户策略。

以激励增意愿为突破点，就是从劳动保障、社会保障、住房保障等方面制定系列激励政策，增强在城镇稳定就业和稳定居所农民工的落户意愿，促进这些城市提高户籍城镇化水平。全面放开，就是对农民工人群不加以区分，对所有农民工放开落户。取消门槛，就是在尊重农民工意愿的基础上，只要满足“两稳定”基本条件，就允许农民工在就业地落户。市县为主，就是顺应尚处于空间集聚的区域特征，以做大主城区及县城为重点，引导农民工落户在主城区及县城。增强承载，就是要加大支持力度，加快产业发展，创造更多就业岗位；加强基础设施和公共服务设施建设，全面提升公共服务水平，以增强对农民工落户的吸引力。

四、相关制度安排与保障措施

（一）完善促进农民工群体差别化落户的相关制度安排

推动农民工差别化落户城镇，除了根据各类地区的特点制定差别化配套政策外，还需要针对一些共性问题，中央与地方协力加快完善差别化落户的相关制度安排。

一要建立有利于农民工职业技能提升的就业保障制度。就业是农民工进城落户的基础，中央和地方财政要加大对落户农民工就业培训的支持力度，支持落户农民工免费接受职业技能培训，在国家实施的高技能人才工程、新成长劳动力技能提升、在岗职业技能提升、企业新型学徒制培训等计划中向落户农民工倾斜。对有创业意愿的农民工，提供创业培训，并通过提供小额担保贷款等方式，帮助其实现创业。支持落户农民工参加技能鉴定，对其初次参加职业技能鉴定的费用给予全额补助。加大对农民工权益维护力度，增强落户农民工就业的稳定性，提高收入水平。

二要健全农民工子女教育保障机制。按照国家相关安排，全面落实“两免一补”[1]和生均公用经费基本定额资金随学生流动可携带政策[2]，确保农民工子女教育不会因户籍改变而失去经费保障。地方政府要将农民工随迁子女教育纳入公共财政保障范畴，根据转移人口落户数量科学规划学校布局，加快新建一批幼儿园、中小学、中职学校；做好新增学校师资配备、师资专项培训等工作，满足新增学校教师需求；完善各级各类学生就读政策和资助体系，保障农转非子女获得公平的教育。

三要完善有利于农民工自由流动的社会保障制度。落实城乡医疗保险关系转移接续办法和异地就医结算办法，整合城乡居民基本医疗保险制度，加快实施统一的城乡医疗救助制度。落户农民工选择参加城镇居民医保，个人按城镇居民相同标准缴费，各级政府按照参保城镇居民同样的标准给予补助，避免重复参保、重复补助。加快实现基本医疗保险参保人跨制度、跨地区流动时能连续参保。落实基本养老保险转移接续政策，推动落户农民工参加当地的城镇居民养老保险或职工养老保险，同等享有养老保险待遇。建立健全低收入群体基本生活保障体系，将符合条件的落户农民工及时纳入城市低保范围。逐步提高社会保险的统筹层次，充分发挥中央财政和省级调剂金的作用，弥补因社会保险转移带来的地区社保基金缺口。加大中央财政对社会保险投入力度，推进变现一部分国有资产以充实社会保险基金。

四要完善农民工“住有所居”的住房保障制度。以解决城镇新居民住房需求为重点，建立健全购租并举的住房制度，加快完善城镇住房保障体系，确保落户农民工与城镇居民平等享有基本住房保障权利。对无力购买住房的落户农民工，

[1] 2015年国务院印发的《关于进一步完善城乡义务教育经费保障机制的通知》提出：从2017年春季学期开始，统一城乡义务教育学生“两免一补”政策，即免除学杂费、免费提供教科书，对家庭经济困难寄宿生补助生活费。

[2] 2015年国务院印发的《关于进一步完善城乡义务教育经费保障机制的通知》提出：实现生均公用经费基准定额资金随学生流动可携带。

支持其租房居住；对其中符合条件的困难家庭给予货币化租金补助。支持农民工规模大的城市规划建设转户集中居住小区、农民工公寓，其建设用地采取行政划拨方式供应，并比照廉租房、棚户区（危旧房）改造、公租房等保障性住房，享受免交各项行政事业性收费及政府性基金等优惠政策。推进住房公积金缴存扩面，将农民工纳入覆盖范围，鼓励个体工商户和自由职业者缴存。放宽住房公积金提取政策，建立全国住房公积金转移接续平台，支持缴存职工异地使用。

五要深化与户籍制度改革配套的财政改革。户籍制度改革需要有相应的财政支持，为增强城镇吸收农民工落户的能力，应加快配套性财政改革。第一，进一步调整财政支出结构。当前我国财政支出结构中存在两个比较突出的问题：财政支出范围不规范，“越位”与“缺位”并存，民生投入比重偏低。调整财政支出结构的核心是解决“缺位”与“越位”问题，增加财政对民生领域的投入，重点加大对基础教育、社会保障的支出，为实现基本公共服务均等化提供财政基础，强化对农民工落户城镇的支持。第二，加强地方税源建设，增强地方户籍制度改革的财政支撑能力。地方税体系和稳定财源的建立[1]已列入“十三五”时期我国财税体制改革任务之中。“十三五”时期需要开辟地方政府新税源，从而提高地方政府为全部常住人口提供公共服务的能力；同时，加快建立城乡统一的建设用地市场，征收的交易税主要用于为农民工落户提供公共服务的支出。

（二）建立健全“三挂钩一维护”的落户激励机制

推进农民工落户城镇需要充分调动地方政府和农民工的积极性，按照国务院有关部署，应进一步完善“人钱挂钩”“人地挂钩”机制，探索建立农村“三权”维护和自愿有偿退出机制等。

一是城镇新增建设用地规模同吸纳农村转移人口数量挂钩机制。要依据农民工进城落户规模，以人定地、地随人走，保障人口城镇化用地需求。在土地利用总体规划、城乡规划修编或调整中，应根据规划期内农民工进城落户人口数量和

[1] 参见《中华人民共和国国民经济和社会发展第十三个五年规划纲要》。

流向，分析测算城镇相关建设用地需求，合理确定规划期内新增建设用地规模，保障农村进城落户人口用地需要。

二是财政转移支付同农村转移人口市民化挂钩机制。中央财政在均衡性转移支付制度框架下，建立吸纳农民工落户城镇的奖励机制，奖励资金规模要充分考虑进城落户人数、跨省迁移和省内迁移等因素进行测算分配，适当向Ⅱ类地区、Ⅳ类地区倾斜。省级财政要相应建立对下级财政的吸纳农民工落户城镇奖励机制。完善各级财政转移支付制度，逐步由依据户籍人口转向依据常住人口测算分配财政转移支付资金，增强农民工流入地政府提供基本公共服务的财政保障能力。

三是财政性建设资金对城市基础设施投资补助与城市吸纳农村转移人口落户数量的挂钩机制。中央预算内投资安排向吸纳农民工落户数量较多城市适度倾斜，通过专项建设基金支持吸纳农民工落户较多城市的基础设施和公共服务设施建设。鼓励各省份参照实施相应的财政支持政策。

四是农村“三权”维护和自愿有偿退出机制。农村土地制度安排是影响农民工落户意愿的重要因素。2014年7月国务院颁布的《关于进一步推进户籍制度改革的意见》明确提出，不得以退出土地承包经营权、宅基地使用权、集体收益分配权作为农民进城落户的条件。2016年中央一号文件《中共中央国务院关于落实发展新理念加快农业现代化实现全面小康目标的若干意见》又明确提出，维护进城落户农民土地承包权、宅基地使用权、集体收益分配权。全面落实这一政策，应加快推进《土地管理法》《物权法》《担保法》等法律法规的修改完善，由进城落户农民工自己来决定是否有偿退出“三权”，解除农民工进城落户的“后顾之忧”，增强有条件的农民工落户城镇的意愿。地方政府要通过建立健全农村产权流转交易市场，积极引导和支持进城落户农民依法自愿有偿转让其在农村的土地承包权、宅基地使用权和集体收益分配权，逐步建立进城落户农民在农村的相关权益退出机制，但不得以此作为农民工落户城镇的条件。如果落户农民工不愿退出农村土地承包权，则可以继续享受与土地相关的各项权益，同时与农民身份相关的权益主要依据现行法律法规政策，依法分类予以保留。

（三）建立全国统一公开的户籍迁移信息化平台

各地落户政策内涵、流程、要求等差别较大，滋生了落户的“玻璃门、弹簧门”问题。应注重应用互联网技术，构建全国统一公开的户籍迁移信息化平台（如图6-5所示）。该平台的功能主要包括以下几个方面：一是户籍政策的“套餐化”组合。中央政府列出户籍政策的标准化条目，形成若干政策套餐，各地按规定选取套餐类型，这样能减少户籍政策的碎片化，降低学习成本。二是落户办理流程的“一站式”服务。有落户需求的农民工可以在该平台上查阅所有地区的落户流程及条件，可以在线填写申请表格、上传证明等，让农民工能够快捷便利地完成户籍申办。三是推进落户的“公开化”监督。各地政府应定期将办理户籍人数、申请-批准率、服务和便利内容等在该平台上进行公开，接受社会监督，中央政府有关部门可依托该平台进行检查评估。

此外，对农民工落户城镇政策设计所涉及的一些关键词语，根据以往的经验，如对其内涵不作具体界定，地方政府很可能从自身需要出发而形成多种解读，从而使农民工落户政策效果大打折扣。因此，建议出台《农民工差别化落户城镇实施细则》，界定关键名词的具体内涵（如专栏6-1所示）。一是对长期进城农民工、举家迁徙农民工、新生代农民工的具体内涵要有明确界定。二是对农民工落户条件明确具体内涵，如对“合法稳定就业”“合法稳定居所”的内涵进行界定。三是对城市主城区、近郊区、远郊区等概念及划分方法作出明确界定。

专栏6-1 关键词的内涵界定

长期进城农民工：是指在某城市工作生活连续超过一定年限（一般为5年）的农民工群体。

举家迁徙农民工：是指与配偶（或子女）在同一个城市工作生活的农民工群体。

新生代农民工：是指1980年以后出生的农民工。

合法稳定居所：不考虑住房的来源，只考虑是否能够长期居住，可以以产权证、购房合同、租赁契约、借住证明等作为能够长期居住的依据，对房屋的居住面积不作硬性的要求。

合法稳定就业：不考虑职业性质，只考虑是否有合法职业且在一定的时间内有一定的收入；可以是劳动合同，也可以是工商营业执照，还可以是纳税的收据（包括企业所得税和个人所得税）；考虑到小城镇范围较小，各个乡村与镇城区距离较近，以及我国长期以来实行的“两栖”式的人口转移方式等因素，农民工到小城镇落户的“职业”条件可以是小城镇范围内的所有合法职业，包括从事农业生产活动的职业，“合法稳定就业”的界定应更宽松一些。

长期进城年限：是指农民工在就业地城市工作生活的年数。

举家迁徙年限：是指农民工本人与配偶（或子女）在同一个城市工作生活的年数。

新生代进城年限：是指1980年以后出生的农民工在居住地城市务工的年数。

城区：以中心城区为基础，在城乡接合部通过边缘扩展、轴线扩展或多中心扩展等扩展模式发展起来的，符合城市功能、具有城市景观特征的集中连片的空间范围。一般包括主城区和近郊区。

主城区：城区的核心部分，一般指城区行政中心地带。

郊区：城市主城区以外、市行政管辖范围以内的地区。根据同市区的距离，又可分为近郊区和远郊区。

近郊区：指与主城区紧密连接但还有部分农地和农村人口的市辖区，一般是城市功能拓展地区。

远郊区：指距离主城区较远的区县，在产业、功能等方面有相对独立的农地和农村人口仍较多的市辖区县。

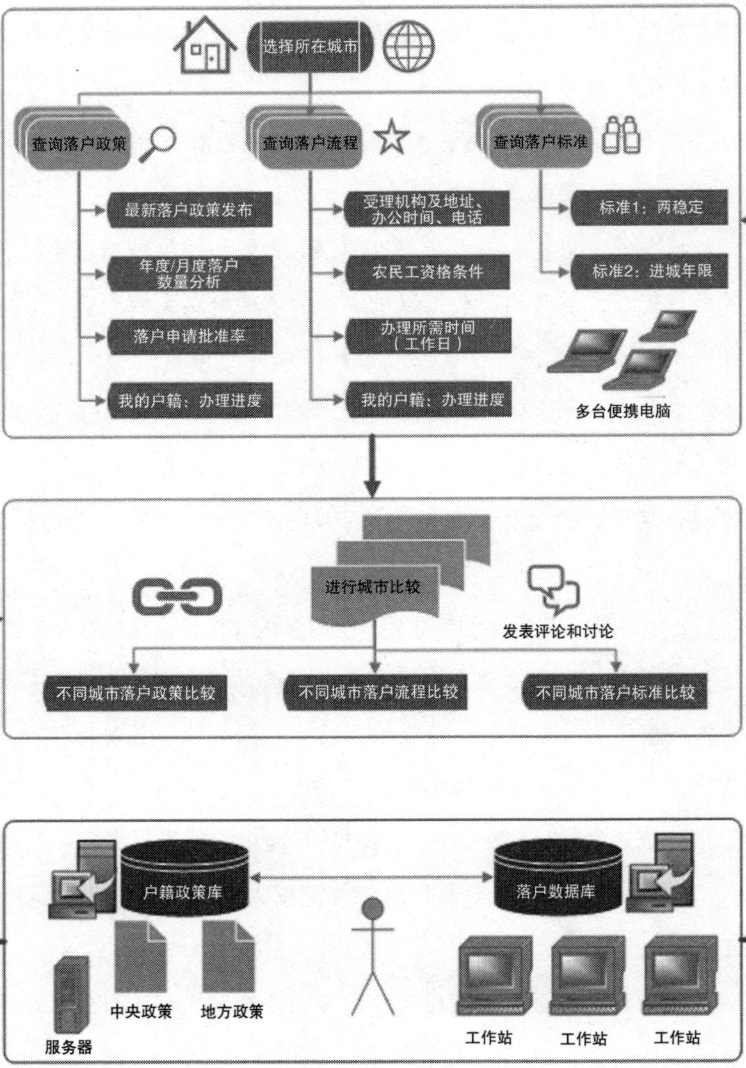

图6–5　全国统一公开的户籍迁移信息平台架构示意图

（四）建立统一高效的农民工落户组织实施和督查机制

鉴于户籍制度改革涉及城乡利益关系的重大调整，地方政府实施过程中拥有较大的自由裁量权。为顺利推进农民工落户城镇的各项制度改革和政策创新，应强化中央政府在顶层设计、实施路径、监督检查等方面的权威性，破除“中梗阻”，防止“不作为”和“乱作为”现象。一要依托国家业已建立的新型城镇化工作部际联席会议制度，加强户籍制度改革的组织协调、监督检查工作。二要强化各级政府的主体责任作用，各省可成立由省领导牵头的户籍制度改革领导小组，构建纵横联动、责任明确、分工协同的落实机制（如图6-6所示），坚持监督考核、政策激励并重，确保户改政策的有效落实和户改工作的顺利推进。

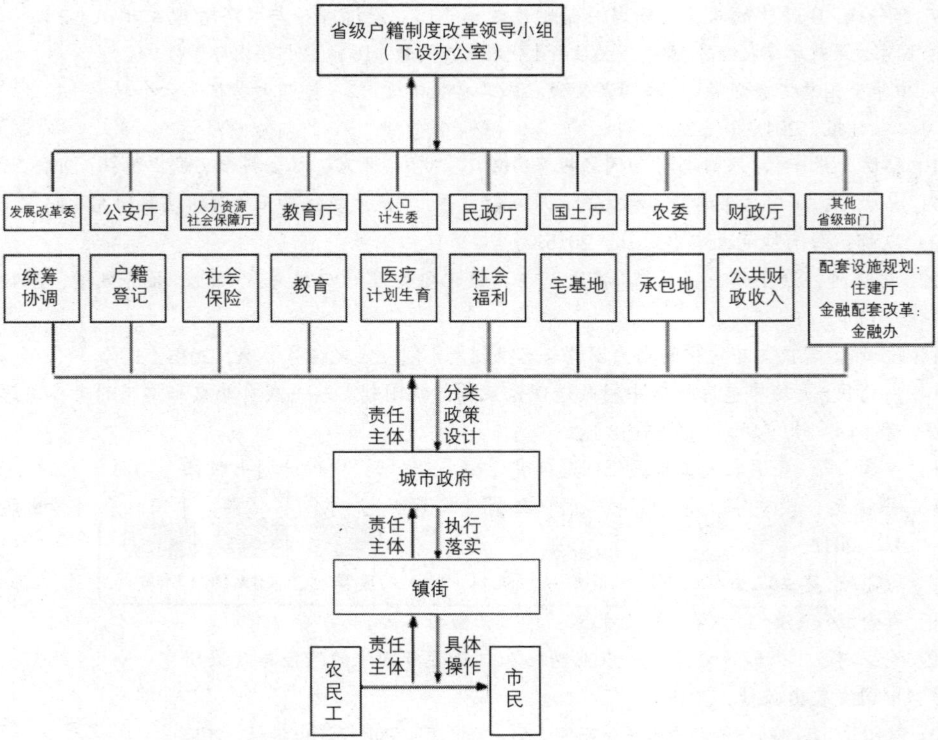

图6-6 省级户籍制度改革层级联动落实机制框架图

参考资料

1. 吴伟光，李世勇. 农村劳动力入城生活境况及留城意愿——基于浙江省的实证分析［J］. 农村经济，2012（2）.
2. 张翼. 农民工"进城落户"意愿与中国近期城镇化道路的选择［J］. 中国人口科学，2011（2）.
3. 崔传义. 农民进城就业与市民化的制度创新［M］. 太原：山西经济出版社，2008.
4. 王文录. 城市化背景下的户籍制度变迁研究［M］. 石家庄：河北人民出版社，2014.
5. 李若建. 城镇户籍价值的显化与淡化过程分析［J］. 社会科学，2001（9）.
6. 贺雪峰. 城市化的中国道路［M］.北京：东方出版社，2014.
7. 邹一南. 城镇化的双重失衡与户籍制度改革［J］. 经济理论与经济管理，2016（2）.
8. 国家发展改革委农经司. 要高度关注新生代农民工问题［R］. 2015年内部资料.
9. 中华全国总工会课题组. 我国新生代农民工总数接近1亿人：四大特征、六个转变［N］. 工人日报，2015-06-21.
10. 蔡昉，张车伟. 人口与劳动问题报告NO.16［M］. 北京：社会科学文献出版社，2015.
11. 易小光，丁瑶，王学斯，郭金严，廖庆轩，等. 重庆城乡统筹三项改革实践研究［M］. 成都：西南师范大学出版社，2015.
12. 马晓河，涂圣伟，张义博. 推进新型城镇化要处理好四大关系［J］. 经济纵横，2014（11）.
13. 欧阳慧. 农民工市民化的动力困境与路径创新［J］. 宏观经济管理，2016（1）.
14. 叶裕民. 大城市包容性城中村改造理论架构与机制创新——来自北京和广州的考察与思考［J］. 城市规划，2015（8）.
15. 申兵，等. 我国农民工市民化问题研究［M］. 北京：中国计划出版社，2013.
16. 张谦元，柴晓宇，等. 城乡二元户籍制度改革研究［M］. 北京：中国社会科学出版社，2012.
17. 马晓河. 建立农业人口市民化成本分担机制［J］. 人民周刊，2016（5）.
18. 肖金成. 城镇化战略［M］. 北京：学习出版社，2014.
19. 金三林. 扎根城市之路——农业转移人口就近市民化的路径与政策研究［M］. 北京：中国发展出版社，2015.
20. 欧阳慧. 农业转移劳动力市民化研究［M］. 北京：中国经济出版社，2014.
21. 李振京，张林山，等. 我国户籍制度改革问题研究［M］. 济南：山东人民出版社，2014.
22. 彭希哲，等. 中国大城市户籍制度改革研究［M］. 北京：经济科学出版社，2015.
23. 蔡昉. 以农民工市民化推进城镇化［J］. 经济研究，2013（3）.

24. 国家发展改革委国土所课题组. “十二五”时期促进农民工市民化问题问题［R］. 宏观经济研究院重点课题，2012.
25. 龚维斌. 中国社会体制改革报告No.4［M］. 北京：社会科学文献出版社，2016.
26. 郑国齐，廖俊平，任荣荣，曹洋. 农民工住房政策与经济增长［J］. 经济研究，2011（2）.
27. 傅晨，李飞武. 农业转移人口市民化背景下户籍制度创新探索——广东“农民工积分入户”研究［J］. 广东社会科学，2014（3）.

第七章　跨省农民工集聚区农民工落户政策研究

内容提要：跨省农民工集聚区指跨省农民工占比超过40%的地区，是农民工群体落户的主阵地，包括北上广深等超大城市的I类地区，占全国农民工比重为15.23%；覆盖长三角、珠三角、闽东南和天（津）大（连）乌（鲁木齐）等区域城市的II类地区，占全国农民工规模的比重达29.68%，这些地区户籍附加的福利较好，现有农民工落户政策门槛较高。在总体方向上，要采取相机取舍、分类分区、有序推进的农民工落户政策，其中I类地区要以“空间换容量”为突破点，以“重点突破、适度从紧、郊区为主、提升管理”为主线，实施“两稳定（稳定住所、稳定就业）+分群体年限门槛”落户政策；II类地区“以政策提能力”为突破点，以“存量优先、渐次放开、全域承接、加大倾斜”为主线，实施“两稳定（稳定住所、稳定就业）+分群体年限门槛”的落户政策，切实增强农民工群体落户政策的稳定性、灵活性，争取“十三五”时期I类地区和II类地区分别实现落户911万人和2464万人。

跨省农民工集聚区是指跨省农民工占比超过40%的地区，分为I类地区，即北京、上海、广州和深圳等4个城市，占全国农民工比重的15.23%；II类地区，即长三角（南京、苏州、扬州、镇江、泰州、无锡、常州、南通、杭州、宁波、湖州、嘉兴、舟山、绍兴、台州）、珠三角（东莞、佛山、中山、江门、珠海、惠州、肇庆）、闽东南（福州、厦门、漳州、泉州）、天（津）大（连）乌（鲁木齐）等29个城市，占全国农民工比重的29.68%。本章研究对象主要针对农民工群体，对人才引进、干部调入、公务员招考等方式落户不涉及。

一、现有政策及落户困境

目前，国家层面已经出台关于深化户籍制度改革的指导性文件[1]，按照国务院相关要求，跨省农民工集聚区各省份均出台了相应指导意见，各城市正加紧出台细化落实方案，总体上，I类地区按照积分落户制度推进，Ⅱ类地区按照积分制或稳定就业、稳定住所及缴纳社保年限等门槛制推进落户。对普通农民工群体虽然都开辟了落户通道，但是积分及门槛要求依然高，农民工实现落户还比较困难。

（一）现有政策

1. 国务院已明确Ⅰ类和Ⅱ类地区的落户政策方向

2014年7月国务院发布《关于进一步推进户籍制度改革的意见》，2015年11月发布《居住证暂行条例》（国务院令第663号），2016年2月发布《关于深入推进新型城镇化建设的若干意见》，均明确指出，要合理确定大城市落户条件、严格控制特大城市人口规模。其中，特别是要加快完善超大城市和特大城市落户政策，可根据城市综合承载能力和功能定位，区分主城区、郊区、新区等区域，分类制定落户政策，建立完善积分落户制度；并且指出要重点解决符合条件的普通劳动者的落户问题。（见表7-1）

[1]《国务院关于进一步推进户籍制度改革的意见》（国发〔2014〕25号）、《国务院关于深入推进新型城镇化建设的若干意见》（国发〔2016〕8号）及《居住证暂行条例》（国务院令第663号，2015年11月26日）。

表7-1 跨省农民工集聚区现有户籍政策

城市类别	户籍政策	文件依据或信息来源
超大、特大和大城市	1. 合理确定大城市落户条件。城区人口100万至300万的城市，达到一定条件的人员及其共同居住生活的配偶、未成年子女、父母等，可以在当地申请登记常住户口。城区人口300万至500万的城市，对合法稳定就业的范围、年限和合法稳定住所（含租赁）的范围、条件等作出较严格的规定，也可建立积分落户制度。大城市对参加城镇社会保险年限的要求不得超过5年 2. 城区人口500万以上的城市建立完善积分落户制度。根据综合承载能力和经济社会发展需要，以具有合法稳定就业和合法稳定住所（含租赁）、参加城镇社会保险年限、连续居住年限等为主要指标，合理设置积分分值	《国务院关于进一步推进户籍制度改革的意见》（国发〔2014〕25号）
	1. 城区人口100万至500万的大城市的落户条件为，在城市有合法稳定就业达到一定年限并有合法稳定住所，同时按照国家规定参加城镇社会保险达到一定年限。但对参加城镇社会保险年限的要求不得超过5年。其中，城区人口300万至500万的大城市可以对合法稳定就业的范围、年限和合法稳定住所的范围、条件等作出规定，也可结合本地实际，建立积分落户制度 2. 城区人口500万以上的特大城市和超大城市应当根据城市综合承载能力和经济社会发展需要，以具有合法稳定就业和合法稳定住所、参加城镇社会保险年限、连续居住年限等为主要指标，建立完善积分落户制度	《居住证暂行条例》（国务院令第663号，2015年11月26日）
	加快调整完善超大城市和特大城市落户政策，根据城市综合承载能力和功能定位，区分主城区、郊区、新区等区域，分类制定落户政策；以具有合法稳定就业和合法稳定住所（含租赁）、参加城镇社会保险年限、连续居住年限等为主要指标，建立完善积分落户制度，重点解决符合条件的普通劳动者的落户问题	《国务院关于深入推进新型城镇化建设的若干意见》（国发〔2016〕8号）

资料来源：根据《国务院关于进一步推进户籍制度改革的意见》（国发〔2014〕25号）、《国务院关于深入推进新型城镇化建设的若干意见》（国发〔2016〕8号）及《居住证暂行条例》（国务院令第663号）整理。

2. Ⅰ类地区落户政策现状

一是在落户人群导向上，北京、上海倾向于高端人群，广州、深圳则相对宽泛。各城市的积分落户指标体系，明显反映出城市管理者的不同考量导向，其中北京和上海更倾向接受高端人群落户，广州、深圳则相对宽泛。一般来说，积分落户指标体系当中，包括加分项和减分项两个部分，在加分档中，教育背景、专业技术职称、社保缴纳年限等成为基本内容，不良信用记录、犯罪记录、违反计划生育政策等均成为减分项。其中，北京提出仅对具大学本科及以上教育背景的申请人进行加分，体现出对申请人较高教育学历的要求；广州、深圳两市还明确了大学本科以下教育程度申请人的积分，例如在深圳，有大专以上学历并具高级专业技术资格或高级技师资格的申请人，可以和博士研究生一样获得100分加分。从社会贡献角度看，广州市积分入户政策专门为环卫工、公交司机、医疗人员等一线人员开辟入户新通道，并为申请人毕业院校设置了积分；深圳市则对申请人献血、科学发明创造、义工、慈善等方面的表现设置了积分。

二是在落户区域分类引导上，目前北京、上海、广州均提出了对积分落户的城市内部的差别化导向。其中，北京出于人口向城市中心区以外疏解的压力，对申请人就业地和居住地进行了加减分区别对待，即落户主城区减分，落户其他地区不同程度加分；上海提出居住证持有人在上海重点发展的远郊区工作并居住，每满1年积2分，满5年后开始计入总积分，最高分值20分；广州则提出“政策导向区域”加10分等。

三是在经济推动力导向上，根据城市发展需要进行积分弹性控制。其中，北京对产业转移和创业提出加减分设计，对违反落后产业转移导向的申请人进行减分，对符合创业方向的申请人则给予加分。上海、广州、深圳则对投资带动当地就业提出了加分设计，特别是广州围绕产业转型升级设计了积分取向。另外，深圳对申请人缴纳个人所得税多少设计了积分体系，其中三年内缴纳个税14.7万元以上可以获得100分，相当于博士研究生学历积分，体现较大灵活性。

上述内容参见表7–2所示。

表7-2 Ⅰ类地区户籍政策现状

地区	户籍政策	文件依据或信息来源
北京	1. 通过积分落户指标体系的加分和减分为居住证持有者提供落户通道 2. 申请人参加积分落户应同时符合下列条件：持有北京市居住证、年龄不超过45周岁、在京连续缴纳社会保险7年及以上、符合本市计划生育政策、无违法犯罪记录 3. 城六区（东城区、西城区、朝阳区、海淀区、丰台区、石景山区）与其他区差异积分	《北京市积分落户管理办法（征求意见稿）》
上海	1. 以具有合法稳定就业和合法稳定住所、参加城镇社会保险年限、连续居住年限等为主要指标，合理设置积分分值 2. 落户：持有上海市居住证满7年；持证期间按规定参加本市城镇社会保险满7年；持证期间依法在本市缴纳所得税；在本市被聘任为中级及以上专业技术职务或者具有技师（国家二级以上职业资格证书）以上职业资格，且专业及工种对应；无违反国家及本市计划生育政策规定行为、治安管理处罚以上违法犯罪记录及其他方面的不良行为记录	《上海市人民政府关于进一步推进本市户籍制度改革的若干意见》（沪府发〔2016〕27号）
广州	1. 居住证积分管理制度 2. 重点解决进城时间长、就业能力强、可以适应产业转型升级和市场竞争环境、长期从事特殊艰苦一线行业、为广州作出特殊贡献的人员落户问题	《广州市人民政府关于进一步推进户籍制度改革的实施意见》（穗府发〔2016〕3号）
深圳	积分落户制度。入户条件：年龄在18周岁以上，48周岁以下；身体健康；高中（含中专）以上学历；已办理居住证并在申报单位缴纳社会保险（其中工伤保险最近连续6个月以上）；未违反人口和计划生育法律、法规和有关政策的规定；未参加国家禁止的组织及活动，无劳动教养及犯罪记录	深圳积分落户中心

资料来源：根据北京、上海、广州、深圳4市政府网站公开发布信息整理。

3. Ⅱ类地区落户政策现状

目前，Ⅱ类地区所在的省级政府都出台了户籍制度改革的指导意见，大多数城市也出台了指导意见或户籍制度改革工作推进方案，明确了基本方向，主要针对稳定住所和稳定就业两个基本条件，以及社会保险缴纳年限等条件进行门槛调控，但对于最新的落户政策方案和实施细则大多城市还没有出台，相关部门正在按照国家和省份指导意见要求研究制定最新的放宽落户政策的最新方案。已经出台的落户政策文件中，均没有专门针对农民工群体制定特殊的落户政策，落户政策大多采取积分制，门槛也较高。（如表7–3所示）

表7–3　II类地区户籍政策现状

地区		户籍政策（条件）	文件依据或信息来源
长三角	南京	1. 外地人：计划出台积分落户政策 2. 本地人：江宁、原江浦、六合、溧水、高淳与主城区实现户口通迁，并实行与主城区统一户口准入办法；鼓励农业转移人口就近落户城镇或迁入新市镇、新城区；合法稳定住所指自有产权房，长期租赁房、人才公寓等暂不纳入	《南京市户籍市域范围内有序通迁的实施意见》
	苏州	1. 吴中区、相城区、姑苏区、工业园区和高新区（以下简称市区）实行流动人口积分管理 2. 县级市、吴江区人民政府可以参照本办法，制定本地区流动人口积分管理办法	《苏州市流动人口积分管理办法》
	扬州	—	计划出台《扬州市户籍准入和迁移管理规定》（扬州市公安局）
	镇江	1. 全市范围内本地居民户口通迁制度 2. 外来人口落户：本市居住并办理居住证（暂住证）满一年；在镇江市区城镇范围内，有合法稳定住所和合法稳定职业；在市辖城区，有合法稳定住所；在市辖建制镇、集镇，有合法稳定住所或合法稳定职业	—
	泰州	合法稳定住所、合法稳定就业作为户口迁移的基本条件，市外户口迁入的条件进一步宽松，做到“四个不受限制，八个宽松条件”，即：户口迁移不受居住年限、投资金额、居住面积、学历职称等4个方面条件限制；在人才引进、投资经商、购房、务工、干部调动、军人安置、随军家属、亲属投靠等8个方面实行准入宽松条件	《泰州市政府关于进一步推进户籍制度改革的实施意见》《泰州市户口迁移准入登记规定》

续表

地区		户籍政策（条件）	文件依据或信息来源
长三角	无锡	对合法稳定就业的范围、年限和合法稳定住所（含租赁）的范围、条件及城镇社会保险缴纳年限等规定做进一步优化调整。江阴、宜兴两地应当对照无锡市区户籍准入条件，结合各自区域经济社会发展趋势和资源承载能力，在购房落户面积、社保缴纳年限、合法稳定职业等条件上适当放宽，构成差别化户籍准入政策体系。重点解决进城时间长、就业能力强、可以适应城镇产业转型升级和市场竞争环境的人员落户问题	《无锡市政府关于进一步推进户籍制度改革的意见》
	常州	政策文件内容没有公开	《常州市人民政府关于进一步推进户籍制度改革的意见》
	南通	市区（崇川、港闸、开发区）：在市区有合法稳定住所，并在本市合法稳定就业，且参加本市城镇社会保险满1年的；在市区购买商品住房面积达60平方米以上，取得房屋产权证，并参加本市城镇社会保险的；在本市投资兴办实业、自主创业并依法纳税，且在市区有合法稳定住所的	《南通市政府关于进一步推进户籍制度改革的意见》
	杭州	可以根据综合承载能力和经济社会发展需要，以具有合法稳定住所和合法稳定就业、参加城镇社会保险年限、连续居住年限等为主要指标，合理设置积分分值，建立积分落户制度	《浙江省人民政府关于进一步推进户籍制度改革的实施意见》
	宁波	按照有合法稳定住所（含租赁）人员、有合法稳定就业人员、引进人才、投资人员、有突出贡献人员、亲属投靠人员、本区域范围内人员等类别，分别设定进一步放宽的住所条件、就业类型、投资规模、学历（职称、技能）等级、居住年限和按照国家规定参加城镇社会保险年限等具体落户标准；完善积分落户制度	《宁波市人民政府关于进一步推进户籍制度改革的实施意见》
	台州	1. 城镇有合法稳定住所（含租赁），非住宅用房不得落户 2. 无合法稳定住所但有合法稳定就业，在现居住地居住满一定年限、按国家规定参加城镇社会保险达到一定年限的人员，本人及其共同居住生活的配偶、未成年子女，可在当地按规定申请登记常住户口	《台州市人民政府关于进一步推进户籍制度改革的实施意见》

续表

地区		户籍政策（条件）	文件依据或信息来源
长三角	湖州 嘉兴 舟山 绍兴	有序放开大中城市落户限制。城市综合承载能力压力小的设区市城区，可以参照实行县（市）的具体落户标准。其他设区市（除杭州市以外）城区，可以按照有合法稳定住所人员、有合法稳定就业人员、引进人才、投资人员和有突出贡献人员等类别，分别设定进一步放宽现行的住所条件、就业类型、学历（职称、技能）等级、投资规模、居住年限和按照国家规定参加城镇社会保险年限等具体落户标准。符合条件的本人及其共同居住生活的配偶、未成年子女、父母，可以在当地申请登记常住户口	《浙江省人民政府关于进一步推进户籍制度改革的实施意见》
珠三角	东莞 佛山 中山 江门 珠海 惠州 肇庆	1. 逐步调整珠三角部分城市入户政策。在珠海、佛山、东莞、中山等市合法稳定就业满5年并有合法稳定住所，参加社会保险满5年的人员，本人及其共同居住生活的配偶、未成年子女、父母等，可以在当地申请登记常住户口。其中珠海市可根据经济特区人口发展的特点，适度控制落户节奏，对合法稳定就业和合法稳定住所的范围、条件等作出较严格的规定。要进一步降低准入门槛、畅通入户渠道、扩大积分入户规模，保障符合条件人员的正当合法权益 2. 城区人口数量达到大城市以上规模的汕头、惠州、江门、湛江、茂名、揭阳等市的城区合法稳定就业满3年并有合法稳定住所，同时按照有关规定参加社会保险满3年的人员，本人及其共同居住生活的配偶、未成年子女、父母等，可以在当地申请登记常住户口	《广东省人民政府关于进一步推进户籍制度改革的实施意见》
闽东南	福州 厦门 漳州 泉州	1. 福州市辖区和平潭综合实验区要以具有合法稳定职业和合法稳定住所（含租赁）、参加社会保险年限、连续居住年限等为主要指标，建立积分落户制度；厦门市要进一步完善落户政策，按照国务院有关政策要求，建立积分落户制度 2. 居住在省地市辖区、厦门市、平潭综合实验区之外的其他设区市的城区，有合法稳定住所（含租赁），与居住地用人单位依法签订劳动（聘用）合同或者依法持有工商营业执照的人员及其共同居住生活的，均可将户口迁入居住地。城市综合承载能力压力小的地方，可以参照县（市）城区和建制镇标准，进一步放宽落户条件	《福建省人民政府关于进一步推进户籍制度改革的意见》

续表

地区		户籍政策（条件）	文件依据或信息来源
天大乌	天津	充分考虑城市综合承载能力，科学设置积分落户标准和户籍准入门槛，落实完善居住证管理和积分落户制度，以居住证为载体，健全基本公共服务提供机制，在总量控制的前提下，有效解决存量常住人口在津落户问题	《天津市关于进一步推进户籍制度改革的意见》
	大连	以合理控制主城区、加快放开金普新区、全面放开其他地区为原则，以人口密度和资源环境承载力为基准，以现行户籍准入规定为基础，坚持因城施策。在主城区和金普新区以具有合法稳定就业和合法稳定住所、参加社会保险年限、连续居住年限等为基本条件，建立积分落户制度；在其他地区以合法稳定住所（含租赁）为落户基本条件，积极有序推进农业转移人口市民化	《大连市进一步推进户籍制度改革工作方案》
	乌鲁木齐	控制乌鲁木齐市的人口规模。根据城市综合发展水平和保障能力，乌鲁木齐市应控制落户，自行制定户籍改革政策	《进一步推进新疆户籍管理制度改革的实施意见》

资料来源：根据各城市政府网站提供公开文件信息整理。

4. 两类地区的落户政策比较

从政策方向上，两类地区总体上都在原有户籍政策基础上进一步放宽落户限制条件，同时在落实政策措施上，也都按照《国务院关于进一步推进户籍制度改革的意见》推进，充分贯彻落实了国务院关于户籍制度改革的总体要求。

从松紧度上看，I类地区户籍门槛或落户难度明显高于Ⅱ类地区，主要体现在积分条件、落户门槛以及落户指标控制上，特别是北上广深等城市，一方面达到落户条件的人口数量越来越多；另一方面这些城市又正在加快推进产业结构升级，对普通农民工的就业吸纳能力在下降。与I类地区相比，Ⅱ类地区，例如珠三角地区已经出台的落户门槛相对较低。（如表7-4所示）

表7-4　北上广深和珠三角落户政策门槛比较

地区	落户门槛条件
北京	连缴社保7年、持居住证、不超45周岁、符合计划生育、无犯罪记录；北京市政府将根据年度人口调控情况，每年向社会公布落户分数线
上海	针对应届毕业生等人才落户，学历越高得分就越高，积够72分才可以申请；通过居住证积分的普通落户，需要120分
广州	积分入户分数线为60分；每年给予一定的入户指标，例如2015年，指标从往年的3000名增至4500名，共有7600余人提交申请，其中6800余人通过预审
深圳	1. 基本条件：①年龄在18周岁以上，48周岁以下；②身体健康；③已在深圳市办理居住证并缴纳社保；④符合《深圳经济特区人口与计划生育条例》的规定；⑤未参加国家禁止的组织及活动；⑥无刑事犯罪记录 2. 落户积分指标：积分达到100分以上（含100分）即可向市人力资源和社会保障局提出入户申请
珠三角	1. 珠海、佛山、东莞、中山等市合法稳定就业满5年并有合法稳定住所，参加社会保险满5年的人员；珠海市可根据经济特区人口发展的特点，适度控制落户节奏，对合法稳定就业和合法稳定住所的范围、条件等作出较严格的规定 2. 汕头、惠州、江门、湛江、茂名、揭阳等市的城区合法稳定就业满3年并有合法稳定住所，同时按照有关规定参加社会保险满3年的人员

资料来源：根据各城市户籍改革指导意见或落户实施方案整理。

从落户调控手段上看，两类地区都是以稳定住所、稳定就业为基本条件，以缴纳社保年限为必要条件，设立综合积分制或稳定住所、稳定就业及缴纳社保年限等条件的门槛；同时部分地区还按照主城区和其他地区差异化推进积分或制定落户门槛条件，总体上体现了落户政策调控上因地施策的灵活性。（如表7-5所示）

表7-5　两类地区现行落户政策比较

地区	政策方向	落户难度	调控手段
I类地区	进一步放宽落户限制条件	门槛较高	“两稳定”为基本条件、缴纳社保为必要条件；同时，实施积分条件及城市分区调控
Ⅱ类地区	尽可能地放宽落户限制条件	门槛适度	“两稳定”+社保年限门槛为主

（二）落户现状与面临困境

1. 具备条件的人数多但落户数量少

跨省农民工集聚区的农民工群体基数大且有落户能力的农民工比重比其他地区高，但受城市落户门槛高的限制，目前落户农民工的数量较少，其中受人口规模总量控制影响，主城区落户更少。例如，现阶段北上广深等城市虽均已提出或实施各自的积分落户指标体系，对落户大城市的人群开通了既定渠道，但是积分门槛高，且落户指标每年都在变化调控，大多数农民工很难如愿实现在城市落户。

2. 农民工落户意愿相对较高且趋于分化

相比其他地区，跨省农民工集聚区的农民工落户意愿相对较高，I类地区愿意落户的占34.52%，Ⅱ类地区愿意落户的占21.36%，分别比Ⅳ类地区高15.2个百分点和1.76个百分点。另外，两类地区都有相当一部分农民工群体“看情况而定”，考虑未来是否落户，其中I类地区有28.21%，Ⅱ类地区有32.12%。（如图7-1、图7-2所示）

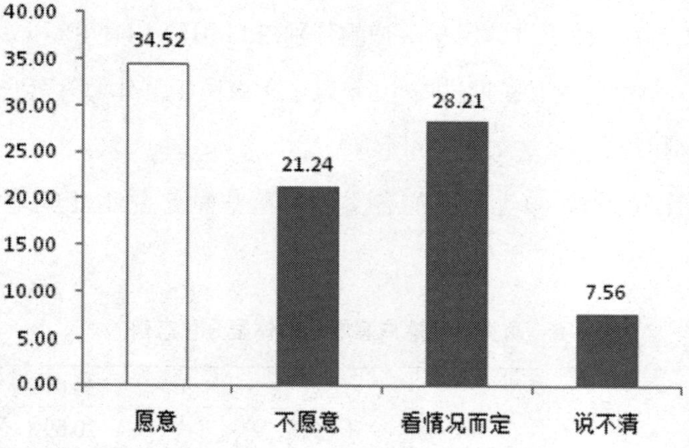

图7-1　I类地区农民工群体落户意愿（%）

资料来源：本课题组2016年开展的农民工落户问卷调查资料。

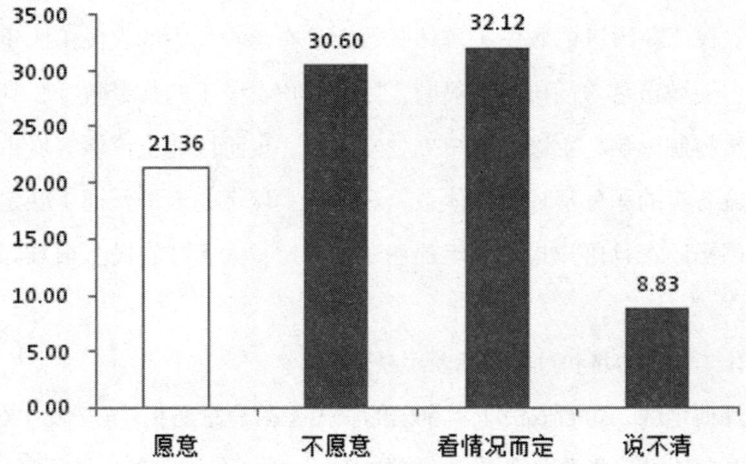

图7–2 Ⅱ类地区农民工群体落户意愿（%）

资料来源：本课题组2016 年开展的农民工落户问卷调查资料。

分人群看，落户意愿出现分化态势。其中，I类地区新生代、举家迁徙、长期进城（5年以上）农民工群体愿意落户的分别占34.01%、41.78%和36.61%，Ⅱ类地区新生代、举家迁徙、长期进城（5年以上）农民工群体愿意落户的分别占21.10%、22.28%和22.74%。（如表5–6所示）

从分地区比较上看，I类地区的各类人群落户意愿要比Ⅱ类地区的意愿要高。

表7–6 两类地区落户意愿分群体呈分化态势

I类地区	新生代	愿意	34.01%
		不愿意	20.69%
	举家迁徙	愿意	41.78%
		不愿意	19.34%
	长期进城（5年以上）	愿意	36.61%
		不愿意	21.32%

续表

Ⅱ类地区	新生代	愿意	21.10%
		不愿意	30.72%
	举家迁徙	愿意	22.28%
		不愿意	28.39%
	长期进城（5年以上）	愿意	22.74%
		不愿意	29.76%

资料来源：本课题组2016年开展的农民工落户问卷调查资料。

3. 现有制度安排下城市政府对推进农民工落户的积极性不高

虽然农民工为城市发展作出巨大贡献，但从跨省农民工集聚区城市政府出台的落户政策上看，当前城市政府在落户需求压力下，在落户政策设计上有意将农民工这种所谓的“低素质非人才标准的人口”排挤出去。从制度层面看，中央财政转移支付、城镇建设用地指标、财政性建设资金与农业转移人口落户数量挂钩机制短期内也实施不到位，由此造成跨省农民工集聚区承接农民工落户的积极性也不高。可见，如何实现在严控大城市人口集聚与推进农民工落户实现“同城待遇”之间寻找最佳平衡点已经成为现阶段跨省农民工集聚区面临的最大困境。（如表7–7所示）

表7–7　跨省农民工集聚区落户困境及原因

类别主体	意愿困境	主要原因	制度障碍
城市政府	落户的短期高成本分担与长期人口红利受益取舍	短期内的成本分担和城市综合治理压力	财政转移支付、城镇建设用地指标、财政性建设资金与农业转移人口落户数量挂钩机制短期内实施不到位
农民工	落户成本较高与基础条件不足双约束下的高门槛与高意愿	城市产业结构高级化；城市规模控制	积分制对普通农民工门槛高；农村权益保障制度不健全

二、跨省农民工集聚区的农民工群体特征

（一）Ⅰ类地区与Ⅱ类地区的共同特征

一是两类地区农民工群体空间分布上都呈“向城区集聚”的特征。其中，Ⅰ类地区城区、近郊区、远郊区的农民工数量占比分别为49%、42%和10%；Ⅱ类地区城区、近郊区县城、远郊区县城及建制镇的农民工数量占比分别为45%、42%和13%。显然农民工群体更倾向于向城区集中，特别是Ⅰ类地区更为显著，Ⅱ类地区的城区与近郊区县城在农民工分布规模上差距不大。（如图7–3所示）

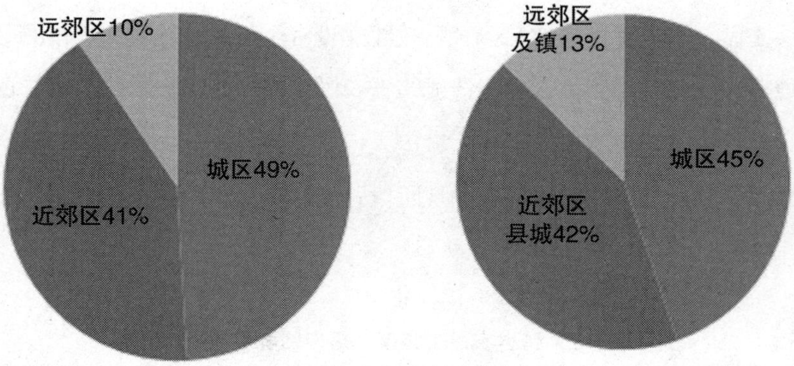

图7–3　Ⅰ类地区（左）与Ⅱ类地区（右）农民工群体空间分布

说明：为分析方便，这里Ⅰ类与Ⅱ类地区的空间分区依据来源于调查问卷数据整理（表7–8也源于此），后文落户政策设计中对城市内部空间的分区是在此基础上进一步细化研究提出。

资料来源：课题组2016 年开展的农民工落户问卷调查资料。

二是从两类地区分城区、近郊区、远郊区（镇）看，均表现出新生代和长期进城（5年以上）农民工群体占比较大，举家迁徙规模相对不大；同时，长期进城（5年以上）非新生代且非举家迁徙的农民工规模较小。（如表7–8所示）

表7-8 两类地区不同群体农民工空间分布比较（单位：%）

地区		新生代	举家迁徙	长期进城（5年以上）	长期进城（5年以上）且非新生代非举家迁徙
Ⅰ类地区	城区	70.28	26.82	59.71	15.06
	近郊区	74.48	43.39	71.93	9.74
	远郊区	78.77	40.09	71.70	8.96
Ⅱ类地区	城区	70.31	37.64	69.39	14.49
	近郊区	58.10	50.49	68.86	15.83
	远郊区及镇	66.00	48.14	76.43	16.38

资料来源：本课题组2016年开展的农民工落户问卷调查资料。

（二）Ⅰ类地区与Ⅱ类地区差异特征

一是从两类地区分人群占比上比较，Ⅰ类地区较Ⅱ类地区的新生代农民工群体占比要大得多。Ⅰ类地区新生代农民工群体占总规模的比重达74.03%，而Ⅱ类地区只有37.50%，显然从全国范围看，更多新生代农民工群体倾向于向Ⅰ类地区集中。另外，Ⅱ类地区长期进城（5年以上）非新生代非举家迁徙的农民工群体要比Ⅰ类地区多，Ⅱ类地区占比达到21.05%，而Ⅰ类地区为12.75%。（如表7-9所示）

表7-9 两类地区不同农民工群体占比比较（单位：%）

地区	新生代	举家迁徙	长期进城（5年以上）	长期进城（5年以上）且非新生代非举家迁徙
Ⅰ类地区	74.03	33.99	69.10	12.75
Ⅱ类地区	37.50	26.09	71.02	21.05

资料来源：本课题组2016年开展的农民工落户问卷调查资料。

二是从两类地区不同农民工群体自身特点上看，Ⅰ类地区新生代农民工群体已婚比例、大专及以上文化水平的比例要高于Ⅱ类地区，低收入（月收入1500元以下）规模占比要低于Ⅱ类地区，签订劳动合同及没有参加社会保险的比例大抵相当；Ⅰ类地区和Ⅱ类地区举家迁徙及长期进城（5年以上）农民工群体的特征总体差别不大，包括已婚比例、大专及以上文化水平人数占比、签订劳动合同及没有参加社会保险占比等基本相当，只有收入水平存在差异，这两类人群的低收入（月收入1500元以下）规模占比相比较来看，Ⅰ类地区要比Ⅱ类地区较少。（如表7–10所示）。

表7–10 两类地区农民工群体特征比较（占比：%）

地区	农民工类别	已婚	大专及以上文化	签订劳动合同	月收入1500元以下	没有参加社会保险
Ⅰ类地区	新生代	58.44	41.30	86.41	2.75	12.34
	举家迁徙	79.50	42.94	83.17	3.29	11.61
	长期进城（5年以上）	77.79	32.14	82.33	2.84	12.85
Ⅱ类地区	新生代	62.86	34.61	86.05	3.31	11.42
	举家迁徙	73.54	41.60	84.98	5.48	10.61
	长期进城（5年以上）	73.94	35.00	85.66	3.24	10.87

资料来源：本课题组2016年开展的农民工落户问卷调查资料。

三、完善落户政策的思路

（一）处理好几大关系

跨省农民工集聚区在城市人口承载力、农民工群体规模、承担国家新型城镇化发展战略角色等方面具有特殊性，因此需要从国家新型城镇化战略导向、该类地区城市特点以及农民工群体落户需求等角度出发，厘清以下几个方面的重点关系。

1. 承载力与落户的关系

Ⅰ类和Ⅱ类地区人口规模大，集聚了我国一批超大、特大和大城市，“城市病”问题较为突出，城市承载力约束明显。因此，在接纳农民工群体落户的时候，需要综合考虑城市的承载能力和发展潜力，防范“大城市病”进一步恶化。

一方面，要通过加强城市空间治理、弥补城市建设短板等综合措施，不断提高城市的综合承载力，尽可能接纳更多的新增城镇化人口包括落户的农民工群体；另一方面，也要有序地分人群、分步、分区地放开落户，引导新增落户人口分布与城市功能、城市承载力及发展潜力相协调，确保在特定时期内新增更多户籍人口不会给城市带来过大压力。

2. 存量与增量的关系

Ⅰ类和Ⅱ类地区存量农民工群体规模基数大，与此同时，增量农民工群体也在趋于增长，因此在促进有序落户工作上，要妥善处理好存量与增量农民工群体之间的关系。其一，要优先解决已经在城市较好融合的存量农民工群体的落户问题，特别是长期进城或举家迁徙的农民工群体实际上已占据城市资源，促进这部分群体落户实际需要承担的落户成本相对不高。其二，对于增量的农民工群体，要在给予落户预期基础上，在落户实现时间上可适度滞后于存量农民工群体。通过处理好存量和增量农民工群体落户的规模及其时序关系，确保能落户、可落户及城市可持续发展。

3. 落户与分流的关系

跨省农民工集聚区是我国城镇化和现代化水平较高的地区，同时也是我国“城市病”集中爆发的地区，这些地区防治“大城市病”的压力非常大，正面临着加快疏解主城区部分人口和城市功能的艰巨任务。显然，短时期内，要在跨省农民工集聚区全部放开实现农民工群体落户不具有现实可能性。因此，需要处理好解决部分重点农民工群体落户与有序分流其他人群之间的关系，设置必要的分类落户门槛，让农民工落户、人口流动与城市资源环境承载力、城市产业及功能结构相协调，实现既充分保障农民工群体落户的权益，又能增加城市的人口红利。

4. 中央与地方的关系

从我国的城镇化阶段上看，今后一段时期内仍然是我国城镇化的加快推进时期，需要积极吸纳更多新增农业转移人口落户城镇，其中，跨省农民工集聚区在吸纳新增城市人口中显然发挥着重要的载体作用。因此，对于跨省农民工集聚区推进农民工有序落户上，需要明确中央与地方的权责关系。一方面，中央要从国家城镇化战略角度加大对这些地区农民工落户给予充分的政策支持与工作指导，包括落户综合成本的分担、城镇建设用地及建设专项资金的倾斜等；另一方面，地方也要积极承担相应的主体责任，从农民工群体对城市发展所做的贡献以及城市中长期战略发展对人口资源的需求角度，认识到推进农民工群体落户的必要性和重要性，从而持续有序地降低农民工落户门槛。

（二）总体思路

1. Ⅰ类地区

由于Ⅰ类地区的北京、上海、广州和深圳长期以来在大规模粗放式的城镇化工业化进程中造成城市发展的过密问题，特别是人口较大规模地向主城区集聚，造成了主城区人口综合承载力持续下降，“大城市病”问题较为突出。在推进农民工落户时，需要充分考虑Ⅰ类地区的城市发展现状与空间上优化调整需求。因此，在思路上，充分考虑北上广深城市发展的实际，以“空间换容量”为突破点，以“重点突破、适度从紧、郊区为主、提升管理”为主线，实施“两稳定（稳定住所、稳定就业）+分群体年限门槛”落户策略。

首先，以“空间换容量”为突破点，就是要着眼城市人口在空间上的优化分布。Ⅰ类地区落户的难点在于主城区人口规模大，更多新增落户人口向主城区集聚，难度大也不现实，因此要着眼全市域空间范围，通过加强城市空间规划治理，根据城市不同分区的产业发展导向和承载力现状与潜力等，既要尽可能地引导新增城镇人口由主城区向郊区疏解，也要引导新增城镇人口向城市郊区流动，减少主城区的人口承载压力，通过城市空间上的人口分流与置换，增加整个城市吸纳农民工群体落户的能力。

其次，以“重点突破、适度从紧、郊区为主、提升管理”为主线，就是要重点解决城市现有存量农民工群体的落户问题，通过城市精细分区引导实施松紧有度、差别化的落户政策，同时要加强城市的空间治理。具体来说，就是：

——重点突破。优先解决存量农民工群体的落户问题，特别是已经较好融入城市多年的长期进城、举家迁徙和落户能力较强的新生代农民工群体。在落户条件门槛设计上要充分考虑该部分农民工群体的实际情况。相应地，要有序控制增量农民工群体落户。

——适度从紧。以城市综合承载力为依据，充分考虑城市人口规模基础、新增人口动态变化趋势、“大城市病”现状以及城市功能转型升级的需要，在落户政策设计上要坚持适度从紧的基本方向，避免因落户门槛降低导致短时期内大量人口落户给城市带来压力，有效防范“大城市病”恶化。

——郊区为主。根据城市综合承载能力和功能定位，区分城市主城区、近郊区、远郊区等不同区域在农民工落户上的政策差别，对主城区要重点控制，严格施行相对较高的落户门槛，减少农民工群体在主城区落户规模；对于近郊区和远郊区可以适度放宽落户条件，引导主城区存量农民工和城市新增农民工群体落户向郊区转移。

——提升管理。以解决“大城市病”为核心，加强对城市的空间规划管理，进一步增强城市规划的科学性和权威性，提高城市的空间组织效率，确保有序疏解存量、严格控制增量。同时，推进建设智慧城市，积极创新城市人口落户及管理方式方法，增强郊区公共服务配套供给水平与质量，全面提高城市整体人口吸纳能力。

最后，实施“两稳定（稳定住所、稳定就业）+分群体年限门槛”的落户政策，就是针对有稳定住所和稳定就业的新生代、长期进城、举家迁徙等重点农民工群体，按照城市主城区、近郊区、远郊区县城及小城镇，制定差别化的进城年份门槛的落户政策。也即，对于达到“两稳定”基本条件，以及满足进城年份门槛要求的农民工，只要农民工本人有意愿落户，应予以满足相应的落户需求。

2. Ⅱ类地区

由于II类地区是我国人口经济活动密度相对较高的地区，来自外地的农民工群体规模较大，一些城市外来农民工群体规模甚至超过本地居民。相比Ⅰ类地区，该类地区城市综合承载潜力较大，农民工落户意愿也相对较高，可以成为未来我国吸纳新增农民工群体落户的重点区域。但是，该类地区由于城市行政等级不高等因素影响，财力等公共资源配置能力有限，目前也存在城市建设及公共服务供给的短板问题，要在短时间内全面放开落户的难度较大。为此，在思路上，要“以政策提能力”为突破点，以“存量优先、渐次放开、全域承接、加大倾斜”为主线，实施“两稳定（稳定住所、稳定就业）+分群体年限门槛”的落户策略。

首先，“以政策提能力”为突破点，就是要发挥该类地区经济发达、土地价值高的优势，赋予一定的政策支持，加快形成“人地钱”互动发展的落户机制。要从国家战略角度考虑该区域农民工群体落户的主体地位，切实增加国家层面的政策供给，包括适度倾斜的财政资金政策、建设用地指标政策、投融资金融政策等，保障该地区能够为吸纳更多新增农民工群体落户提供稳定的社会公共服务供给，增强地方政府促进农民工落户的意愿。同时，地方政府也应当明确自身的主体责任，从农民工群体为城市作出巨大贡献以及未来新增人口红利出发，增强自身的各类配套政策供给。

其次，以“存量优先、渐次放开、全域承接、加大倾斜”为主线，就是要优先满足存量农民工群体落户需求，明确地方政府推进落户系统工作的主体责任，在城市全域范围内逐步放开落户，尽可能地解决落不了户的问题。具体来说，就是：

——存量优先。根据城市资源环境承载能力、人口结构层次、经济社会发展水平，优先解决存量农民工群体落户。其中，重点是解决进城时间长、就业能力强、可以适应城镇产业转型升级和市场竞争环境的新生代等存量农民工落户，有序引导增量落户，合理引导农业转移人口落户城市的预期和选择。

——渐次放开。把握好落户的松紧区间，针对该类地区长期进城、举家迁徙和新生代等重点农民工群体的特征与落户需求，以及落户城市的承载力现状，分期分批逐步推进农民工群体落户城市，积极防范急躁冒进推进大规模农民工群体落户，带来短期内的城市治理压力和长期不能稳定就业的风险。

——全域承接。在统筹全市基本公共服务均等化供给的基础上，着眼增强全市域的人口吸纳能力，所有城镇共同承担农民工落户的主体责任，根据城市功能布局规划引导农民工落户群体合理分布，同时加快促进实现全市域范围内的户籍通迁，推动人口有序流动。

——加大倾斜。充分保障农民工群体在城市居住生活的基本权利，引导政府从中长期城市发展的人口红利以及城市发展潜力角度，提高吸纳农民工群体的意愿，积极发挥地方政府在推进落实农民工群体落户工作上的主体责任。同时，从国家新型城镇化战略推进角度，考虑全国未来新增城市人口流动分布情况，积极推进国家“三挂钩”激励政策向该类地区倾斜。

最后，实施“两稳定（稳定住所、稳定就业）+分群体年限门槛”的落户政策，就是对于有稳定住所和稳定就业的重点农民工群体，只要满足一定落户门槛条件，即可办理落户手续。门槛条件，以进城居住的年份为主要依据，同时对城区、远郊区县城及远郊区小城镇设置差别化的门槛条件。对于该类地区的门槛条件，要从尽可能放宽落户的角度设置较低门槛，门槛的目的不在于阻碍农民工群体落户，而是促进实现农民工群体分步有序落户。

四、I类地区落户政策设计及其配套政策

（一）落户政策设计

北上广深4个城市目前均已出台或正在制定相应的积分落户政策，这类城市户口居民能够享受全国较好的福利待遇，农民工群体进城落户的意愿非常强烈，但是从受城市人口规模控制和城市中长期发展导向看，不能在短时期内解决所有人的落户问题，同时积分制针对农民工群体存在一定的弊端，特别是设置门槛较高。因此，这里根据落户目标预测，在进一步对城市分区进行细化的基础上，直接设计“两稳定+居住年份门槛”的落户政策。（如表7-11所示）

首先，设立“两稳定”（稳定住所、稳定就业）的基本条件，所有可以落户的农民工必须满足有稳定住所和稳定就业的基本条件，确保落户以后能够住得

下、有收入，能够相对稳定地生活和工作。具体地，各城市或城市不同区域可以根据实际情况，再细化明确稳定住所和稳定就业的具体标准要求。

其次，分城市不同区域设计落户政策。根据城市不同区域的承载力、功能定位及经济社会发展水平，引导农民工有序分流落户，对城市细分为主城区、近郊区、远郊区县城及远郊区小城镇4个类别的区域，在落户门槛上依次降低难度。其中，主城区设置最为严格的门槛条件，以严格控制人口落户为主，以存量农民工群体为重点对象；近郊区设置次级难度的落户门槛，以适度控制人口落户为目标；远郊区县城和小城镇相对差别化放宽条件。要按照“空间换容量”的突破点要求，积极引导农民工群体有序向城市近郊区、远郊区县城及小城镇分流落户。

再次，分不同农民工群体差别化设计落户政策。考虑到长期进城农民工群体的总体规模体量较大，且落户意愿相对较强，为考虑控制落户人口规模，对于长期进城农民工群体设置相对较长的落户年限门槛，对于举家迁徙和新生代农民工群体进城的门槛条件则相对放低。

最后，充分尊重农民工群体的落户意愿。在落户政策设计上，要尽可能满足更多农民工有能够实现落户的基本预期，体现引导性。与此同时，也要充分尊重农民工落户的自身意愿，满足条件的农民工有权选择落户或不落户。

表7–11　Ⅰ类地区农民工的落户准入条件

群体分类	地区分类			
	主城区	近郊区	远郊区县城	远郊区小城镇
长期进城农民工	“两稳定”+连续在该城市工作生活10年	“两稳定”+连续在该城市工作生活7年	“两稳定”+连续在该城市工作生活5年	“两稳定”+连续在该城市工作生活3年
举家迁徙农民工	“两稳定”+举家迁徙7年	“两稳定”+举家迁徙5年	“两稳定”+举家迁徙3年	“两稳定”+举家迁徙1年
新生代农民工	“两稳定”+在城市工作生活满7年	“两稳定”+在城市工作生活满5年	“两稳定”+在城市工作生活满3年	“两稳定”+在城市工作生活满1年

说明：在尊重意愿的基础上，符合条件即可自动转为工作地城镇户口。

（二）配套政策重点

1. 促进主城区产业向外围疏解，增强产业布局对人口流动的引导作用

Ⅰ类地区城市人口分布的现状问题集中表现在人口及其经济社会活动过度向城区集中，造成“大城市病”问题突出。因此，在推进农民工群体落户工作上，要充分考虑到这一基本现状，从优化城市人口分布的角度，加强空间规划治理。具体来说，就是要引导人口、资源环境与经济社会协调发展，统筹好人口流动与产业疏解、城市功能优化调整之间的关系，以产业疏解为引导，切实做好主城区的人口及部分城市功能疏解，严格控制更多新增人口落户主城区，积极引导人口及经济要素向新城新区和郊区有序转移与布局。一方面，加快推进将制造业部门和传统商贸物流等服务业整体性从主城区向外围疏解，主城区以高端研发、会展等生产性服务业和生活性服务业为主；另一方面，近郊区、远郊区及小城镇根据资源环境承载力及产业基础，有序承接主城区产能的转移，重点培育和发展支柱产业体系，减少对主城区的就业依赖，避免新区成为“睡城”或者“卧城”，持续增强人口的就业吸纳能力，通过市场机制作用，以利益导向引导现有城市人口向近郊区、远郊区等迁移。

2. 提升城市郊区及新城新区的公共服务水平，扩大城市人口承载能力

公共服务水平的高低直接影响到城市人口流向。应正视Ⅰ类地区主城区与郊区、新城新区之间巨大的公共服务水平差距，加大支持力度，大力提升城市主城区之外的公共服务水平，减少对主城区的基础设施、公共服务设施依赖。

一是切实加大政府财政资金投入力度，并积极发挥政府财政资金的引导和放大效应，创新投融资模式，积极引导社会资金参与建设，加大对城市郊区及新城新区的公共服务设施的建设供给，包括城市管网及市政道路和停车场等市政基础设施、环保基础设施、医疗卫生教育等基本公共服务基础设施的投资建设。

二是从解决超大城市基本公共服务主城区“过密”和外围“过疏”问题出发，增强政府部门的规划引导和推动作用，积极引导主城区优质的医疗、卫生、教育等公共服务机构到城市郊区及新城新区设立分支机构，将主城区的优质公共

服务资源延伸到外围区域。

三是完善郊区及新城新区的其他生活服务配套。总体上，远离大城市主城区的外围郊区和小城镇，其商贸等生活性服务业发展相对滞后，特别是生活性服务业品质不高，导致更多人群选择到市区落户。为此，在规划建设上留出更多空间满足今后生活性服务业配套发展需要，并通过市场化手段强化投资建设。

3. 多措并举解决住房短板问题，确保落户群体有房住

一是创新改造建设模式，盘活城中村、棚户区等空间资源，加强住房供给。加强城市空间规划与管理，进一步加强城中村和棚户区改造，适度提高容积率，增加房地产开发，释放更多的住房空间。通过PPP模式，一部分满足市场化供需，另一部分可以作为政策性住房供给。对于一些户型较小的过渡性住房，可以优先保障新增落户城市的农民工群体的住房需求。

二是进一步加强公租房、廉租房、经济适用房等政策性住房的供给量，对有稳定工作的长期进城务工农民工群体给予适度支持，确保这类农民工群体有稳定住所，促进真正实现落得了户、住得了房。

三是支持和鼓励企业盘活各类资源，加强对务工农民工人员的住房供给，例如政府政策上支持吸纳就业人口较多的企业，在满足安排工业和服务业用地或厂房需求的同时，给予一定配额的居民房建设用地指标，或允许部分商用地改为民居用地，让企业盖房供企业务工就业农民工群体长期租住。

四是可以借鉴日本经验，鼓励市场化建设小户型出租住房，为中低收入居民提供可支付健康住房。可支付健康住房是指非户籍常住人口支付得起的具有独立卫生设施和厨房、可以满足家庭私密性生活的独立居住空间[1]。目前特大城市虽然有房地产规划、廉租房规划，甚至公共租赁房规划，但是各规划互不衔接，对人口覆盖面窄，大部分非户籍常住人口的住房没有被纳入规划体系。因此，需要利用税收和信贷政策激励房地产市场开发小面积紧凑型健康住房，为非户籍常住

[1] 叶裕民. 特大城市包容性城中村改造理论架构与机制创新——来自北京和广州的考察与思考［J］. 城市规划，2015（8）.

人口提供更多可供选择的多样性的可支付健康住房。

4. 提高城市管理水平，加强对“大城市病”治理

北上广深的“大城市病”问题尤为突出，这对吸纳新增农民工群体落户客观上制造了阻力，更多新增城市居民会进一步加大对城市的承载压力，因此加强“城市病”治理是促进农民工群体落户的重要保障措施。一方面，加强对大城市的规划引导，提高规划对城市生产、生活和生态空间及其资源的约束和引导作用，对城市进行合理分区分类空间管理，推进适宜密度的城市建设；另一方面，要加强对城市的系统性综合治理，促进形成城市的经济系统、人口系统、资源环境系统、市政交通等基础设施系统、基本公共服务供给系统、社会系统等之间相互配套、有机协调，从而提高城市的人口综合承载能力。与此同时，对已经出现的“大城市病”问题，要加强对过密的中心城区进行人口及城市功能的向外疏解。

五、Ⅱ类地区落户政策设计及其配套政策

（一）落户政策设计

Ⅱ类地区跨省农民工的人口存量较多，同时也都是城镇化相对密集地区，城市人口承载能力和空间较大，未来可以成为农民工群体落户的重要载体。从落户总体方向上，要在“存量优先、渐次放开、全域承接、加大倾斜”的思路下，进一步降低准入门槛、畅通入户渠道、扩大入户规模，保障符合条件人员且有意愿落户农民工群体能够落户。与此同时，这些地区的城市也需要根据经济社会发展特点和城市综合承载力，特别是其中一些大城市同样也面临“城市病”加剧的危险，要适度控制落户节奏。具体地，根据落户目标规模框架，设计分人群、分城市区域的“两稳定+分群体年限门槛”的落户准入政策。

首先，设置落户门槛基础条件。针对长期居住、举家迁徙和新生代三类重点农民工群体，设置“两稳定”（稳定住所、稳定就业）的基本条件要求，确保让在城市有稳定工作生活的农民工群体优先落户，即充分保障存量。

其次，对Ⅱ类地区进行城区、远郊区县城及远郊区小城镇的分区划分。对于城区设置相对较高的落户门槛条件，避免因短时期大量落户而加剧城区人口承载压力。对于远郊区县城设置相对宽松的落户门槛条件，对于小城镇设置较低门槛的条件，基本达到且只要愿意落户，就可以在相对较短时间内满足其落户预期。

再次，对不同农民工群体设置差别化的落户门槛条件。对于长期进城的农民工群体设置相对高于举家迁徙和新生代农民工群体的进城门槛条件，这部分群体由于长期进城务工已经融入城市生活且进城年份较长，要分步有序推进该部分人群的落户。对于新生代和举家迁徙农民工群体设置相同进城年份门槛条件。

最后，充分尊重农民工群体的落户意愿。在政策设计上，确保有意愿的存量农民工群体能够在一定时间内实现落户预期，尽可能鼓励该部分群体进城落户工作与生活；同时，达到落户条件的农民工有权选择落户与否。（如表7-12所示）

表7-12　Ⅱ类地区农民工的落户准入条件

群体分类	地区分类		
	城区	远郊区县城	小城镇
长期进城农民工	“两稳定”+连续在该城市工作生活7年	“两稳定”+连续在该城市工作生活5年	“两稳定”+连续在该城市工作生活3年
举家迁徙农民工	“两稳定”+举家迁徙5年	“两稳定”+举家迁徙3年	“两稳定+举家迁徙1年
新生代农民工	“两稳定”+在城市工作生活满5年	“两稳定”+在城市工作生活满3年	“两稳定”+在城市工作生活满1年

说明：在尊重意愿的基础上，符合条件即可自动转为工作地城镇户口。

（二）促进落户的配套政策

1. 积极推进国家“三挂钩”政策向Ⅱ类地区倾斜

Ⅱ类地区是全国农民工群体落户的重要阵地，有力地支撑了我国提高户籍人口城镇化率的战略任务，中央政府应给予充分的资金、土地指标等方面的支持。具体来说，就是要加强国家层面的政策统筹与推进力度，加快落实国家“十三五”规划中提出的关于“健全财政转移支付同农业转移人口市民化挂钩机制，建立城镇建设用地增加规模同吸纳农业转移人口落户数量挂钩机制，建立财政性建设资金对城市基础设施补贴数额与城市吸纳农业转移人口落户数量挂钩机制”三个机制的兑现，缓解地方政府压力，提高Ⅱ类地区城市吸纳新增农民工群体落户的积极性，切实满足农民工群体落户对城市建设发展在资金、土地等资源要素方面的消耗需要，增强Ⅱ类地区城市的人口吸纳能力。

2. 加快推进基本公共服务供给按常住人口配置

从基本公共服务供给保障水平和常住人口需求上看，Ⅱ类地区城市的基本公共服务供给还存在一定的短板，特别是住房保障、医疗卫生教育设施建设相对滞后，目前部分基本公共服务包括住房和教育只能满足达到一定积分条件或者城市户籍居民的需求。今后，Ⅱ类地区要尽可能放宽落户限制条件，更多农民工群体将落户城市稳定生活和工作。因此，当前需要按照常住人口规模的需求规划和配置城市的基本公共服务供给，加快补齐基本公共服务供给上的短板，从长期看既是保障常住人口基本公共服务需求的需要，也是推动农民工群体落户的重要保障，确保存量农民工群体落户后能够充分享受市民待遇。其中，特别要优先确保基础教育、医疗卫生事业等基本公共服务设施的供给规模及水平。

此外，可以加强行政管理体制等配套改革。例如，进一步促进强镇扩权、强县扩权，确保事权与财权上的有机统一，率先积极支持和鼓励县（市）、镇按照常住人口规模来配置公共服务资源，上级财政给予一定的转移支付和城市建设资金的倾斜，激发县（市）、镇在促进农民工群体落户工作上的积极性。

3. 加强劳动就业、住房等社会政策的实施力度

针对Ⅱ类地区跨省农民工多、社会保险跨省接续困难，以及农民工签订劳动合同与参保率双低的现实，要加强对企业的监管和激励，加大劳动合同法执法力度，提高农民工的社会保险参保覆盖率，为农民工落户城镇创造条件。一是加强对企业的监管，提高农民工的社会保险参保覆盖率，确保具有稳定就业的农民工群体都能参加社会保险。二是提高劳动合同签订率。对于大部分构成事实的劳动关系，要加快通过合同签订方式确保稳定下来，提高农民工稳定就业率，保

障其基本权益。三是加强政府住房政策引导。增加政策性住房保障，优先支持廉租房、公租房以及经济适用房对农民工落户群体的供给；支持货币化安置，通过安置或购房补贴，鼓励农民工通过市场手段购置商品房；结合各城市去库存的工作，政府可以通过购买的方式建设一批农民工公寓；结合工业园区促进产城融合发展的趋势，在工业园区周边建设住房或者转化部分用地性质用于住房建设。

4. 创新以土地为核心的城乡统筹发展政策

Ⅱ类地区多处于我国沿海发达地区，土地要素价值相对全国其他地区较高。要充分利用这一优势，允许这些地区在吸纳更多农民工落户的前提下，实行更为宽松的城乡统筹先行先试政策，激活土地要素，在促进落实中央关于农民工落户的“人地钱”良性机制的同时，积极探索本地化的城乡人口、土地、资金等要素合理流动机制与政策创新，在保障农民工农村各项权益的基础上，有序推动土地等资源要素流转、推进城乡建设用地占补平衡，鼓励农民工带资进城。

5. 加强社会治理促进新老市民融合

Ⅱ类地区外来农民工群体规模较大，部分城市外来人口规模超过本地城市户籍人口。因此，加强和创新城市社会综合治理、促进新老市民融合对于Ⅱ类地区尤为重要。例如，加强基层社区的延伸服务与配套管理，包括增强新落户群体的社区工作及就业培训等的参与度、加强对其未成年子女及赡养老人的关爱等，确保新增落户农民工群体真正融入城市社会，增强社会新老市民群体的融合度。另外，要加强实施社区网格化管理与服务，特别是对于还没有落户的农民工群体，也要积极吸纳这部分群体参加基层社区建设和社区各类活动，让这部分群体在城市生活和工作中有归属感和认同感，为促进落户城市做充分准备。

六、促进跨省农民工集聚区农民工落户的保障措施

（一）明确落户地方政府的主体责任

客观上，虽然跨省农民工集聚区要承担较大的农民工落户公共产品供给成本，但是跨省农民工集聚区得到了农民工群体给城市发展带来的贡献和劳动力红利，因此要明确地方政府在促进农民工群体落户上的主体责任，国家层面要就农民工群体落户工作，切实加强对地方领导干部的监督与政绩考核。

（二）完善社保跨省接续流转政策

加强农民工流入地与流出地的社保部门的对接沟通，在现行全国社保跨地区接续流转管理制度框架下，确保农民工群体在跨省落户实现市民身份转换时，更加便捷地实现社保账户的异地转入重建，充分保障落户农民工按照新落户城市的社保条件建立个人账户，对于账户金额不足的差额部分，政府、企业和个人按照一定比例给予填补，特别是政府财政资金上要给予一定的补助倾斜。

（三）适度放宽资源环境发展指标约束限制

考虑跨省农民工集聚区在推进农民工落户上的贡献，以及增加户籍人口长期来看会增加资源能源的消耗，因此，在国民经济社会发展五年规划及年度计划指标分解方面，对于安排资源环境类的约束性指标，包括除了新增建设用地规模倾斜之外，例如万元GDP用水下降百分点、单元GDP能源消耗降低百分点、单元GDP二氧化碳排放降低百分点、主要污染物排放总量减少百分点等，根据城市发展的实际情况，适度给予放宽约束空间。

（四）增强政策稳定性和公开度以确保农民工落户预期

由于现有政策调整变化较快，不少农民工群体反映很难赶上政策的变化步伐，导致对在城市特别是北上广深能否在特定时期内实现落户难以预期，尤其是积分制的积分线每年都在变动，政府对积分线和落户指标的调控增强了城市人

口规模的控制，但是这种积分分值政策和落户分数线并非长期固定，严重影响了农民工群体的落户预期和中长期生活工作计划。另外，尽管大多数城市对积分排名和最终获得落户资格的个人名单进行公示，但是目前鲜有对积分分数线作出说明以及公开获得落户资格的个人积分数值。为此，对于农民工群体而言，需要进一步增强落户的政策稳定性和公开度，保障农民工权益，也即对于“两稳定+门槛”的落户政策一旦推进实施，就要确保政策的总体稳定性和公正公平公开。

参考资料

1. 卫欣，余金艳. 北京外来农民工居住特征探讨［J］. 城市与区域规划研究，2009（2）.
2. 李若建. 广东省外来人口的定居性与流动性初步分析［J］. 人口研究，2007（6）.
3. 刘锐，曹广忠. 中国农业转移人口市民化的空间特征与影响因素［J］. 地理科学进展，2014（6）.
4. 欧阳慧. 农业转移劳动力市民化研究［M］. 北京：中国经济出版社，2014.
5. 叶裕民. 特大城市包容性城中村改造理论架构与机制创新——来自北京和广州的考察与思考［J］. 城市规划，2015（8）.
6. 金三林. 扎根城市治理——农业转移人口就近市民化的路径与政策研究［M］. 北京：中国发展出版社，2015.
7. 李振京，张林山. 我国户籍制度改革问题研究［M］. 济南：山东人民出版社，2014.

第八章　省内农民工集聚区农民工落户政策研究

内容摘要：随着我国户籍制度改革不断推进，省内农民工集聚区一些城市积极探索，涌现出一些户改典型做法，但也存在实际落户人数偏少、落户门槛偏高、创新力度不足等问题。省内农民工集聚区在本省的集聚和辐射能力是最高的，不同农民工群体难易程度不同。因此，省内农民工集聚区应以"存量为主、适度宽松、分级承接、省域统筹"为农民工落户主线，以"两稳定+分群体+居住年限"为准入条件。重点突破长期进城、举家迁徙、新生代等三类落户需求、落户能力和落户意愿都比较强的农民工群体。采取促进土地市场省级统筹、多措并举解决农民工住房、推进农民工社保省级统筹、增强新城新区对农民工的吸纳能力等配套政策。

省内农民工集聚区是指省内农民工占比超过60%的农民工集聚区，主要包括中西部地区的省会城市、直辖市及副省级城市等24个城市（如表8-1所示），农民工总量占全国农民工比重的15.11%。省内农民工集聚区主要分布在我国中西部地区，对推进中西部地区的城镇化有重要意义。

表8-1 省内农民工聚集区

类型	城市名单	个数（个）	占全国农民工的比重
省内农民工聚集地区：其他省会城市及副省级城市	重庆、成都、武汉、郑州、长沙、合肥、南昌、太原、石家庄、济南、青岛、沈阳、哈尔滨、长春、昆明、南宁、贵阳、呼和浩特、西安、海口、兰州、银川、西宁、拉萨	24	15.11%

资料来源：国家发展改革委国土所课题组根据第六次全国人口普查数据整理。

一、省内农民工集聚区农民工落户现状及面临的困境

（一）典型城市农民工落户的主要做法

随着我国户籍制度改革不断推进，省内农民工集聚区的一些城市积极探索，涌现出了以重庆、成都、郑州、石家庄和贵阳等城市为代表的“户改”做法。

1. 重庆市

重庆市多次调整了户籍政策，基本目标是寻求户籍制度改革的突破口，特别是2010年以来推行的户籍制度改革，由于制度设计的系统性、综合性，其成效和影响尤为突出。重庆户改可概括为三大做法，即分阶段推进、分群体实施和分区域布局[1]。通过这几年的逐步推进和实施了一系列配套改革政策措施，重庆户籍改革取得显著成效，全市户籍人口城镇化水平大幅提高，与常住人口城镇化水平差距显著缩小，户籍人口比重从户改前的29.2%上升到2014年年底的40%，4年提高了约11个百分点，累计转户409万人。并且转户结构不断优化，转户居民权益保障基本到位，保障了社会稳定[2]。（如图8-1以及专栏8-1所示）

[1] 重庆户籍制度改革疑问解答（100问）[N]．重庆日报，2010-08-02第4版.
[2] 重庆市宏观经济学会，重庆市生产力发展中心．重庆户籍改革实践与深化研究 [R]，2015-05.

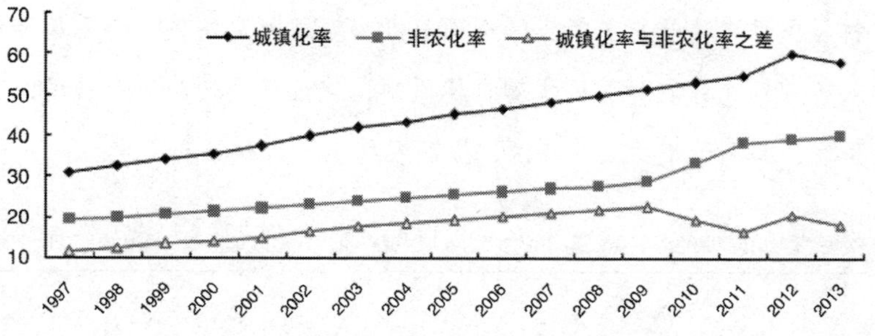

图8-1 1997—2013年重庆常住人口城镇化与户籍非农化比较（%）

资料来源：《重庆统计年鉴2014》。

专栏8-1 重庆市户籍改革的主要做法

一是分阶段推进。分阶段推动人口向小城镇、区县城、主城区聚集，实现市内户籍人口合理转移，逐步建立城乡人口和资源要素自由流动的制度体系。

二是分群体实施。重点引导有条件的农民工特别是新生代农民工自愿进入城镇定居，头两年集中力量推动两类七种人群（农村居民）转户为城市居民，共有338.8万人：第一类即有条件农民工及新生代，包括在主城区务工经商5年以上和在远郊区县城务工经商3年以上的农民工、农村籍的大中专学生、农村退役士兵等三大群体；第二类为历史遗留户籍问题，包括已用地未转非人员、大中型水利水电工程建设失地未转非人员、城中村未转非人员、农村集中供养“五保”对象等四大群体。

三是分区域布局。规范设定农民工转户进城的准入标准，促进人口在主城区、区县城、小城镇三级城镇体系合理分布。第一，科学设置主城区入户条件。作为城市核心区域，适度放宽主城区户籍准入条件，务工经商5年以上的农村居民可申请转户，既充分考虑到资源要素的承载能力和配套功能的有效利用，又考虑到吸纳有条件的农民工转户进城，为城市化创造有利条件。第二，进一步放宽远郊29个区县县城入户条件。作为城市重要组成部分，全面发展远郊区县县城，扩大城市规模，进一步放开中小城市落户条件，务工经商3年以上的农村居民可申请转户。第三，全面放开小城镇入户条件。全面放开小城镇户籍准入条件，允许农村居民本着自愿原则，就近就地转为城镇居民，在乡镇聚居区居住，有利于集约农村资源，提高农村生产力和社会稳定。

资料来源：重庆市宏观经济学会，重庆市生产力发展中心. 重庆户籍改革实践与深化研究［R］, 2015-05。

2. 成都市

2010年11月9日，成都市颁布了《关于成都全域城乡统一户籍 实现居民自由迁徙的意见》，此项政策的出台意味着成都户籍制度改革进入实质性阶段，使成都在城乡统一户籍制度改革方面走在了全国前列。主要特点体现在以下几个方面[1]：

一是针对成都全域统一改革。此次成都户籍制度改革的对象主要是在成都市域范围内现有户籍的居民。成都户籍制度改革取消了诸多的条件限制，户籍制度改革针对成都范围内的所有居民。

二是保障农民权利，农民"不脱衣服"进城。"农民进城无须'脱掉'承包地、宅基地等'衣服'，向农民无差别、无条件地打开了'城门'"。农民可以带产权进城，不用以丧失承包地、宅基地为前提交换就业、社保。

三是实现统一户籍背景下的基本公共服务和社会福利平等。破除了长期附着在户籍上的城乡权利不平等，实现统一户籍背景下享有平等的教育、住房、社保等基本公共服务和社会福利。

四是还原户籍管理功能。建立完善的人口基本信息管理体系，通过身份证号码的登记和识别，对公民的就业、婚育、社保等各项基本信息进行登记管理，还原户籍的本质功能，使户籍成为登记管理的手段。城乡居民在成都范围内，购房、租房均可落户，并且户口根据居住地的改变而改变，户口和居住地统一管理，实现一元化的改革目标。

成都市户籍改革取得了不错的成效，户籍人口从2010年的1149.1万人增加到

［1］崔庆五. 关于成都户籍制度改革模式的几点思考［J］. 人口与经济，2012（2）.

2015年的1228.1万人，增加了79万人，年均增长15.8万人，2015年成都市城镇化率达到了71.47%[1]。

3. 郑州市

近年来的户籍改革研究中，郑州户改屡被提及。郑州市的户籍改革，打破了城乡二元户籍管理制度，实行一元制，彻底打破入户郑州市区的门槛，这对全国的大中城市来说是第一次。郑州市户籍制度改革时间早、力度大、范围广，但由于开放程度过大，新增加人口过快，公共资源面临巨大压力，暴露出许多问题[2]。

郑州市户籍制度改革模式的主要做法是放宽落户条件。2001年11月1日，郑州在亲属入户、毕业生入户以及投资入户等三方面降低落户门槛，拉开了郑州户改的序幕。2003年8月21日，郑州取消了农业及非农业户口的划分，将所有户口类型统一为“郑州居民户口”，使城乡二元户籍制度回归一元化管理。并再次降低了落户门滥：凡是在郑州市内购买住房的外来人口，不论房屋面积大小，凭房产证即可办理本人及直系亲属的户口迁移；中专以上学历毕业生凭毕业证即可落户，不受就业与否限制；凡与本地企业签订正式劳动合同且缴纳社会保险的外来人口，均可落户。但由于开放程度过大，新增人口过度增加，在户籍新政实施后的一年时间里，郑州市新增的户籍人口多达15万人[3]，郑州市公共资源面临巨大压力。许多人选择转户的目的是为了享受市区更加优越的教育资源，使得教育资源极度短缺。因此，郑州在2005年恢复了已经取消两年的暂住证管理，并对一系列落户政策加以严格限制，郑州户改也告一段落。

分析郑州户改的经验教训，主要是在户籍改革的同时没有进行教育、医疗等配套制度的改革。城市落户门槛的降低吸引了大量农村人口进入城市，但是城市没有能力应对突然增加的公共服务压力，从而导致社会公共资源供给紧张。因此，户籍改革一定要与各项配套制度改革紧密结合，实行联动改革，只有这样，户改才有成功的希望。

---

[1] 数据来源：2015年成都市国民经济和社会发展统计公报。

[2] [3] 曹贺然. 统筹城乡背景下的户籍制度改革模式比较研究 [D]. 西南交通大学博士学位论文，2012.

4. 石家庄市

2015年石家庄市出台了《关于深化户籍制度改革的实施意见》（以下简称《意见》），通过深化户籍制度改革以及相关经济社会配套改革，在尊重意愿的基础上，促进有能力在城镇就业生活的农业转移人口和其他常住人口有序实现市民化。《意见》提出力争2020年实现全市户籍人口城镇化率达到45%以上，超过全省平均水平。石家庄全面放宽城镇落户条件，允许六类人“落户”石家庄。同时，改革户籍管理制度，包括公安人口统计制度、建立社区公共户口、改革居住证制度，并完善配套政策措施。（如专栏8-2所示）

专栏8-2　六类人“落户”石家庄

2015年，河北省石家庄市实施“户籍改革”新政，该新政放宽“落户”条件，同时指出允许六类人“落户”石家庄。

第一类人

有房的人（合法固定住所）：在石家庄市县（市）城区、县政府驻地镇和其他建制镇有合法稳定住所的人员。

第二类人

优秀的人：获得县（市）、区级以上劳动模范、先进工作者以及有突出贡献的优秀农民工，无合法稳定住所的，可在社区公共地址办理落户。

第三类人

优秀农民工：有突出贡献的优秀农民工，如果无合法稳定住所的，可申请在县城镇派出所或社区公共地址落户。

第四类人

有“关系”的亲人：若本人有“资格”落户石家庄，与其共同居住生活的配偶、子女、夫妻双方父母，也可以申请办理当地常住户口。

第五类人

两个“合法稳定”的人：具有合法稳定住所并有合法稳定职业的人员，可申请在合法稳定住所落户。

其中，合法稳定职业包括：1．行政机关、人民团体、事业单位聘用或与企业依法签订劳动合同，并参加城镇职工基本养老保险达到一年以上的；2.依法取得工商营业执照，并依法纳税一年以上的；3.从事自由职业，并办理居住证一年以上的人员。

合法稳定住所：包括满足居住生活条件并实际居住的自购房、合法自建房和借住房，政府、单位授权个人使用的各类保障性住房、单位公产房、租赁房屋。

第六类人

在石家庄投资经商的人：在石家庄市投资20万元、年纳税达到1万元以上的投资经商人员，可直接在投资地或社区公共地址办理落户。

资料来源：《石家庄市人民政府关于深化户籍制度改革的实施意见》（石政发〔2015〕1号）。

综上所述，可将这几个典型城市对待农民工落户的主要做法作如下比较。（如表8-2所示）

表8-2 典型城市对待农民工落户的主要做法比较

典型城市	对待农民工落户的主要做法	取得的成效
重庆市	一是分阶段推进；二是分群体实施；三是分区域布局	户籍人口城镇化水平大幅提高，从户改前的29.2%上升到2014年年底的40%，累计转户409万人。转户结构不断优化，转户居民权益保障基本到位
成都市	一是成都全域统一改革；二是保障农民权利，农民“不脱衣服”进城；三是实现统一户籍背景下享有平等的教育、住房、社保等基本公共服务和社会福利；四是还原户籍管理功能	户籍人口从2010年的1149.1万人增加到2015年的1228.1万人，增加了79万人，年均增长15.8万人，2015年成都市城镇化率达到71.47%
郑州市	放宽落户的条件，在亲属入户、毕业生入户以及投资入户等三方面降低落户门槛	从全国的大中城市来说，是第一次打破了城乡二元户籍管理制度，但由于开放程度过大，新增人口超过公共服务承载能力，改革终止
石家庄市	允许六类人“落户”石家庄，同时改革包括公安人口统计制度、社区公共户口、居住证制度等户籍管理制度	尚未显现

资料来源：国家发展改革委国土所课题组整理。

（二）对农民工落户的启示

1. 单个地方改革容易造成人口迁移的“扎堆”现象

尽管省内农民工集聚区的地方探索式改革取得了一定的成绩，但也不可避免地存在诸多问题。户籍制度在某地的单兵突进，容易造成人口迁移的“扎堆”现象，特别是对于那些固守着福利优势的大城市而言，由于其对于流动人口的极大吸引力，如果某一城市仓促地全面放开户籍管制，就可能会造成大规模福利移民现象，致使短期内城市人口规模迅速膨胀，对城市的资源环境承载力和公共服务供给能力产生巨大压力，从而导致地方户籍制度改革被迫暂停或终止，如郑州就是一个例子。

2. 推进户改应突出重点群体并且有序推进

重庆户改表明，就业及收入是影响农民工落户的首要因素。根据重庆市的实际情况，重庆确定了农民工落户的重点人群，包括本市农业转移劳动力，有稳定住所、稳定工作、缴纳一定年限社保的外市农业转移劳动力，具有中等职业以上学历的新生代农业转移劳动力。同时，制定统筹转移政策，分步组织实施。此外，确定合理的转移方向，优先选择经济发展水平相对较好，能够提供足够承载支撑的城镇推进落户。

3. 福利制度和土地制度是户籍制度改革能否成功的重要影响因素

郑州、重庆、成都的户籍制度改革均是注重了对依附在户籍之上的各项福利权利的改革，使农民进入城市之后，有了各项权利和制度的保障，使他们在医疗、卫生、教育、就业、社保等方面能够享有与城市居民同样的待遇，这是户籍制度改革中至关重要的内容。从几个典型城市的户改做法可以看出，重庆和成都在户籍制度改革中明确提出对农民进城后土地的处理问题。不同之处在于，重庆给予转户农民三年的过渡期。成都是首先改革了土地的产权制度，农民的宅基地、林地都办理好产权，即使进入城市，产权也不会丧失，农民转户的积极性更高。

4. 户籍制度改革需要多部门配合推进

户籍制度改革是一个系统工程，涉及社会保障、住房、教育、医疗、行政管理等方方面面的问题，需要各相关部门之间相互配合，整体推进。过去的户籍制度改革往往依赖某一个部门来实施（如公安部门），收效甚微。成都户籍制度改革进展顺利的一个基本经验是，户籍制度改革是在成都市统筹城乡工作委员会主管领导下，公安、劳动保障、国土、房管、教育、卫生、司法、发展改革、规划、建设、交通、财政、农业、民政、计生等多个部门密切配合实施的结果。

（三）省内农民工集聚区落户面临的困境

1. 农民工规模大、落户任务重，但实际落户人数偏少

重庆、成都、武汉、郑州、长沙、合肥、南昌、太原等24个省内农民工聚集区的农民工总量比较大，占全国农民工的16.2%，但除重庆外，每个城市实际落户规模有限。例如，青岛市2015年的积分落户指标仅为2000人[1]，这与青岛247万农民工差距巨大。

2. 具备条件扎根城市的存量农民工比例大，但落户门槛偏高

省内农民工聚集区的农民工融入城市程度较高，特别是长期进城、举家迁徙及收入较高农民工群体占比大，具备较强的落户能力。省内农民工集聚区基本上都是人口在100万以上的大城市，目前主要实施的落户方式有“门槛落户”制度和“积分落户”制度。一是设置的落户门槛依然很高，在界定严格的“合法稳定住所”和“合法稳定职业”条件的基础上，还与社保、学历、技术职称等条件挂钩，使得城市的落户政策不可避免地形成了一种向拥有资金、专业技术和高学历的人群倾斜的趋势，而对于对城市发展作出巨大贡献的农民工群体，这些条件则成为他们难以逾越的屏障。二是实施的积分落户制度以“指标分值设置+落户指标控制”构筑起积分落户的高门槛，使真正的农民工在这些城市落户几成“奢望”。例如，青岛市的积分落户指标体系（如表8-3所示），新政策、新规定、新办法都有了，表面上看对所有人一视同仁，可落户条件里设定的学历、房产等条款，又把农民工落户挡在门外，农民工看得见却进不去，也拿不到户口，犹如

[1] 数据来源：2016年青岛积分落户指标2000人［EB/OL］.齐鲁网，2016-07-19，参见网址http://qingdao.iqilu.com/qdyaowen/2016/0719/2911001.shtml。

设置了一层无形的“玻璃门”或“旋转门”。

表8-3　青岛市积分落户指标体系表

类别	序号	指标	指标内容及分值	证明材料	责任部门	备注
基本分	一	年龄情况	1. 35周岁以下（含35周岁）（20分）	身份证或户口簿	市公安局	—
			2. 36周岁以上每增长1岁减1分			
	二	文化程度	1. 本科学历（70分）	学历证书	市教育局	只计最高分，不累计加分
			2. 大专学历（包括高技）（50分）	或学籍档案	市人社局	
			3. 高中学历（包括中专、职高、中技）（30分）	—	—	
	三	技能水平	1. 初级专业技术资格（60分）	专业技术资格证书、职业资格证书	市人社局	只计最高分，不累计加分
			2. 中级工（50分）			
			3. 初级工（30分）			
	四	参保情况	1. 缴纳青岛市社会养老保险，每满1年积3分	青岛市职工社会保险参保证明	市人社局	总分最高不超过60分
			2. 缴纳其他社会保险险种，每险种每满1年积0.5分			
	五	住房情况	合法固定住所建筑面积超过45平方米（30分）	房地产权证明	市国土资源局、市房管局	—
导向分	六	紧缺工种	紧缺工种（10分）	职业资格证书	市人社局	—
	七	落户地区	申请落户黄岛区（不含青岛经济技术开发区）、红岛经济区。（20分）	房地产权证明	市公安局	—

续表

类别	序号	指标	指标内容及分值	证明材料	责任部门	备注
导向分	八	投资纳税	1. 在本市缴纳个人所得税3万元（含3万元）以上，积100分；1万元至3万元（含1万元不含3万元），积60分；1000元至1万元（含1000元不含1万元），积40分	税收完税证明	市国税局	1.最近连续3个纳税年度内累计缴纳
			2. 依法登记注册企业的法定代表人，企业在本市纳税20万元以上，积30分，每增加10万元加10分，最高100分		市地税局	2.最近连续3个纳税年度内须具备与申请事由相适应的身份资格
			3. 依法登记注册个体工商户的经营者纳税3万元以上，积30分，每增加1万元积10分，最高100分		—	3.只能任选其中一类积分，不累计加分
	九	表彰奖励	1. 获得国家级奖项和荣誉称号（30分）	表彰奖励	市人社局	只计最高分
			2. 获得省部级奖项和荣誉称号（20分）	证书或文件		不累计加分
			3. 获得青岛市市级奖项和荣誉称号（10分）			—
	十	社会服务	1. 参加义务献血，每次积1分，最高不超过10分	无偿献血证或献血证明	市卫计委	—
			2. 通过青岛市志愿服务网进行注册，成为青岛市注册志愿者。参加志愿服务，每满50小时积1分，最高不超过10分	志愿服务证明	市文明办	—

续表

类别	序号	指标	指标内容及分值	证明材料	责任部门	备注
负积分	十一	违法失信	1.个人存在经青岛市公安部门核实的违法记录，视情节轻重，每条扣30～80分	—	市公安局	—
			2.个人存在经卫生计生部门核实的违反国家、省、市计划生育政策法规有关规定的，视情节轻重，每条扣30～50分	—	市卫计委	—
			3.个人信用存在较为严重不良记录，视情节轻重每条扣20～60分	—	人民银行青岛中心支行	—

资料来源：2015年《青岛市积分落户办法》实施细则。

3. 落户配套政策创新空间大，但创新力度不足

相对于跨省农民工集聚区来说，省内农民工集聚区促进农民工落户难度相对较小。因为省内农民工落户不会遇到跨省农民工所面临的高考、社保流转等困境，而且在省域层面统筹省内政策和省内资源相对容易，可供创新的落户配套政策空间大。但目前各城市的创新力度明显不足，户籍改革没有与之相关的就业、教育、社会保障等制度实行联动改革。（如表8–4所示）

4. 来自国家对特大城市的人口规模限制政策的约束

目前，国家对特大城市人口迁移实施严格限制政策，国家控制特大城市人口规模的出发点是为了防治“大城市病”。但如果采用空间布局优化和加强城市管理等措施，比单纯依靠控制大城市规模这种带计划色彩的调控手段更为可取。

表8-4 省内农民工集聚区城市分类

<table>
<tr><th colspan="2">城市规模分类</th><th>城市名单</th></tr>
<tr><td rowspan="2">小城市（城区常住人口50万以下）</td><td>Ⅰ型小城市（20万人以上50万人以下）</td><td>拉萨</td></tr>
<tr><td>Ⅱ型小城市（20万人以下）</td><td>—</td></tr>
<tr><td colspan="2">中等城市（城区常住人口50万以上100万以下）</td><td>—</td></tr>
<tr><td rowspan="2">大城市（城区常住人口100万以上500万以下）</td><td>Ⅰ型大城市（300万人以上500万人以下）</td><td>沈阳、长春、哈尔滨、济南、青岛</td></tr>
<tr><td>Ⅱ型大城市（100万人以上300万人以下）</td><td>长沙、合肥、南昌、太原、石家庄、呼和浩特、南宁、贵阳、昆明、兰州、西宁、银川、海口</td></tr>
<tr><td colspan="2">特大城市（城区常住人口500万以上1000万以下）</td><td>成都、武汉、郑州、西安</td></tr>
<tr><td colspan="2">超大城市（城区常住人口1000万以上）</td><td>重庆</td></tr>
</table>

备注：因数据可获取性的限制，本研究用市辖区人口代替城区人口。

数据来源：根据《国务院关于调整城市规模划分标准的通知》和《中国城市统计年鉴（2015）》整理。

二、省内农民工集聚区农民工群体的特征

根据本课题组于2016年6月开展的全国12个省份农民工落户意愿专项调查，并以2015年国家卫计委流动人口调查数据进行比对完善，对省内农民工集聚区农民工的总体特征和分群体的特征进行分析。

（一）总体特征

1. 学历结构：初中文化程度占比高

省内农民工集聚区的农民工文化程度以初中文化占比最高，占人数的32.1%；其次是高中和职高，分别占22.4%和16.2%；小学及以下文化程度占13.8%；大专及以上学历占15.5%。与跨省农民工集聚区的农民工相比，省内农民工集聚区的农民工高学历比重更低。这印证了受教育程度越高，越倾向于长距离流动；受教育程度越低，越倾向于近距离流动。（如图8-2所示）

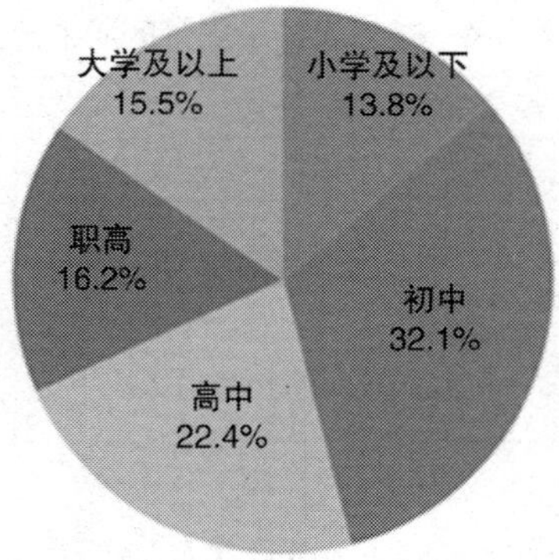

图8-2　省内农民工集聚区农民工群体学历结构

数据来源：根据本课题组问卷调查数据计算。

2. 进城动因：务工是主流

省内农民工集聚区中，农民工务工是进城的主要动因，占大多数，比例达到64.2%。其次是升学、随迁家属、工作调动等，分别占11.5%、5.6%和4.6%，但与务工相比，这些比重都很小。（如图8-3所示）

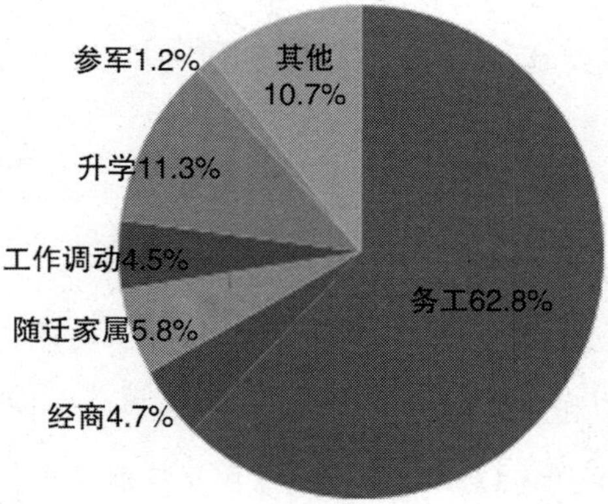

图8-3　省内农民工集聚区农民工群体进城动因

数据来源：根据本课题组问卷调查数据计算。

3. 行业分布：以制造、建筑、居民服务、住宿餐饮为主

省内农民工集聚区农民工从事的行业主要集中在制造业、建筑业、居民服务、住宿餐饮等四大行业，这四大行业占比均超过10%，分别为29.68%、22.65%、14.53%和12.75%。一般都是从事技术含量较低的体力劳动，主要在劳动密集型企业。（如图8-4所示）

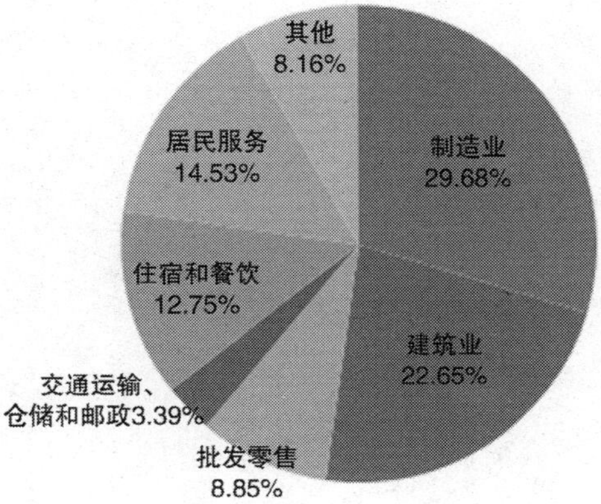

图8-4 省内跨市农民工群体从事行业分布

数据来源：根据本课题组问卷调查数据计算。

4. 婚姻结构：未婚和已婚的比例大致为“二八开”

省内农民工集聚区的农民工婚姻状况中，未婚和已婚的比例大致为“二八开”，所占的比例分别为24%和76%。与跨省农民工集聚区相比，省内农民工集聚区农民工已婚比例显著提高，特别是在一些内地地区，已婚比例更高一些。调查显示，夫妻双方在同一城市打工的较多，这与家庭式流动特点一致。

（二）分群体特征

结合课题组调查问卷和国家卫计委的调查问卷，分群体来看，省内农民工集聚区的农民工具有如下特征。

1. 长期进城农民工群体的特征

长期进城农民工是指在城市工作或生活5年及以上的农民工。从调查数据分析发现，这个群体约占研究区域农民工总数的65%。年龄以80后和70后居多，分别占比36%和33%。多数已婚，已婚比例为80%。学历以初中学历为主，占40%；其次是高中学历，占35%。绝大多数农民工进城原因是务工经商。（如图8-5、图8-6、图8-7所示）

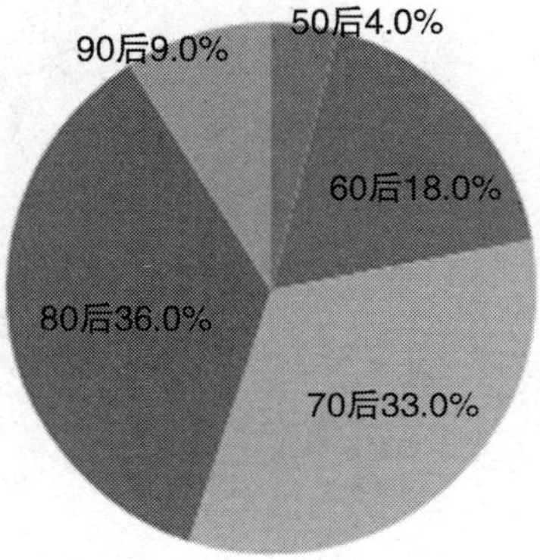

图8-5 长期进城农民工群体的年龄结构

数据来源：根据本课题组问卷调查数据计算。

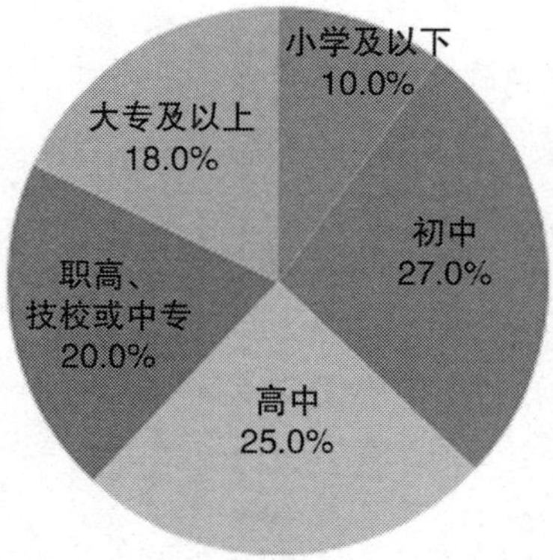

图8-6 长期进城农民工群体的学历结构

数据来源：根据本课题组问卷调查数据整理。

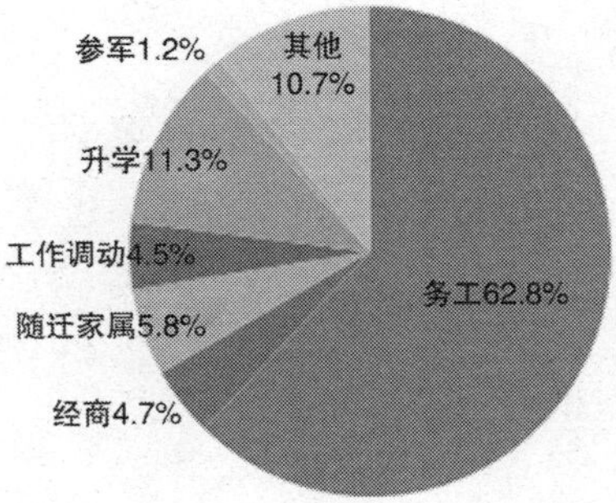

图8-7 长期进城农民工群体的进城原因结构

数据来源：根据本课题组问卷调查数据整理。

2. 新生代农民工群体的特征

新生代农民工是指农民工中1980年之后出生的群体。新生代农民工已成为农民工的主力军，这个群体已占农民工总量的43%，其中以1980—1989年出生的农民工为主。新生代农民工的婚姻状况中单身占41.6%。性别结构以男性居多，占62%。学历程度比其他群体高，高中、职高和大专及以上合计占到60%。新生代农民工对土地的情结弱化，思想观念、生活习惯、行为方式已日趋城市化，代表着农民工的主流，正发生由“寻求谋生”向“体验生活、追求梦想”转变，由“亦工亦农”向“全职非农”转变，由“城乡双向流动”向“融入城市、追求平等”转变。（如图8-8、图8-9所示）

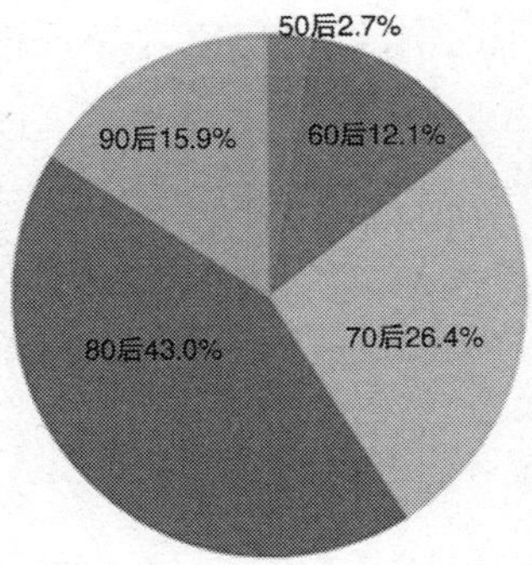

图8-8 省内农民工集聚区的农民工年龄结构

数据来源：根据本课题组问卷调查数据计算。

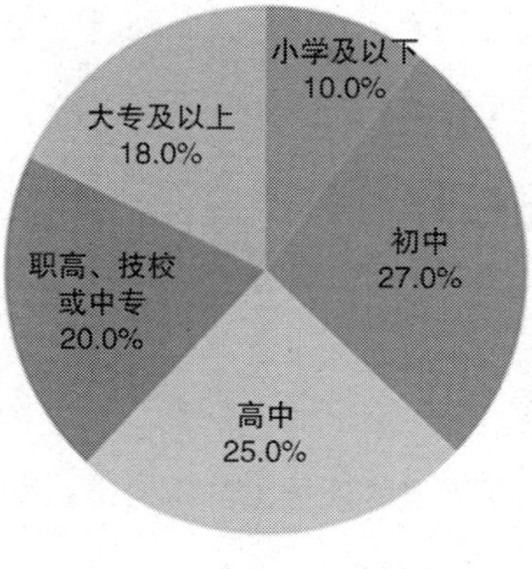

图8-9　新生代农民工群体的学历结构

数据来源：根据本课题组问卷调查数据整理。

3. 举家迁徙农民工群体的特征

在获取更多经济收入的同时，农民工开始日益注重家庭成员团聚、子女教育以及家庭生活水平改善。农民工群体正在发生重要的结构性变化，从以前男劳动力外出“独闯”逐渐演变成现在夫妻二人同时外出务工，以及携子女外出流动的形式，农民工家庭化的趋势明显。举家外出、完全脱离农业生产和农村生活环境的农民工已经占到一定比例[1]；举家迁徙农民工的年龄以70后和80后为主，分别占样本数的37.4%和42%。初中学历占一半以上，达到56.6%。在省内农民工集聚区，举家外出务工的农民工比例日趋增加，举家迁移日趋明显，除了将谋生作为第一目标，同时更希望能在城里买房，像城里人一样生活，倾向于在城市里长期居住。（如图8-10、图8-11所示）

[1] 国家发展改革委国土所课题报告. “十二五”时期促进农民工市民化问题研究[R]. 2013.

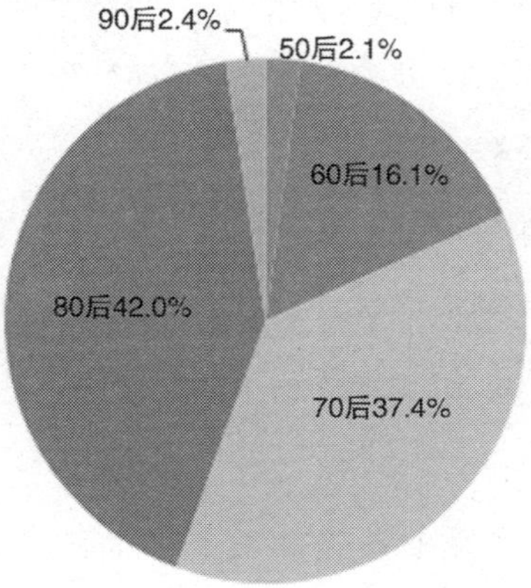

图8-10 举家迁徙农民工群体的年龄结构

数据来源：根据本课题组问卷调查数据计算。

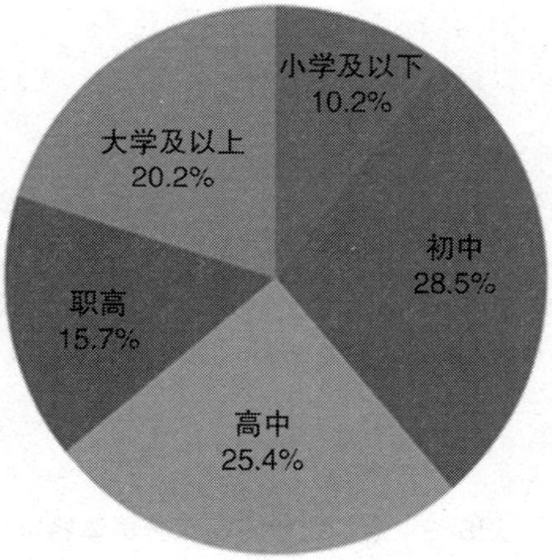

图8-11 举家迁徙农民工群体的学历结构

数据来源：根据本课题组问卷调查数据计算。

4. 其他群体农民工

其他群体农民工是指除去长期进城、举家迁徙和新生代农民工之外的农民工。根据本课题组的问卷资料分析，其他群体农民工呈现出“年龄高、学历低、工作不稳定、流动频繁”等特征，落户城镇的意愿不高、能力不强，不应作为落户城镇的对象，工作重点则应放在为其提供基本公共服务以及进行职业培训、帮助其增强落户能力和意愿上，使其产生在务工所在城市长期生活的预期。

5. 农民工群体间的比较

省内农民工集聚区中的长期进城农民工、新生代农民工、举家迁徙农民工这三类人群占农民工总量的绝大多数。具有一定学历程度（以初中以上文化程度为主），有较为稳定的工作，思想观念和生活习惯已日趋城市化，落户的意愿和能力比其他群体更强。

综上所述，各类农民工群体比较如下。（如表8-5、表8-6所示）

表8-5　定量分析分群体农民工特征（单位：%）

农民工类别	年龄结构					婚姻状况	性别结构		学历结构				
	50后	60后	70后	80后	90后	单身	男	女	小学及以下	初中	高中	职高	大学及以上
举家迁徙	2.1	16.1	37.4	42	2.4	—	85.4	14.6	10.2	28.5	25.4	15.7	20.2
新生代	—	—	—	43	15.9	41.6	56.7	43.3	10	27	25	20	18
长期进城	4	18	33	36	9	17.6	59	41	10	27	25	20	12

数据来源：根据本课题组问卷调查数据计算。

表8-6　定性比较农民工分群体特征

群体类型	典型特征
长期进城农民工	这个群体占研究区域农民工总数的41.1%；年龄以70后最多，多数已婚，以初中以上学历为主；绝大多数进城原因是务工经商
新生代农民工	新生代农民工已经成为农民工的主力军，这个群体占比达到样本总量的56.8%。新一代农民工对土地的情结弱化，思想观念、生活习惯、行为方式已日趋城市化，由“亦工亦农”向“全职非农”转变，由“城乡双向流动”向“融入城市、追求平等”转变
举家迁徙农民工	农民工日益注重家庭成员的团聚、子女的教育以及家庭生活水平的改善提高，举家外出务工的农村劳动力比例日趋增加。举家迁徙农民工的年龄以70后和80后为主

续表

群体类型	典型特征
其他农民工群体	“年龄高、学历低、工作不稳定、流动频繁”等特征，落户城镇的意愿不高

三、推进省内农民工集聚区农民工落户的思路

省内农民工集聚区多数是省会或副省级城市，在本省的集聚和辐射能力是最高的。因此，这些地区应该承担起吸纳农民工落户的重任。而且，作为省内农民工集聚区，可以更好地发挥省域统筹的优势。不同农民工群体落户难易程度不同，长期进城、举家迁徙、新生代农民工是落户需求、落户能力和落户意愿都比较强的农民工群体。

户籍改革涉及很多配套政策，要把握落户节奏，设置适当的落户准入条件，不能超前或滞后。不同层级城市的承载能力不同，既要发挥城市人口集聚能力，又要避免“大城市病”，发挥不同层级城市的人口承载作用。

总之，应突出差别化落户政策，最大程度促进农民工有序落户。因此，省内农民工集聚区应以“存量为主、适度宽松、分级承接、省域统筹”为农民工落户主线，以“两稳定+分群体工作或居住年限”为准入条件。

1. 存量为主——优先解决存量农民工群体

优先解决存量农民工群体的落户问题，特别是长期居住和举家迁徙等农民工群体已经较好融入城市，成为城市“沉淀型”农民工群体。解决好这几类群体的户籍问题，既满足了已在城镇长期生活和有条件有能力落户的农民工的转户需求，又为深入推进户籍制度改革奠定了基础。

2. 适度宽松——修改户籍制度中的强制性条件

适度宽松地设置户籍准入条件，废除或修改户籍制度中不合理的强制性条件。政府应着眼于发展的可持续性，依据各城市自身情况，进一步放宽准入条

件，让尽可能多的农民工在就业地实现落户需求。

3. 分级承接——充分发挥城市内部不同层级城镇的人口承接能力

合理设定农民工在主城区、区县城、小城镇的转户进城准入条件，促进人口在城市内部不同层级城镇合理分布。一方面发挥中心城区的规模效应和辐射作用，以大带小，辐射带动周边的县城和小城镇；另一方面依托县城和小城镇的人口聚集功能，鼓励更多的农民工就地城镇化[1]，推动人口向区县城和小城镇合理流动。

4. 省域统筹——利用好统筹省域资源优势

户籍不仅承担了登记人口、管理公民身份、提供民事关系等基本功能，还承担着分配社会资源和公众利益的附加功能。省内农民工集聚区应该发挥省域统筹优势，创新体制机制，在土地指标、社会保障等方面加强统筹力度，加快形成有利于农民工落户的制度环境。

四、落户政策及配套政策设计

户籍制度改革是推进农民工落户的关键，除此之外，还要对就业、住房、社会保障等相关配套政策进行相应改革。

（一）落户政策

以“两稳定+分群体工作或居住年限”作为落户准入条件，其基准条件是“两稳定”，即在拟落户地有合法固定住所或稳定职业（生活来源），可迁入本市户口，其配偶和未成年子女可以随迁。合法固定住所是指购买、自建或租赁的合法住房，购买、自建的房屋应有合法有效的房屋产权证和土地使用权，租赁的住房应有与单位（房主）签订的合法有效的租赁合同。稳定职业（生活来源）是指被当地机关、团体、企业（含民营）、事业等单位正式聘用并办理社会保险，或经商、兴办产业，具有稳定的经济收入。

[1] 辜胜阻．户籍制度改革应采取分类指导原则［J］．中国人大，2013（14）．

1. 测算各类人群工作居住满一定年限的人数

首先，根据本课题开展的2016年调查问卷数据，测算出不同进城年限占总人数的比重。再结合省内农民工集聚区的农民工总数3928万人，测算出各人群不同进城年份的人数。（如表8-7所示）

表8-7 测算各人群工作居住满一定年限的人数（单位：万人）

年限	进城农民工			举家迁徙农民工			新生代农民工		
	基数	比重	总人数	基数	比重	总人数	基数	比重	总人数
不满1年	—	100%	3928	—	—	—	—	—	—
满1年	0.2805	96.3%	3784	0.1275	29.0%	1140	0.1690	24.1%	946
满2年	0.2754	94.6%	3715	0.1270	28.9%	1135	0.1644	24.0%	944
满3年	0.2658	91.3%	3585	0.1209	29.0%	1140	0.1567	23.7%	932
满4年	0.2480	85.2%	3345	0.1171	29.2%	1147	0.1442	23.8%	934
满5年	0.2360	81.0%	3183	0.1130	29.3%	1151	0.1343	23.8%	933
满6年	0.2114	72.6%	2852	0.1053	29.8%	1171	0.1147	24.3%	955
满7年	0.1969	67.6%	2656	0.1003	29.8%	1171	0.1043	24.3%	953

数据来源：国家发展改革委国土所课题组根据相关数据计算得出。

2. 落户条件情景分析

农村三权是否保留对农民工落户意愿影响很大（如表8-8所示），但鉴于国家已经出台多个文件明确要求保留农村三权，因此，本研究是在保留农村三权的前提下研究省内农民工集聚区内的农民工落户。

按照分级承接原则，要充分发挥主城区、远郊区县城、小城镇在吸引农民工落户方面的不同功能。鼓励人口向本区域的主城区、区县城和部分重点城镇适度集聚。主城区一般来说，经济密度和人口密度相对较高，要适度放宽，既要吸引农民工落户，又要防止人口过度集聚，减少“城市病”的发生。远郊区县城和小城镇要进一步放开落户条件，并完善落户及配套政策，增加农民工落户的吸引力。

根据课题组的问卷调查，省内农民工集聚区的农民工在不同等级城市的居住分布情况差别很大，居住在主城区的占大多数，达到农民工总量的61.5%，约为

2415万人；居住在县城或县级市城区的占31.2%，约为1226万人；居住在建制镇的占7.3%，约为287万人。因此，对不同等级的城镇要采取不同的落户条件和引导政策，以达到分级承接，形成合理的城乡人口分布格局。

长期进城、举家迁徙和新生代这三类农民工群体是有交叉重复的，为了测算更精准，本研究将长期进城中的举家迁徙和新生代农民工剔除。

为测算可落户的农民工数量，在尊重落户意愿的基础上按年限设置了不同的落户情景。即：

不同等级城市的不同群体农民工总量×不同群体农民工的落户意愿=可落户农民工数量

上述内容参见表8-9、表8-10、表8-11所示。

表8-8　省内农民工集聚区的农民工落户意愿

年限	进城农民工		举家迁徙农民工		新生代农民工	
	不保留农村三权的落户意愿	保留农村三权后的落户意愿	不保留农村三权的落户意愿	保留农村三权后的落户意愿	不保留农村三权的落户意愿	保留农村三权后的落户意愿
满1年	24.6%	41.9%	29.0%	45.6%	24.0%	40.5%
满2年	24.7%	41.9%	28.9%	45.6%	24.1%	40.6%
满3年	24.3%	41.8%	29.0%	46.2%	23.7%	40.5%
满4年	24.6%	42.2%	29.2%	46.7%	23.8%	40.5%
满5年	24.7%	42.6%	29.3%	47.1%	23.8%	40.7%
满6年	25.3%	43.4%	29.8%	47.5%	24.3%	41.2%
满7年	25.5%	44.1%	29.8%	48.1%	24.3%	42.0%

数据来源：国家发展改革委国土所课题组根据相关数据计算得出。

表8-9　省内农民工集聚区三类人群在不同等级城市的居住分布情况

地区	比例	估算总人数（万人）
主城区	61.5%	2415
县城或县级市城区	31.2%	1226
建制镇	7.3%	287

数据来源：国家发展改革委国土所课题组根据相关数据计算得出。

表8-10 按工作居住年限分三类人群在不同等级城市的居住人数（单位：万人）

年限	长期进城			举家迁徙			新生代		
	城区	远郊区县城	小城镇	城区	远郊区县城	小城镇	城区	远郊区县城	小城镇
不满1年	373	122	41	873	553	147	1382	869	118
满1年	367	116	36	846	532	138	1351	841	109
满2年	364	116	35	845	529	138	1312	820	109
满3年	355	112	35	835	513	137	1238	792	108
满4年	346	109	35	818	494	134	1119	744	102
满5年	308	108	32	802	477	129	1044	694	97

数据来源：国家发展改革委国土所课题组根据相关数据计算得出。

表8-11 按工作居住年限分三类人群在不同等级城市的可落户人数（单位：万人）

年限	长期进城			举家迁徙			新生代		
	城区	远郊区县城	小城镇	城区	远郊区县城	小城镇	城区	远郊区县城	小城镇
不满1年	156	51	17	398	252	67	560	352	48
满1年	154	49	15	386	242	63	547	340	44
满2年	152	49	15	385	241	63	533	333	44
满3年	149	47	15	386	237	63	501	321	44
满4年	146	46	15	382	231	63	453	301	41
满5年	131	46	14	378	225	61	425	282	39

数据来源：国家发展改革委国土所课题组根据相关数据计算得出。

情景一：农民工落户条件的高方案分析。

长期进城农民工在城区的落户条件是“两稳定+连续在该城市工作生活5年”，可落户131万人；在远郊区县城的落户条件是“两稳定+连续在该城市工作生活2年”，可落户49万人；在小城镇的落户条件是“两稳定”可直接转户，可落户17万人。合计可落户197万人。

举家迁徙农民工在城区的落户条件是“两稳定+连续在该城市工作生活3年”，可落户386万人；在远郊区县城的落户条件是“两稳定+连续在该城市工作生活1年”，可落户242万人；在小城镇的落户条件是“两稳定”可直接转户，可落户67万人。合计可落户695万人。

新生代农民工在城区的落户条件是“两稳定+连续在该城市工作生活2年”，可落户533万人；在远郊区县城的落户条件是“两稳定+连续在该城市工作生活1年”，可落户340万人；在小城镇的落户条件是“两稳定”可直接转户，可落户48万人。合计可落户921万人。

综上所述，在此落户条件下，可实现1813万农民工落户。（如表8-12、8-13所示）

表8-12　三类人群在不同等级城市的落户人数（情景一方案）（单位：万人）

年限	长期进城			举家迁徙			新生代		
	城区	远郊区县城	小城镇	城区	远郊区县城	小城镇	城区	远郊区县城	小城镇
不满1年	—	—	17	—	—	67	—	—	48
满1年	—	—	—	—	242	—	—	340	—
满2年	—	49	—	—	—	—	—	—	—
满3年	—	—	—	386	—	—	533	—	—
满4年	—	—	—	—	—	—	—	—	—
满5年	131	—	—	—	—	—	—	—	—

数据来源：国家发展改革委国土所课题组根据相关数据计算得出。

表8-13　省内农民工集聚区农民工的落户准入条件设计（情景一方案）

群体分类	地区分类		
	城区	远郊区县城	小城镇
长期进城农民工	“两稳定”+连续工作生活5年	“两稳定”+连续工作生活2年	“两稳定”
举家迁徙农民工	“两稳定”+举家迁徙3年	“两稳定”+举家迁徙1年	“两稳定”
新生代农民工	“两稳定”+在该城市工作生活满3年	“两稳定”+在该城市工作生活满1年	“两稳定”

注：在尊重意愿的基础上，符合条件即可自动转为工作地城镇户口。

情景二：农民工落户条件的低方案分析

长期进城农民工在城区的落户条件是“两稳定+连续在该城市工作生活5年”，可落户131万人；在远郊区县城的落户条件是“两稳定+连续在该城市工作生活3年”，可落户47万人；在小城镇的落户条件是“两稳定+连续在该城市工作生活1年”，可落户15万人。合计可落户193万人。

举家迁徙农民工在城区的落户条件是“两稳定+连续在该城市工作生活4年”，可落户382万人；在远郊区县城的落户条件是“两稳定+连续在该城市工作生活3年”，可落户237万人；在小城镇的落户条件是“两稳定+连续在该城市工作生活1年”，可落户63万人。合计可落户682万人。

新生代农民工在城区的落户条件是“两稳定+连续在该城市工作生活3年”，可落户501万人；在远郊区县城的落户条件是“两稳定+连续在该城市工作生活1年”，可落户340万人；在小城镇的落户条件是“两稳定+连续在该城市工作生活1年”，可落户44万人。合计可落户878万人。

综上所述，在此落户条件下，可实现1753万农民工落户。（如表8-14、表8-15所示）

表8-14 三类人群在不同等级城市的落户人数（情景二方案）（单位：万人）

年限	长期进城			举家迁徙			新生代		
	城区	远郊区县城	小城镇	城区	远郊区县城	小城镇	城区	远郊区县城	小城镇
不满1年	—	—	—	—	—	—	—	—	—
满1年	—	—	15	—	—	63	—	—	44
满2年	—	—	—	—	—	—	—	333	—
满3年	—	47	—	—	237	—	501	—	—
满4年	—	—	—	382	—	—	—	—	—
满5年	131	—	—	—	—	—	—	—	—

数据来源：国家发展改革委国土所课题组根据相关数据计算得出。

表8–15　省内农民工集聚区农民工的落户准入条件设计（情景二方案）

群体分类	地区分类		
	城区	远郊区县城	小城镇
长期进城农民工	“两稳定”+连续在该城市工作生活5年	“两稳定”+连续在该城市工作生活3年	“两稳定”+连续在该城市工作生活1年
举家迁徙农民工	“两稳定”+举家迁徙4年	“两稳定”+举家迁徙3年	“两稳定”+连续在该城市工作生活1年
新生代农民工	“两稳定”+在该城市工作生活满3年	“两稳定”+在该城市工作生活满2年	“两稳定”+连续在该城市工作生活1年

注：在尊重意愿的基础上，符合条件即可自动转为工作地城镇户口。

综上所述：在情景一方案的落户条件下，能实现1813万农民工落户，考虑到计算中不同农民工群体实际上是有交叉重复的，为尽可能地实现落户目标，本研究倾向于情景一方案。

（二）重点配套政策

1. 开展建设用地省内统筹试点，通过土地交易和流转促进农民工落户城镇

一是统筹全省城乡土地市场，建立全省统一的城乡土地交易市场。建立省级城乡统一的土地产权交易市场，不仅把集体建设用地使用权与国有建设用地使用权两种产权放在统一的市场中，而且把土地承包经营权纳入交易范围，实现土地产权交易的三个统一，即统一交易平台、统一信息发布、统一交易规则。使农民工所享有的土地权益通过市场或政策途径转换为相应的社会保障权利或资产价值，增强农民工进城能力。

二是统筹全省城乡建设用地规模。构建建设用地指标省内跨地市交易机制，同时建立严格的土地流转监督体系。在全省层面积极推进城乡建设用地增减挂钩试点，城镇建设用地产生的指标收益返还农村，解决美好乡村建设缺资金、城市建设发展缺指标的矛盾。

三是建立农村宅基地退出激励机制。出台农村宅基地退出办法，按照依法自愿、合理补偿、合理利用、统筹推进的原则，对自愿退出宅基地的，给予资金补

助。建立宅基地退出机制，既能有效地盘活农村闲置宅基地资源，又能有效地保障城镇发展用地需求，同时也能有效地维护农民的宅基地用益物权，增加农民的财产性收入。

四是创新城市土地制度。城镇建设用地增加与吸纳农民工数量相结合。要继续实施现有城镇建设用地增加与农村建设用地减少挂钩制度。实施省域范围内城镇建设用地增加与吸纳农民工数量相结合的政策。

五是成立省级房屋银行。以合理的价格收购农民工农村房产，为农民工在城镇购房提供资金支持。

2. 创新融资模式，多措并举解决农民工住房难题

高房价本身是阻碍农民工落户的一个非常现实的因素，高房价大大增加了农民工城市融入的成本。“居者有其屋”是政府的基本职责，努力降低农民进城就业和定居的门槛，尊重他们选择就业和居住的权利。因此，应对进城农民购买或者租赁城镇住房给予政策支持。

一是创新住房的投融资模式。目前我国保障性住房建设主要有三类融资渠道：第一类是政策性融资，政府调用土地出让金、公积金投资盈余部分或财政拨款；第二类是商业性融资，如银行贷款、信托、债券、中期票据等；第三类是企业自筹，受政府委托的代建企业自筹资金。但这些渠道无法满足农民工进城所需的巨大住房资金缺口。PPP模式作为一种公私合作、实现“双赢”或“多赢”的运营机制，运用PPP模式，吸引社会资本参与保障房建设，可缓解财政压力，提高建设质量和管理水平，分散和降低风险。近期，国务院也出台了相关政策支持和引导民间资本投资建设经济适用住房、公共租赁住房等政策性住房。针对公共租赁住房等租赁型的保障房，可采用“建设–运营–转让模式”（BOT）、“建设–运营–出售”（BOS）、房地产信托投资基金模式（REITs）、住房合作社模式等PPP模式。同时，设立专门的PPP管理协调机构，在减少多头管理，提升PPP项目运行效率等方面有着非常重要的作用。

二是将农民工纳入到城市住房保障体系。从目前我国的情况来看，最为紧迫

的是将农民工纳入到城市住房保障体系，使其可以像所在城市市民一样通过正规的途径来申请廉租房，减轻生活压力。统筹考虑城镇户籍家庭与农民工群体对保障性住房的需求，切实将一定比例的农民工群体纳入保障。逐步消除住房问题上的不平等现象。

三是将住房公积金制度涵盖农民工群体。住房公积金制度改革方面也要考虑农民工的权益，以增强其购房能力。

四是积极发展房屋租赁市场。针对省内转移基本情况，应积极发展房屋租赁市场，宜先将廉租房政策从城市向工业园区和城中村延伸再逐步扩展到整个农民工群体。

3. 推进农民工社保省级统筹，为农民工省内落户创造条件

在社会保障制度方面，要增强农民工在城市生活的安全感，提供最基本的生活保障，使其为城市发展作出贡献之后，能够在城市继续生存和生活下去。要建立农民工的社会保险体系、社会救助体系，为他们提供社会福利。

一是加快养老保险制度整合。全面推行新型农村养老保险，并与城镇居民养老保险整合，建立与城镇职工基本养老保险制度框架一致的城乡居民养老保险，将农村居民以及城镇职工基本养老保险覆盖范围之外的城镇居民全部纳入其中。进一步扩大城镇职工基本养老保险覆盖范围，抓紧制定城乡居民养老保险与城镇职工基本养老保险的转移衔接办法，实现养老保险的全覆盖和制度一体化。

二是加快医疗保险制度整合。将城镇居民基本医疗保险制度、新型农村合作医疗归并为城乡居民基本医疗保险制度；进一步扩大城镇职工基本医疗保险覆盖范围，逐步实行基本医疗保险基金全国统筹。

三是健全适应工业化进程的失业和工伤保险。扩大失业保险参保水平，发挥失业保险金的就业促进功能，在保障失业人员基本生活的同时，提供免费就业培训，促进其再就业。扩大工伤保险覆盖面，顺应现代工伤保险新理念，从消极赔偿转向积极保障，建立工伤预防、工伤补偿、工伤康复“三位一体”有机结合的工伤保险体系，在提升整体保障功能的同时促进安全生产。

4. 增强新城新区对农民工的吸纳能力，拓展农民工落户空间

近年来，省内农民工集聚区的新城新区发展迅速，新城新区往往选址于城市边缘地带，处在城市与农村的接合部。相对于老城区，新城新区的房价、生活成本等相对容易能被农民工接纳与承担。但这些新城新区也存在着区域功能单一、公共服务配套滞后、城市功能不完善、职住分离明显等问题，带来了候鸟式或钟摆式的人口流动，直接造成新城新区缺乏人气，形成了许多“空城”“鬼城”。

一是促进新城新区产业集聚与人口集中相结合。促进新城新区与老城区产业布局有效对接，促进城市与特色产业有机结合，促进产业与城市功能优化匹配，增强新城新区对农民工的吸纳能力。

二是加快培育服务业，促进新城新区向多样化功能发展。大力发展交通运输、批发、物流、金融、信息、租赁、商务等生产性服务业，积极发展房地产、零售、住宿餐饮、休闲娱乐、家政等生活性服务业，以及教育、医疗卫生、文化体育、健康养老等公益性服务业，加快推进由相对单一功能向多样化功能的根本转变。

此外，还要切实关心和有效解决农民工迫切需要的基本公共服务设施供给问题。这样可以增强新城新区对农民工的吸引和吸纳能力。

参考资料

1. 国家发展改革委国土所．“十二五”时期促进农民工市民化问题研究［R］. 2013.
2. 重庆市宏观经济学会，重庆市生产力发展中心．重庆户籍改革实践与深化研究［R］. 2015.
3. 国家统计局农村司. 2013、2014、2015年农民工监测调查报告［R］. 国家统计局网站.
4. 长子中. 农民工在城镇落户的问题研究［J］. 广东经济，2010（4）.
5. 落户没有那么难了，户籍政策趋向降低落户门槛［N］. 人民日报，2015-10-01.
6. 崔庆五. 关于成都户籍制度改革模式的几点思考［J］. 人口与经济，2012（2）.
7. 曹贺然. 统筹城乡背景下的户籍制度改革模式比较研究［D］. 西南交通大学博士学位论文，2012.
8. 辜胜阻. 户籍制度改革应采取分类指导原则［J］. 中国人大，2013（14）.
9. 陈东有，周小刚. 农民工省内转移就业流动特点和结构分析［J］. 江西社会科学，2008（11）.
10. 王兴周. 农民工：跨省流动与省内流动［D］. 广州：中山大学学报（社会科学版），2006（5）.
11. 29省出台户籍改革方案［EB/OL］. 大众网. http://www.dzwww.com/xinwen/shehuixinwen/201604/t20160429_14217711_1.htm.
12. 刘渝琳，等. 中国农民工生活质量评价与保障制度研究［M］. 北京：科学出版社，2010.
13. 李善同，等. 农民工在城市的就业、收入与公共服务——城市贫困的视角［M］. 北京：经济科学出版社，2009.
14. 国务院关于进一步推进户籍制度改革的意见［E］. 2014.
15. 韩俊. 中国农民工战略问题研究［M］. 上海：远东出版社，2009.
16. 张兴华. 农民工对城镇劳动力的替代性研究［J］. 中国农村经济，2005（4）.
17. 筑“梦”城乡一体化——来自安徽省宁国市统筹城乡土地使用制度综合改革试点的报告［N］. 中国国土资源报，2016-06-13.
18. 孟春，王景森. 运用PPP模式促进保障房建设的建议［R］. 调查研究报告，2014（128）.
19. 沈正平，陈伟博. 新城新区产城融合的新途径［J］. 中国名城，2015（10）.
20. 国务院发展研究中心课题组. 新时期中央—地方政府权责优化的总体思路［J］. 发展，2014（1）.

第九章　农民工群体差别化落户的分担机制研究

内容提要：“十三五”时期，推进7000万农民工落户，从全生命周期的视角出发，需要公共财政支出共计34720.57亿元，1个代表性农民工落户需要支出公共成本4.96万元，其中义务教育成本0.5万元、保障住房投入0.91万元、社会保险投入3.17万元、医疗卫生投入0.33万元、技能培训投入0.0481万元。跨省农民工落户成本占7000万农民工落户总成本的比例为47.49%，Ⅰ类地区、Ⅱ类地区、III类地区、IV类地区相应比例分别为83.43%、66.91%、20.81%、20.61%。在7000万农民工落户总成本34720.57亿元中，按照现行政策，中央政府需要承担12946亿元，占比为37.29%。在每个农民工的落户成本4.96万元中，按照现行政策，中央政府需要承担1.85万元，其余由省级及以下政府承担。在每个农民工的落户成本4.96万元中，需要一次性支出的成本为1.54万元，占比为31.02%；需要连续性支出的成本为1.91万元，占比为38.49%；需要远期支出的成本为1.51万元，占比为30.48%。通过统筹考虑中央与地方事权财权统一、不同地区人口流动与财政自给情况，在全国农民工落户总成本中，中央政府承担的比例估算为50%，中央政府在Ⅰ类地区、Ⅱ类地区、III类地区、IV类地区承担的比例分别为39.15%、36.52%、69.22%、62.14%，更加强调对III类地区、IV类地区的财政转移支付力度。与此同时，农民工落户对释放有效需求、推动供给侧发力、缓解大城市养老难题具有举足轻重的作用。

对于农民工落户而言，成本是核心，分担是关键。农民工落户成本是使农民工在身份、地位、价值观、社会权利以及生产生活方式等方面全面向城市市民转化并顺利融入城市社会所必须投入的最低资金量（张国胜，2009），其分摊机制能否理顺决定了农民工落户是否能顺利推进，决定了我国农民工市民化的成效。

一、农民工群体差别化落户成本的测算方法

（一）对农民工落户成本的界定与测算方法

从公共支出来看，农民工市民化成本包括因为城镇人口增加而导致的公共投资（主要用于城镇基础设施、义务教育和公用事业）的增加，以及政府需要承担的新增市民的社会保障（养老保险、医疗保险、失业保险、最低生活保障等）和社会福利的支出等（黄锟，2011）。

根据国家基本公共服务“十二五”规划，农民工落户成本包括农民工及其家庭成员与城镇居民平等共享的基本公共教育、社会保险、基本医疗卫生、基本住房保障、就业服务等5项公共成本。在研究的成本测算中，农民工落户成本就是这5项公共成本之和，涵盖全生命周期的各项公共成本的增量部分。

本研究的农民工落户成本测算遵循以下原则：一是避免不同成本类型的重复计算，如在承载能力范围内增加人口不需要相应增加公共设施投入。二是以2015年各项城镇公共服务支出水平为基准计算农民工落户成本，不考虑价格、收入等因素变化对农民工落户成本的影响。三是引入全生命周期理念，把全生命周期中不同阶段支付的成本均纳入农民工市民化的总成本。四是针对不同地区不同群体分类测算。

（二）数据说明

本文假设从2016年到2020年实现7000万农民工落户，其中全国339个地级（含）城市以上行政单元匹配相应的落户数量。

2014年国务院总理李克强在政府工作报告中提出，今后一个时期，着重解决好现有“三个1亿人”问题，促进约1亿农业转移人口落户城镇，改造约1亿人居住的城镇棚户区和城中村，引导约1亿人在中西部地区就近城镇化。考虑到2014—2015年已有大约3000万农业转移人口实现落户，那么从2016年到2020年相当于还要推进大约7000万农民工在城镇落户，这也与《国家“十三五”规划纲要》提出的“到2020年户籍人口城镇化率预期达到45%”相一致。

为了科学测算农民工落户成本，本文选择对代表性农民工进行分析，用农民工群体的均值作为代表性农民工的特征指标。根据国家统计局发布的《2015年农民工监测调查报告》，2015年农民工的平均年龄为38.6岁（16～20岁的农民工占3.7%，21～30岁的农民工占29.2%，31～40岁的农民工为22.3%，41～50岁的农民工占26.9%，50岁以上占17.9%）；平均受教育年限为9.875年（未上过学的比例为0.8%，小学的比例为10.9%，初中的比例为60.5%，高中的比例为17.2%，大专及以上的比例为10.7%）；农民工外出务工的月均收入为3359元；外出务工时，月均生活消费1012元，其中居住支出为475元，占生活消费支出的比重为46.9%；独立租赁居住的比例为18.9%，在务工地自购住房的农民工比例为1.3%，不提供住宿也没有住房补贴的比重为46%。

在测算中，农民工落户成本参照当年城镇居民标准；全生命周期的各项成本均按2015年基准水平不变，并假设农民工落户后，其子女也随迁到落户地就学。

二、农民工群体差别化落户成本的测算

（一）农民工落户的子女教育成本

1. 农民工子女教育基本概况

当前，子女义务教育难以落实“两个为主”（以流入地为主、以公办学校为主）是农民工落户亟需解决的问题。根据《2015年全国教育事业发展统计公报》，2015年全国义务教育阶段在校生中进城务工人员随迁子女共1260.97万人。

其中，在小学就读932.74万人，在初中就读328.23万人。全国义务教育阶段在校生中，农村留守儿童共2200.32万人。其中，在小学就读1436.81万人，在初中就读763.51万人。根据国务院农民工工作领导小组办公室公布的数据，教育部指导各地将农民工随迁子女义务教育纳入当地教育发展规划和财政保障，截至2014年底，全国随迁子女在公办学校就学比例保持在80%[1]。（参考专栏9-1所示）

假设农民工的学龄子女抚养系数及留守或随迁概率是相同的，根据全国义务教育阶段农村留守子女、进城务工人员随迁子女数量，可以初步估算拟落户7000万农民工的留守子女数量与随迁子女数量。具体来看，7000万落户农民工涉及随迁学龄子女共525.4万人，其中小学阶段随迁子女有388.64万人，初中阶段随迁子女有136.76万人，一旦农民工落户，已有的随迁子女仍然有20%的比例需要按“两为主”、“两纳入”（即将常住人口纳入区域教育发展规划、将随迁子女教育纳入财政保障范围）来安排相应的教育经费；7000万落户农民工还涉及学龄留守子女共916.8万人，其中小学阶段598.67万人、中学阶段318.13万人，一旦农民工落户，这部分留守子女即随迁进城入学，并需在输入地城市安排相应的教育经费。（如表9-1所示）

表9-1　农民工子女接受义务教育情况（单位：万人）

就学状态	1.68亿外出农民工的子女接受义务教育情况			7000万落户农民工的子女接受义务教育情况			1400万落户农民工的子女接受义务教育情况		
	小学	初中	小结	小学	初中	小结	小学	初中	小结
随迁	932.74	328.23	1260.97	388.64	136.76	525.40	77.73	27.35	105.08
留守	1436.81	763.51	2200.32	598.67	318.13	916.80	119.73	63.63	183.36
合计	2369.55	1091.74	3461.29	987.31	454.89	1442.20	197.46	90.98	288.44

数据来源：根据《2015年全国农民工监测调查报告》与《2015年教育事业发展统计报告》推算。本研究所有表格中数据，如无特殊注明，均为本课题组根据有关文件材料推算出来（下同）。

在成本测算中，义务教育成本包括农民工子女在城市接受义务教育所新增的

[1] 数据来源：http://society.people.com.cn/n/2015/0228/c1008-26612401.html。

生均教育事业费、新建城镇中小学学校需要的各级财政投入、新增教学设施等固定资产[1]。在测算时，义务教育阶段以接受9年义务教育计算，7000万农民工落户涉及525.4万名义务教育阶段的随迁子女与916.8万名的留守子女。

专栏9-1 农民工子女义务教育的相关政策演变

近年来，农民工子女的义务教育问题得到了广泛的关注，针对农民工子女义务教育的政策法规相继出台。

2006年，国务院出台《关于解决农民工问题的若干意见》指出，输入地政府要承担起农民工同住子女义务教育的责任，将农民工子女义务教育纳入当地教育发展规划，列入教育经费预算，以全日制公办中小学为主接收农民工子女入学，并按照实际在校人数拨付学校公用经费。城市公办学校对农民工子女接受义务教育要与当地学生在收费、管理等方面同等对待，不得违反国家规定向农民工子女加收借读费及其他任何费用。输入地政府对委托承担农民工子女义务教育的民办学校，要在办学经费、师资培训等方面给予支持和指导，提高办学质量。输出地政府要解决好农民工托留在农村子女的教育问题。

2006年新修订的《义务教育法》首次将农民工子女公平接受义务教育问题提升到了法律层面，为随迁子女进入城镇公办学校就读提供了法律保障。

2010年出台的《国家中长期教育改革和发展规划纲要（2010—2020年）》提出，坚持以输入地政府管理为主、以全日制公办中小学为主，确保进城务工人员随迁子女平等接受义务教育，研究制定进城务工人员随迁子女接受义务教育后在当地参加升学考试的办法。健全公共财政对民办教育的扶持政策。政府委托民办学校承担有关教育和培训任务，拨付相应教育经费。县级以上人民政

[1] 新增生均教育事业费是落户前的原籍地农村生均教育事业费与落户后的城市（原籍地城市或新落户城市）生均教育事业费的差值；由于中小学校舍、教学设施等固定资产不具有可流动性，落户农民工子女从农村迁入城市接受义务教育，需要新建中小学校舍、增添教学设施等固定资产，这部分的成本不是计算原籍地农村与新落户城市之间的差值。

府可以根据本行政区域的具体情况设立专项资金，用于资助民办学校。加强省级政府教育统筹。进一步加大省级政府对区域内各级各类教育的统筹。义务教育全面纳入财政保障范围，实行国务院和地方各级人民政府根据职责共同负担，省、自治区、直辖市人民政府负责统筹落实的投入体制。进一步完善中央财政和地方财政分项目、按比例分担的农村义务教育经费保障机制，提高保障水平。

2011年国务院发布《关于进一步加大财政教育投入的意见》，要求加大各省（自治区、直辖市）对下转移支付力度。要按照财力与事权相匹配的要求，进一步完善省以下财政体制，强化省级财政教育支出的统筹责任，防止支出责任过度下移。省级人民政府要根据财力分布状况和支出责任划分，加大对本行政区域内经济欠发达地区的转移支付力度。

2014年国务院发布的《关于进一步推进户籍制度改革的意见》指出，将随迁子女义务教育纳入各级政府教育发展规划和财政保障范畴；逐步完善并落实随迁子女在流入地接受中等职业教育免学费和普惠性学前教育的政策以及接受义务教育后参加升学考试的实施办法。

2015年国务院发布的《关于进一步完善城乡义务教育经费保障机制的通知》提出，整合农村义务教育经费保障机制和城市义务教育奖补政策，建立统一的中央和地方分项目、按比例分担的城乡义务教育经费保障机制。统一城乡义务教育“两免一补”政策。统一城乡义务教育学校生均公用经费基准定额。统一城乡义务教育经费保障机制，实现“两免一补”和生均公用经费基准定额资金随学生流动可携带。省级人民政府要切实发挥省级统筹作用，制定切实可行的实施方案和省以下各级政府间的经费分担办法，完善省以下转移支付制度，加大对本行政区域内困难地区的支持。各地要结合人口流动的规律、趋势和城市发展规划，及时调整完善教育布局，将民办学校纳入本地区教育布局规划，科学合理布局义务教育学校。

2. 新增校舍建设投入

由于随迁子女已在输入地接受义务教育，不需要为他们新建中小学学校，新建校舍主要满足落户农民工留守子女进入城镇的义务教育需求。根据2002年教育部主编的《城市普通中小学校校舍建设标准》，完全小学设30个班，每班45人，人均7.2平方米校舍面积；初级中学设30个班，每班50人，人均9平方米校舍面积。根据《国家中长期教育改革和发展规划纲要》的要求，"推进义务教育学校标准化建设，均衡配置教师、设备、图书、校舍等资源"。因此，"十三五"时期，安排留守子女随落户农民工进城接受义务教育，需要在城市新建超过7173万平方米的中小学校舍，相当于新建超过6555所中小学，全部新建校舍需要投入2178亿元，年均投入436亿元，相当于为每个落户农民工支出新建中小学校舍成本3112元、为每个新随迁子女支出新建校舍成本2.38万元。从地区与城市来看，"十三五"时期，全国339个地级以上行政单元的新建中小学校舍投入平均为6.43亿元，其中Ⅰ类地区城市平均为89.63亿元，Ⅱ类地区城市平均为28.22亿元，III类地区、IV类地区城市分别平均为19.7亿元、1.94亿元。（如表9–2所示）

表9–2 "十三五"时期农民工落户需要新建中小学校舍投入

地区	农民工落户数量（单位：万人）	新随迁学龄子女（单位：万人）	新建校舍面积（单位：万平方米）	新建中小学数量（单位：所）	新建校舍投入（单位：亿元）
全国	7000.00	916.80	7173.59	6555.46	2178.19
全国城市均值	20.65	2.70	21.16	19.34	6.43
Ⅰ类地区	911.00	119.31	933.59	853.15	358.54
Ⅰ类城市均值	227.75	29.83	233.40	213.29	89.63
Ⅱ类地区	2464.00	322.71	2525.11	2307.52	818.49
Ⅱ类城市均值	84.97	11.13	87.07	79.57	28.22
III类地区	1650.00	216.10	1690.92	1545.22	453.15
III类城市均值	71.74	9.40	73.52	67.18	19.70
IV类地区	1975.00	258.67	2023.98	1849.58	548.00
IV类城市均值	7.00	0.92	7.18	6.56	1.94

3. 新购教学设施等固定资产

由于随迁子女已在输入地接受义务教育，不需要为他们新购教学设备，新购教学设备主要满足落户农民工留守子女进入城镇就读的义务教育需求。根据《中国教育统计年鉴2015》，通过计算各省的城区中小学学生数与教学仪器设备资产值，可以得到生均教育仪器设备资产值。假设留守儿童随落户农民工进城接受义务教育，在教育仪器设备投入方面比照各城市城区生均教育仪器设备资产值。那么，“十三五”时期，需要新购教学仪器设备141.44亿元，年均投入28.29亿元，相当于为每个落户农民工支出新购教学设备投入202元、为每个进城的新随迁子女支出新购教学设备投入1543元。从地区与城市来看，“十三五”时期，全国339个地级以上行政单元为新随迁子女购置教学设施等固定资产平均投入为0.42亿元，其中：Ⅰ类地区城市平均为9.96亿元，Ⅱ类地区城市平均为2.20亿元，III类地区、IV类地区城市分别平均为1.08亿元、0.12亿元。（如表9-3所示）

表9-3　“十三五”时期农民工落户需要新购教学设施等固定资产的投入

地区	农民工落户数量（单位：万人）	新随迁学龄子女（单位：万人）	新增教学设备等固定资产购置（单位：亿元）
全国	7000.00	916.80	141.44
全国城市均值	20.65	2.70	0.42
Ⅰ类地区	911.00	119.31	39.85
Ⅰ类城市均值	227.75	29.83	9.96
Ⅱ类地区	2464.00	322.71	63.84
Ⅱ类城市均值	84.97	11.13	2.20
III类地区	1650.00	216.10	25.96
III类城市均值	71.74	9.40	1.08
IV类地区	1975.00	258.67	34.04
IV类城市均值	7.00	0.92	0.12

4. 新增公共财政教育经费

从财政支出总体而言，新增一个落户农民工的子女在城镇接受义务教育，虽然增加了城镇的财政支出，但相应节省了农村的财政支出，二者之间的差额即落户农民工的随迁子女在城镇接受义务教育所需要的新增公共财政教育经费。为了避免重复计算，新增生均公共财政教育经费为落户城镇生均教育经费与原籍地农村生均教育事业费之差。

据测算，7000万农民工落户涉及跨省落户农民工的子女439.08万人就读小学、202.3万人就读初中，也涉及省内落户农民工的子女548.23万人就读小学、252.59万人就读初中。对于跨省落户农民工子女而言，新增教育经费支出是落户省份的地方普通中小学生均公共财政预算教育经费减去全国农村普通中小学的生均公共财政预算教育经费。对于省内落户农民工子女而言，新增教育经费支出是各省的地方普通中小学生均公共财政预算教育经费减去该省农村普通中小学的生均公共财政预算教育经费。

据测算，“十三五”时期，安排7000万农民工进城落户，需要公共财政预算教育经费净增支出为1213.28亿元，年均支出为242.66亿元，相当于每个农民工落户的新增教育支出为1733元，其中跨省落户农民工子女的公共财政预算教育经费净增支出为1436亿元，省内落户农民工子女随迁就读能节省教育经费223亿元。从地区与城市来看，“十三五”时期，我国落户农民工子女带来的净增公共教育支出平均为3.58亿元，Ⅰ类、Ⅱ类、III类、IV类地区城市的平均支出分别为237.61亿元、14.94亿元、−3.64亿元、−0.29亿元，III类、IV类城市公共教育成本不增反降。（如表9−4所示）

表9−4 “十三五”时期我国农民工落户的公共预算教育经费支出

地区	农民工落户数量（万人）	学龄子女数量（万人）	跨省落户农民工子女的新增教育支出		省内落户农民工子女的新增教育支出		新增教育经费总额（亿元）
			小学部分（亿元）	初中部分（亿元）	小学部分（亿元）	初中部分（亿元）	
全国	7000.00	1442.20	1186.66	249.77	−186.23	−36.93	1213.28
全国城市均值	20.65	4.25	3.50	0.74	−0.55	−0.11	3.58

续表

地区	农民工落户数量（万人）	学龄子女数量（万人）	跨省落户农民工子女的新增教育支出		省内落户农民工子女的新增教育支出		新增教育经费总额（亿元）
			小学部分（亿元）	初中部分（亿元）	小学部分（亿元）	初中部分（亿元）	
Ⅰ类地区	911.00	187.69	764.65	165.32	19.00	1.48	950.45
Ⅰ类城市均值	227.75	46.92	191.16	41.33	4.75	0.37	237.61
Ⅱ类地区	2464.00	507.65	370.45	76.54	–8.66	–5.01	433.32
Ⅱ类城市均值	84.97	17.51	12.77	2.64	–0.30	–0.17	14.94
III类地区	1650.00	339.95	7.46	–1.33	–78.80	–14.79	–87.46
III类城市均值	68.75	14.16	0.31	–0.06	–3.28	–0.62	–3.64
IV类地区	1975.00	406.91	44.10	9.24	–117.78	–18.60	–83.04
IV类城市均值	7.00	1.44	0.16	0.03	–0.42	–0.07	–0.29

5. 小结

据测算，“十三五”时期，安排7000万农民工进城落户，需要新增义务教育支出为3532.91亿元，年均支出约706.58亿元，每个农民工进城落户的新增义务教育支出为5047元，每个随迁的中小学生需要新增义务教育支出为2.45万元。

从地区与城市来看，“十三五”时期，全国339个城市的落户农民工子女带来的净增公共教育支出平均为10.42亿元，Ⅰ类、Ⅱ类、III类、IV类地区每个城市的平均值分别为337.21亿元、45.37亿元、16.32亿元、1.77亿元；全国7000万落户农民工人均净增公共教育支出为5047元，Ⅰ类、Ⅱ类、III类、IV类地区每个农民工人均净增公共教育支出分别为1.4806万元、0.5340万元、0.2374万元、0.2527万元。（如表9–5所示）

表9-5 “十三五”时期我国农民工落户的新增义务教育支出

地区	农民工落户数量（万人）	学龄子女数量（万人）	新建校舍投入（亿元）	新增教学设备等固定资产购置（亿元）	新增教育经费（亿元）	教育公共支出总额（亿元）
全国	7000.00	1442.20	2178.19	141.44	1213.28	3532.91
全国城市均值	20.65	4.25	6.43	0.42	3.58	10.42
Ⅰ类地区	911.00	187.69	358.54	39.85	950.45	1348.84
Ⅰ类城市均值	227.75	46.92	89.63	9.96	237.61	337.21
Ⅱ类地区	2464.00	507.65	818.49	63.84	433.32	1315.65
Ⅱ类城市均值	84.97	17.51	28.22	2.20	14.94	45.37
Ⅲ类地区	1650.00	339.95	453.15	25.96	–87.46	391.65
Ⅲ类城市均值	68.75	14.16	19.70	1.08	–3.64	16.32
Ⅳ类地区	1975.00	406.91	548.00	34.04	–83.04	499.00
Ⅳ类城市均值	7.00	1.44	1.94	0.12	–0.29	1.77

（二）农民工落户的住房保障成本

1. 农民工住房保障基本情况

住房保障方式分为实物保障和货币补贴两大类，对应不同收入、不同类型的无力自主到市场上解决基本住房需求的困难群体。实物保障分为提供租赁型的公共租赁住房，以及提供购置型的经济适用住房、限价商品住房、城市和国有工矿（含煤矿）、林区、垦区、棚户区改造安置住房等多种类型。在实行实物保障的同时，也对在市场上租赁住房的困难家庭发放租房补贴。住房保障对象也由户籍家庭扩展至常住人口。（参考专栏9–2所示）

住房保障的事权在地方政府。中央政府主要负责政策制定、指导实施、监督考核，省级政府负总责、市县政府抓落实。2009年7月，经国务院同意，成立了由住房和城乡建设部牵头，国家发展改革委、财政部、民政部等20个部门参加的保障性安居工程协调小组，自2010年起每年与各省级人民政府签订住房保障目标责任书。“十二五”以来，国务院及相关主管部门连续出台多项与保障性安居工程建设相关的法规文件，完善包括筹资渠道、保障方式、土地供应、项目选址、基础配套、财政贴息、保障房公平分配、安居工程质量保证等方面的制度体系。基本形成了一整套促进保障性安居工程建设持续健康发展的制度安排和政策体系。各地政府也积极探索创新保障安居工程建设有效实施的相关制度安排。根据住房和城乡建设部最新发布的数据显示，2015年全国城镇保障性安居工程计划新开工740万套（其中各类棚改580万套），基本建成480万套，截至2015年底，已开工783万套，基本建成772万套，均超额完成年度目标任务，完成投资1.54万亿元，其中，棚改开工601万套，占年度目标任务的104%[1]。

根据《2015年农民工监测调查报告》，在外出农民工中，独立租赁居住的比例为18.9%，在务工地自购住房的农民工比例为1.3%，不提供住宿也没有住房补贴的比重为46%；外出农民工中，从雇主或单位得到免费住宿的农民工所占比重为46.1%，比上年下降0.7个百分点；从雇主或单位得到住房补贴的农民工所占比重为7.9%，下降0.7个百分点；不提供住宿也没有住房补贴的比重为46%，提高1.4个百分点，得到雇主（或单位）提供免费宿舍或住房补贴的农民工减少[2]。

2. 新增住房保障投入

住房保障成本是各级政府为中低收入农民工建设廉租房的财政支出。根据国家基本公共服务体系“十二五”规划的要求，享有实物配租的城镇低收入住房困难家庭，人均住房建筑面积13平方米左右。根据《国家新型城镇化规划（2014—2020年）》的目标，到2020年城镇常住人口保障性住房覆盖率为23%。

假设7000万落户农民工在落户之前没有享受到所在城市的保障性住房。到2020年，7000万落户农民工中有23%需要提供保障性住房。在具体实现形式上，

[1] http://news.xinhuanet.com/fortune/2016-01/08/c_128610112.htm。

[2] http://www.stats.gov.cn/tjsj/zxfb/201604/t20160428_1349713.html。

假设新落户农民工按城镇低收入住房困难家庭的标准以实物配租的形式享受廉租住房，享受人均13平方米的实物配租。政府公共投入主要是建设廉租住房，每平方米廉租住房的建设成本参照2014年房地产开发竣工房屋造价。（如表9-6所示）

专栏9-2 农民工住房保障政策的演变

住房保障是重大民生问题。近年来，各级政府积极探索把农民工纳入城镇住房保障范畴，出台了一系列的政策文件。

2006年，国务院出台《关于解决农民工问题的若干意见》指出，农民工集中的开发区和工业园区，可建设统一管理、供企业租用的员工宿舍，集约利用土地。加强对城乡接合部农民工聚居地区的规划、建设和管理，提高公共基础设施保障能力。各地要把长期在城市就业与生活的农民工居住问题，纳入城市住宅建设发展规划。有条件的地方，城镇单位聘用农民工，用人单位和个人可缴存住房公积金，用于农民工购买或租赁自住住房。

2012年发布的《国家基本公共服务体系“十二五”规划》提出，健全廉租住房保障方式，实行实物配租和租赁补贴相结合，多渠道筹集廉租住房房源。完善租赁补贴制度，通过发放租赁补贴增强低收入家庭在市场上承租住房的能力。重点发展公共租赁住房，逐步使其成为保障性住房的主体，并逐步实现与廉租住房统筹建设、并轨运行。

2014年国务院出台《关于进一步做好为农民工服务工作的意见》指出，统筹规划城镇常住人口规模和建设用地面积，将解决农民工住房问题纳入住房发展规划。完善住房保障制度，将符合条件的农民工纳入住房保障实施范围。逐步将在城镇稳定就业的农民工纳入住房公积金制度实施范围。

2014年国务院发布的《关于进一步推进户籍制度改革的意见》指出，把进城落户农民完全纳入城镇住房保障体系，采取多种方式保障农业转移人口基本住房需求。

表9-6 我国基本住房保障服务国家基本标准

服务项目	服务对象	保障标准	支出责任
廉租住房	城镇低收入住房困难家庭	享有实物配租的，人均住房建筑面积13平方米左右，套型建筑面积50平方米以内，租金标准由市、县政府确定；享有租赁补贴的，租赁补贴标准由市、县政府根据当地经济发展水平、市场平均租金、家庭经济承受能力等因素确定	市、县政府负责，省级政府给予资金支持，中央给予资金补助
公共租赁住房	城镇中等偏下收入住房困难家庭、新就业无房职工、城镇稳定就业的外来务工人员	单套建筑面积以40平方米左右的小户型为主，租金水平由市、县政府根据市场租金水平和供应对象的支付能力等因素确定	市、县政府负责，引导社会资金投入，省级政府给予资金支持，中央给予资金补助

据测算，“十三五”时期，安排7000万农民工落户，需要为1610万农民工提供保障性住房，总计新建廉租房20930万平方米，新建廉租房成本为6358亿元，年均成本为1271.6亿元，每个落户农民工的保障性住房成本为0.9083万元。从地区与城市来看，“十三五”时期，我国每个城市的保障性住房投入平均为18.76亿元，Ⅰ类地区每个城市的保障性住房投入平均为261.52亿元，Ⅱ类、III类、IV类地区每个城市的保障性住房投入分别为82.35亿元、55.29亿元、5.66亿元，Ⅰ类、Ⅱ类、III类、IV类地区每个落户农民工的保障性住房成本分别为1.15万元、0.97万元、0.8万元、0.81万元。（如表9-7所示）

表9-7 “十三五”时期农民工落户的保障性住房投入

地区	农民工落户数量（万人）	保障房覆盖的农民工数量（万人）	新建廉租房面积（万平方米）	新建廉租房成本（亿元）
全国	7000.00	1610.00	20930.00	6358.06
全国城市均值	20.65	4.75	61.74	18.76

续表

地区	农民工落户数量（万人）	保障房覆盖的农民工数量（万人）	新建廉租房面积（万平方米）	新建廉租房成本（亿元）
Ⅰ类地区	911.00	209.53	2723.89	1046.09
Ⅰ类城市均值	227.75	52.38	680.97	261.52
Ⅱ类地区	2464.00	566.72	7367.36	2388.07
Ⅱ类城市均值	84.97	19.54	254.05	82.35
Ⅲ类地区	1650.00	379.50	4933.49	1326.89
Ⅲ类城市均值	68.75	15.81	205.56	55.29
Ⅳ类地区	1975.00	454.25	5905.25	1597.00
Ⅳ类城市均值	7.00	1.61	20.94	5.66

（三）农民工落户的社会保险成本

1. 农民工社会保险基本情况

随着农民工在城镇就业长期化、举家化，农民工的社会保障问题日益突出。根据人力资源和社会保障部发布的《中国社会保险发展年度报告2014》，截至2014年底，全国城乡居民基本养老保险参保人数达到50107万人，比上年增加357万人，增长0.7%。2014年全国城乡居民基本养老保险人均养老金每月为90元，比上年提高8元。城镇（城乡）居民基本医疗保险参保人数达31451万人，比上年增加1822万人，增长6.1%。根据《2014年全国农民工监测调查报告》显示，外出农民工“五险一金”的参保率分别为工伤保险29.7%、医疗保险18.2%、养老保险16.4%、失业保险9.8%、生育保险7.1%、住房公积金5.6%。

社会保险成本是指进城落户农民工享受城镇基本养老保险与城镇基本医疗保险所需要的各级财政支出。按照目前城镇职工养老保险与医疗保险的规定，农民工参保城镇职工养老保险与医疗保险主要由企业与农民工个人承担。根据《国务院关于完善企业职工基本养老保险制度的决定》等政策文件，需要帮助困难人群参保缴费，考虑到农民工、用工企业的实际情况，调整其缴费标准、设立缴费分档、建立缴费补贴。为了降低进城落户农民的实际困难，在具体操作上，可探

索参照城镇居民养老保险、医疗保险的办法，对进城落户农民工参保予以缴费补助。（如专栏9-8所示）

专栏9-3　农民工社会保险的政策演变

近年来，各级政府积极探索农民工的社会保障问题，出台了一系列的政策文件。

2006年，国务院出台《关于解决农民工问题的若干意见》指出，抓紧研究低费率、广覆盖、可转移，并能够与现行的养老保险制度衔接的农民工养老保险办法。有条件的地方，可直接将稳定就业的农民工纳入城镇职工基本养老保险。已经参加城镇职工基本养老保险的农民工，用人单位要继续为其缴费。劳动保障部门要抓紧制定农民工养老保险关系异地转移与接续的办法。有条件的地方，可直接将稳定就业的农民工纳入城镇职工基本医疗保险。

2007年国务院出台的《关于开展城镇居民基本医疗保险试点的指导意见》规定，不属于城镇职工基本医疗保险制度覆盖范围的中小学阶段的学生（包括职业高中、中专、技校学生）、少年儿童和其他非从业城镇居民都可自愿参加城镇居民基本医疗保险。城镇居民基本医疗保险以家庭缴费为主，政府给予适当补助。参保居民按规定缴纳基本医疗保险费，享受相应的医疗保险待遇，有条件的用人单位可以对职工家属参保缴费给予补助。

2010年出台的《社会保险法》规定，职工应当参加基本养老保险，由用人单位和职工共同缴纳基本养老保险费。基本养老保险基金由用人单位和个人缴费以及政府补贴等组成。基本养老保险基金出现支付不足时，政府给予补贴。参加基本养老保险的个人，达到法定退休年龄时累计缴费满15年的，按月领取基本养老金。《社会保险法》同时规定，职工应当参加职工基本医疗保险，由用人单位和职工按照国家规定，共同缴纳基本医疗保险费。国家建立和完善城镇居民基本医疗保险制度。城镇居民基本医疗保险实行个人缴费和政府补贴相结合。

2011年国务院出台《国务院关于开展城镇居民养老保险试点的指导意见》指出，年满16周岁（不含在校学生）、不符合职工基本养老保险参保条件的城镇非从业居民，可以在户籍地自愿参加城镇居民养老保险。城镇居民养老保险基金主要由个人缴费和政府补贴构成。政府对符合待遇领取条件的参保人全额支付城镇居民养老保险基础养老金。其中，中央财政对中西部地区按中央确定的基础养老金标准给予全额补助，对东部地区给予50%的补助。地方人民政府应对参保人员缴费给予补贴。中央确定的基础养老金标准为每人每月55元。地方人民政府可以根据实际情况提高基础养老金标准，对于长期缴费的城镇居民，可适当加发基础养老金，提高和加发部分的资金由地方人民政府支出。

2014年人力资源和社会保障部、财政部出台《城乡养老保险制度衔接暂行办法》，有利于促进劳动力的合理流动，保障广大城乡参保人员的权益。

2014年国务院发布的《关于进一步推进户籍制度改革的意见》指出，把进城落户农民完全纳入城镇社会保障体系，在农村参加的养老保险和医疗保险规范接入城镇社会保障体系，完善并落实医疗保险关系转移接续办法和异地就医结算办法，整合城乡居民基本医疗保险制度，加快实施统一的城乡医疗救助制度。提高统筹层次，实现基础养老金全国统筹，加快实施统一的城乡居民基本养老保险制度，落实城镇职工基本养老保险关系转移接续政策。

2014年国务院出台《关于进一步做好为农民工服务工作的意见》指出，依法将与用人单位建立稳定劳动关系的农民工纳入城镇职工基本养老保险和基本医疗保险，研究完善灵活就业农民工参加基本养老保险政策，灵活就业农民工可以参加当地城镇居民基本医疗保险。实施“全民参保登记计划”，推进农民工等群体依法全面持续参加社会保险。

2014年国务院发布《关于建立统一的城乡居民基本养老保险制度的意见》提出，“十二五”末，在全国基本实现新农保和城居保制度合并实施，并与职工基本养老保险制度相衔接。2020年前，全面建成公平、统一、规范的城乡居民养老保险制度。

2015年人力资源和社会保障部、财政部发布《关于提高全国城乡居民基本养老保险基础养老金最低标准的通知》，从2014年7月1日起，全国城乡居民基本养老保险基础养老金最低标准提高至每人每月70元，即在原每人每月55元的基础上增加15元。提高标准所需资金，中央财政对中西部地区给予全额补助、对东部地区给予50%的补助。

2016年国务院发布《关于整合城乡居民基本医疗保险制度的意见》指出，城乡居民医保制度覆盖范围包括现有城镇居民医保和新农合所有应参保（合）人员，即覆盖除职工基本医疗保险应参保人员以外的其他所有城乡居民。农民工和灵活就业人员依法参加职工基本医疗保险，有困难的可按照当地规定参加城乡居民医保。坚持多渠道筹资，继续实行个人缴费与政府补助相结合为主的筹资方式，鼓励集体、单位或其他社会经济组织给予扶持或资助。

2016年人力资源和社会保障部、财政部制定的《关于做好2016年城镇居民基本医疗保险工作的通知》指出，2016年各级财政对居民医保的补助标准在2015年的基础上提高40元，达到每人每年420元。其中，中央财政对120元基数部分按原有比例补助，对增加的300元按照西部地区80%、中部地区60%的比例补助，对东部地区各省份分别按一定比例补助。

2. 新增医疗保险成本

根据国务院发布的《关于整合城乡居民基本医疗保险制度的意见》，农民工和灵活就业人员依法参加职工基本医疗保险，有困难的可按照当地规定参加城乡居民医保。本文的医疗保险成本是参照城镇居民医疗保险的缴费补贴标准，由中央和地方政府对农民工享受城镇基本医疗保险予以财政补助。

2015年代表性农民工的年龄为38.6岁，人均预期寿命76.34岁，享受居民医疗保险的年限约为38年（即到2053年）。2016年各级财政对城镇居民医疗保险的补助为420元，假设各级财政对城镇居民医疗保险的人均补助标准保持不变，从2016年到2053年，每个落户农民工的医疗保险公共支出为1.596万元。

“十三五”时期，各级政府对7000万进城落户农民工按城镇居民医疗人均补助标准予以补助，需要医疗保险总投入11172亿元，从2016到2053年每年平均投入约300亿元。从地区与城市来看，“十三五”时期，我国每个城市的落户农民工医疗保险公共支出平均为32.96亿元，其中：Ⅰ类地区城市平均为363.49亿元，Ⅱ类地区城市平均为135.6亿元，III类、IV类地区城市分别为109.72亿元、11.18亿元。（如表9–8所示）

表9–8 “十三五”时期农民工落户的医疗保险公共支出（单位：亿元）

地区	落户农民工数量			医疗保险公共支出		
	总量	跨省农民工	省内农民工	总量	跨省农民工	省内农民工
全国	7000.00	3113.04	3886.96	11172.00	4968.41	6203.59
全国城市均值	20.65	9.18	11.47	32.96	14.66	18.30
Ⅰ类地区	911.00	742.71	168.29	1453.96	1185.36	268.59
Ⅰ类城市均值	227.75	185.68	42.07	363.49	296.34	67.15
Ⅱ类地区	2464.00	1639.12	824.88	3932.54	2616.04	1316.50
Ⅱ类城市均值	84.97	56.52	28.44	135.60	90.21	45.40
III类地区	1650.00	339.78	1310.22	2633.40	542.29	2091.11
III类城市均值	68.75	14.16	54.59	109.72	22.60	87.13
IV类地区	1975.00	391.42	1583.58	3152.10	624.71	2527.39
IV类城市均值	7.00	1.39	5.62	11.18	2.22	8.96

3. 新增养老保险成本

根据2014年国务院发布的《关于进一步推进户籍制度改革的意见》指出，把进城落户农民完全纳入城镇社会保障体系，加快实施统一的城乡居民基本养老保险制度。人力资源和社会保障部、财政部出台的《城乡养老保险制度衔接暂行办法》，打通了城镇职工养老保险、城镇居民养老保险之间的制度通道。本文的养老保险成本是参照城镇居民养老保险的基础养老金标准与政府缴费补贴，由中央和地方政府对落户农民工享受城镇基本养老保险予以财政补助。

2015年代表性农民工的年龄为38.6岁，人均预期寿命76.34岁，享受居民养老保险的年限约为16年（参保人员60岁后领取养老金）。假设代表性农民工在60岁之前一直缴纳居民养老保险，并由地方予以缴费补助，满60岁后享受政府给予的基础养老金，那么从2016年到2053年，每个进城落户农民工的养老保险公共支出约为1.575万元（城乡居民基本养老保险的基础养老金最低标准为每月70元，缴费补助每年不低于30元）。

据测算，“十三五”时期，推进7000万农民工落户，需要的养老保险公共支出为11025亿元。从地区与城市来看，全国339个城市每个城市的落户农民工养老保险公共支出平均为32.52亿元，其中：Ⅰ类地区城市平均为358.71亿元，Ⅱ类城市平均为133.82亿元，III类、IV类城市分别为108.28亿元、11.03亿元。（如表9-9所示）

表9-9　“十三五”时期农民工落户的养老保险公共支出（单位：亿元）

地区	落户农民工数量			养老保险公共支出		
	总量	跨省农民工	省内农民工	总量	跨省农民工	省内农民工
全国	7000.00	3113.04	3886.96	11025.00	4903.03	6121.96
全国城市均值	20.65	9.18	11.47	32.52	14.46	18.06
Ⅰ类地区	911.00	742.71	168.29	1434.83	1169.77	265.06
Ⅰ类城市均值	227.75	185.68	42.07	358.71	292.44	66.26
Ⅱ类地区	2464.00	1639.12	824.88	3880.80	2581.62	1299.18
Ⅱ类城市均值	84.97	56.52	28.44	133.82	89.02	44.80
III类地区	1650.00	339.78	1310.22	2598.75	535.15	2063.59
III类城市均值	68.75	14.16	54.59	108.28	22.30	85.98
IV类地区	1975.00	391.42	1583.58	3110.63	616.49	2494.13
IV类城市均值	7.00	1.39	5.62	11.03	2.19	8.84

4. 小结

据测算，“十三五”时期，推进7000万农民工落户，需要的社会保险公共支出为22197亿元，人均支出3.171万元。从地区与城市来看，全国339个城市每个城市的落户农民工社会保险公共支出平均为65.48亿元，其中：Ⅰ类地区城市平均为722.2亿元，Ⅱ类城市平均为269.43亿元，III类、IV类城市分别为218.01亿元、22.21亿元。（如表9-10所示）

表9-10 “十三五”时期7000万农民工落户的社会保险公共支出（单位：亿元）

地区	落户农民工数量			社会保险公共支出		
	总量	跨省农民工	省内农民工	总量	跨省农民工	省内农民工
全国	7000.00	3113.04	3886.96	22197.00	9871.44	12325.55
全国城市均值	20.65	9.18	11.47	65.48	29.12	36.36
Ⅰ类地区	911.00	742.71	168.29	2888.79	2355.13	533.65
Ⅰ类城市均值	227.75	185.68	42.07	722.20	588.78	133.41
Ⅱ类地区	2464.00	1639.12	824.88	7813.34	5197.66	2615.68
Ⅱ类城市均值	84.97	56.52	28.44	269.43	179.23	90.20
III类地区	1650.00	339.78	1310.22	5232.15	1077.44	4154.70
III类城市均值	68.75	14.16	54.59	218.01	44.89	173.11
IV类地区	1975.00	391.42	1583.58	6262.73	1241.20	5021.52
IV类城市均值	7	1.39	5.62	22.21	4.40	17.81

（四）农民工落户的就业扶持成本

1. 农民工就业扶持基本情况

近年来，国家对农民工职业技能培训越来越重视，相继出台了一系列政策措施，不断健全培训制度体系，包括人力资源社会保障部“农村劳动力技能就业计划”、农业部“阳光工程”、国务院扶贫办“雨露计划”等。地方政府也对农民工技能培训予以资金配套。根据《广东省省级农村劳动力培训转移就业专项补助资金管理暂行办法》，广东省按每人1400元的补助标准对培训项目实行补助；根据《安徽省农民工技能培训补助资金使用管理暂行办法》，对A类技能培训予以800元/人的补贴标准；甘肃省从2007年实施“两后生”培训计划，对农村贫困家庭青年进行中长期技能培训，“两后生”补助标准为第一年1500元、第二年1000元。

目前农民工经过政府补贴技能培训的约有1/3，大城市多数实行的是积分落户制，有技能的先落户，技能少的后落户，没技能的难落户。根据《2014年全国农民工监测调查报告》，接受过技能培训的农民工占34.8%，其中：接受非农业职业技能培训的占32%，接受过农业技能培训的占9.5%，农业和非农业职业技能培训都参加过的占6.8%。分性别看，男性农民工接受过农业和非农业职业技能培训的占36.4%，女性占31.4%。（参考专栏9-4所示）

专栏9-4　农民工就业扶持的政策演变

2014年国务院出台的《关于进一步做好为农民工服务工作的意见》指出，到2020年，转移农业劳动力总量继续增加，每年开展农民工职业技能培训2000万人次。加大培训资金投入，合理确定培训补贴标准，落实职业技能鉴定补贴政策。改进培训补贴方式，重点开展订单式培训、定向培训、企业定岗培训，面向市场确定培训职业（工种），形成培训机构平等竞争、农民工自主参加培训、政府购买服务的机制。鼓励企业组织农民工进行培训，符合相关规定的，对企业给予培训补贴。鼓励大中型企业联合技工院校、职业院校，建设一批农民工实训基地。

2014年出台的《国家新型城镇化规划（2014—2020年）》提出，加强农民工职业技能培训，提高就业创业能力和职业素质。整合职业教育和培训资源，全面提供政府补贴职业技能培训服务。强化企业开展农民工岗位技能培训责任，足额提取并合理使用职工教育培训经费。鼓励高等学校、各类职业院校和培训机构积极开展职业教育和技能培训，推进职业技能实训基地建设。鼓励农民工取得职业资格证书和专项职业能力证书，并按规定给予职业技能鉴定补贴。加大农民工创业政策扶持力度，健全农民工劳动权益保护机制。

2016年的政府工作报告中提出，要实施农民工技能提升计划，每年要培训农民工2000万人次。到2020年前，可使农民工都能够享受一次政府补贴的技能培训，基本消除无技能上岗的现象。

2. 新增农民工就业扶持投入

技能培训成本是各级政府为农民工免费提供职业技能培训的财政支出。根据《2014年全国农民工监测调查报告》，接受过技能培训的农民工占34.8%，又按照《国家新型城镇化规划（2014—2020年）》对于城镇失业人员、农民工、新成长劳动力免费提供基本职业技能培训覆盖率大于95%的要求，到2020年需要安排农民工免费接受基本职业技能培训的比例至少为60.2%。根据全国农民工技能培训情况来看，人均财政补贴约为800元[1]。

据测算，“十三五”时期，实现7000万农民工落户，需要安排落户农民工技能培训支出约为337.12亿元，相当于每个落户农民工的技能培训支出为481.6元。从地区与城市来看，“十三五”时期，全国339个城市每个城市落户农民工的技能培训支出平均约为0.99亿元，其中：Ⅰ类地区城市平均为10.97亿元，Ⅱ类地区城市平均约为4.09亿元，III类、IV类地区城市平均为3.31亿元、0.34亿元。（如表9-11所示）

表9-11 “十三五”时期落户农民工的技能培训支出（单位：亿元）

地区	落户农民工数量			技能培训支出		
	总量	跨省农民工	省内农民工	总量	跨省农民工	省内农民工
全国	7000.00	3113.04	3886.96	337.12	149.92	187.20
全国城市均值	20.65	9.18	11.47	0.99	0.44	0.55
Ⅰ类地区	911.00	742.71	168.29	43.87	35.77	8.10
Ⅰ类城市均值	227.75	185.68	42.07	10.97	8.94	2.03
Ⅱ类地区	2464.00	1639.12	824.88	118.67	78.94	39.73
Ⅱ类城市均值	84.97	56.52	28.44	4.09	2.72	1.37
III类地区	1650.00	339.78	1310.22	79.46	16.36	63.10
III类城市均值	68.75	14.16	54.59	3.31	0.68	2.63
IV类地区	1975.00	391.42	1583.58	95.12	18.85	76.27
IV类城市均值	7.00	1.39	5.62	0.34	0.07	0.27

[1] http://news.xinhuanet.com/politics/2015-03/02/c_127531500.htm。

（五）农民工落户的医疗卫生成本

1. 农民工医疗卫生保障基本情况

随着近年来工业化和城镇化的加速推进，大量青壮年劳动力人口从农村流入城市，城镇医疗服务需求将急剧增加。被纳入城镇人口统计的2亿多农民工及其随迁家属尚未与城镇居民平等享受医疗卫生公共服务。同时，到2020年要推动1亿左右农业转移人口和其他常住人口在城镇落户、完成约1亿人居住的城镇棚户区和城中村改造、引导约1亿人在中西部地区就近城镇化，部分地区医疗卫生资源供需矛盾将更加突出，医疗卫生资源布局调整面临更大挑战。（参考专栏9–5所示）

从2009年医改启动以来，各级财政努力调整支出结构，不断加大投入力度，政府卫生投入实现了跨越式增长。根据财政决算数据，从2009年到2015年全国各级财政医疗卫生累计支出达到56400多亿元，年均增幅达到20.8%，比同期全国财政支出增幅高4.8个百分点，医疗卫生支出占财政支出的比重从医改前2008年的5.1%提高到2015年的6.8%。（如表9–12所示）

专栏9–5　农民工医疗卫生保障的政策演变

2015年发布的《全国医疗卫生服务体系规划纲要（2015—2020年）》提出，到2020年，每千常住人口医疗卫生机构床位数控制在6张，其中：医院床位数4.8张，基层医疗卫生机构床位数1.2张。在医院床位中，公立医院床位数3.3张，按照每千常住人口不低于1.5张为社会办医院预留规划空间。根据常住人口规模合理配置公立医院床位规模，重在控制床位的过快增长。各地应结合当地实际情况，参考指标研究制定本地区公立医院床位层级设置：每千常住人口公立医院床位数3.3张（含妇幼保健院床位）。

2016年国务院办公厅发布《深化医药卫生体制改革2016年重点工作任务》提出，稳固完善基本公共卫生服务均等化制度，把人均基本公共卫生服务经费财政补助标准提高到45元；中央财政安排补助资金支持住院医师规范化培训，按照每人每年3万元的标准支持19万名学员参加住院医师规范培训，这就是常说的“5+3”。另外，还支持启动“3+2”，就是助理全科医生培训，按照每人每年2万元的标准，支持首批5000名专科毕业生参加助理全科医生培训。

表9-12 2020年全国医疗卫生服务体系资源要素配置主要指标

主要指标	2020年目标	2013年现状	指标性质
每千常住人口医疗卫生机构床位数（张）	6	4.55	指导性
医院	4.8	3.56	指导性
公立医院（家）	3.3	3.04	指导性
社会办医院（家）	1.5	0.52	指导性
基层医疗卫生机构（家）	1.2	0.99	指导性
每千常住人口执业（助理）医师数（人）	2.5	2.06	指导性
每千常住人口注册护士数（人）	3.14	2.05	指导性
每千常住人口公共卫生人员数（人）	0.83	0.61	指导性
每万常住人口全科医生数（人）	2	1.07	约束性

2. 新增农民工医疗卫生投入

落户农民工的医疗卫生公共支出包括4个部分：一是新增的人均基本公共卫生服务经费，二是医疗机构房屋建筑建设投入，三是医疗机构固定资产购置，四是执业医师培训支出。

（1）基本公共卫生服务费。根据2016年国务院办公厅发布的《深化医药卫生体制改革2016年重点工作任务》，人均基本公共卫生服务经费财政补助标准为每年45元。2015年代表性农民工的年龄为38.6岁，人均预期寿命76.34岁，则落户农民工的人均基本公共卫生服务经费按38年计算，共计1710元。

（2）医疗机构房屋建筑建设投入。根据2015年发布的《全国医疗卫生服务体系规划纲要（2015—2020年）》，到2020年，每千常住人口的公立医院床位数为3.3张。根据《中国卫生和计划生育统计年鉴2015》，每床占用业务用房面积约为76.82平方米。同时根据全国各省份房地产开发房屋竣工造价，可计算得到相应的医疗机构房屋建筑建设投入。

（3）医疗机构固定资产购置投入。根据2015年发布的《全国医疗卫生服务体系规划纲要（2015—2020年）》，到2020年，每千常住人口的公立医院床位数为3.3张。根据《中国卫生和计划生育统计年鉴2015》，平均每床固定资产为17.4万元。由此可计算得到全国各省份相应的医疗机构固定资产购置投入。

（4）执业医师培训支出。根据2015年发布的《全国医疗卫生服务体系规划纲要（2015—2020年）》，到2020年，每千常住人口执业（助理）医师数为2.5人。又根据2016年国务院办公厅发布的《深化医药卫生体制改革2016年重点工作任务》，中央财政按照每人每年3万元的标准补贴支持19万名学员参加住院医师规范培训，每人共计补贴9万元。由此可计算1亿农民工落户相应的执业医师培训支出。

根据测算，“十三五”时期，实现7000万农民工落户，需要安排落户农民工的医疗卫生公共支出约为2295.5亿元，相当于每个落户农民工的医疗卫生公共支出为3279元。从地区与城市来看，“十三五”时期，我国每个城市落户农民工的医疗卫生公共支出平均约为6.77亿元，其中：Ⅰ类地区城市平均为79.32亿元，Ⅱ类地区城市平均为28.30亿元，III类、IV类地区城市平均为21.94亿元、2.24亿元。（如表9-13所示）

表9-13 “十三五”时期落户农民工的医疗卫生公共支出

地区	落户农民工数量（万人）	落户农民工医疗卫生公共支出（亿元）				
		基本公共卫生服务经费	医疗卫生机构房屋建筑投入	医疗卫生机构固定资产投入	执业（助理）医师培训支出	总计
全国	7000.00	539.07	1197.00	401.94	157.50	2295.50
全国城市均值	20.65	1.59	3.53	1.19	0.46	6.77
Ⅰ类地区	911.00	88.69	155.78	52.31	20.50	317.28
Ⅰ类城市均值	227.75	22.17	38.95	13.08	5.12	79.32
Ⅱ类地区	2464.00	202.47	421.34	141.48	55.44	820.74
Ⅱ类城市均值	84.97	6.98	14.53	4.88	1.91	28.30
III类地区	1650.00	112.50	282.15	94.74	37.12	526.52
III类城市均值	68.75	4.69	11.76	3.95	1.55	21.94
IV类地区	1975.00	135.40	337.73	113.40	44.44	630.97
IV类城市均值	7.00	0.48	1.20	0.40	0.16	2.24

三、农民工群体差别化落户成本的分担机制与效益分析

(一)农民工落户成本的规模与结构

根据测算，“十三五”时期，推进7000万农民工落户，从全生命周期的视角出发，需要公共财政支出共计34720.57亿元，每个城市平均为102.42亿元。从地区与城市来看，Ⅰ类地区农民工落户成本为5644.87亿元，每个城市平均为1411亿元；Ⅱ类地区农民工落户成本为12456.47亿元，每个城市平均为429.53亿元；III类地区农民工落户成本为7563亿元，每个城市平均为315亿元；IV类地区农民工落户成本为9078亿元，每个城市平均为32亿元。(如表9-14所示)

表9-14 “十三五”时期7000万农民工落户的公共成本规模与结构(单位：万人；亿元)

地区	落户农民工数量	义务教育投入	保障性住房投入	社会保险投入	技能培训投入	医疗卫生投入	农民工落户成本
全国	7000.00	3532.90	6358.06	22196.99	337.12	2295.50	34720.57
全国城市均值	20.65	10.42	18.76	65.48	0.99	6.77	102.42
Ⅰ类地区	911	1348.84	1046.09	2888.78	43.87	317.28	5644.87
Ⅰ类城市均值	227.75	337.21	261.52	722.20	10.97	79.32	1411.22
Ⅱ类地区	2464	1315.65	2388.07	7813.34	118.67	820.74	12456.47
Ⅱ类城市均值	84.97	45.37	82.35	269.43	4.09	28.30	429.53
III类地区	1650	398.12	1326.89	5232.14	79.46	526.52	7563.14
III类城市均值	68.75	16.59	55.29	218.01	3.31	21.94	315.13
IV类地区	1975	492.53	1597.00	6262.73	95.12	630.97	9078.35
IV类城市均值	7.00	1.75	5.66	22.21	0.34	2.24	32.19

根据测算，1个代表性农民工落户需要支出公共成本4.96万元，其中义务教育成本0.5万元、保障住房投入0.91万元、社会保险投入3.17万元、医疗卫生投入0.33万元、技能培训投入0.0481万元。分地区与城市来看，Ⅰ类地区1个代表性农民工的落户成本为6.2万元，其中义务教育成本、保障性住房成本明显高于其他地区，

Ⅱ类地区、III类地区、IV类地区代表性农民工的落户成本分别为5.06万元、4.58万元、4.6万元。（如表9–15所示）

表9–15　1个代表性农民工落户的公共成本情况（单位：万元）

地区	义务教育投入	保障性住房投入	社会保险投入	技能培训投入	医疗卫生投入	农民工落户成本
全国	0.50	0.91	3.17	0.05	0.33	4.96
Ⅰ类地区	1.48	1.15	3.17	0.05	0.35	6.20
Ⅱ类地区	0.53	0.97	3.17	0.05	0.33	5.06
III类地区	0.24	0.80	3.17	0.05	0.32	4.58
IV类地区	0.25	0.81	3.17	0.05	0.32	4.60

根据成本支付期限的不同，农民工落户需要的公共成本分为III类：第一类是一次性支出的成本，包括义务教育中的新建校舍、新购教学仪器等固定资产，保障性住房成本，技能培训成本，医疗卫生中的新建病房等建筑成本、新购医疗仪器设备成本、执业医师培训成本；第二类是连续性支出的成本，包括义务教育公共预算经费、落户农民工参保城镇居民医疗保险的年度财政补贴、参保城镇居民养老保险的缴费补助、人均基本公共卫生服务经费；第三类是远期性支出的成本，指落户农民工参保城镇居民养老保险的基础养老金（由政府财政负担）。对于1个代表性落户农民工而言，落户所需的公共成本总额为4.96万元，但在“十三五”时期需要一次性支出的成本为1.54万元，占比为31.02%；需要在全生命周期连续性支出的成本为1.91万元，占比为38.49%；需要远期支出的成本为1.51万元，占比为30.48%。（如表9–16所示）

表9–16　农民工落户的公共成本支出期限结构

成本类别	义务教育（亿元）	保障住房（亿元）	社会保险（亿元）	就业培训（亿元）	医疗卫生（亿元）	全国合计（亿元）	个人合计（万元）	占总成本的比例
一次性支出的成本	2319.63	6358.06	—	337.12	1756.44	10771.25	1.54	31.02%
连续性支出的成本	1213.28	—	11613.00	—	539.07	13365.35	1.91	38.49%

续表

成本类别	义务教育（亿元）	保障住房（亿元）	社会保险（亿元）	就业培训（亿元）	医疗卫生（亿元）	全国合计（亿元）	个人合计（万元）	占总成本的比例
远期性支出的成本	—	—	10584	—	—	10584.00	1.51	30.48%
合计	3532.91	6358.06	22197.00	337.12	2295.51	34720.59	4.96	100.00%

（二）各级政府对农民工落户成本的分担

1. 成本分担的基本原则

（1）科学厘清政府分摊与市场分摊的成本范围。从已有的政策研究来看，一个误区是往往把企业、个人承担的市场成本与政府承担的公共成本混为一谈，客观上夸大了加快推进农民工市民化的公共财政支出压力。以医疗保险为例，农民工参加城镇职工养老保险一般由雇主或单位按工资的12%缴纳，个人按工资的2%缴纳，各地政府只承担城镇职工医疗保险的经办费用、弥补城镇职工医疗保险费用缺口。只有当农民工随迁子女、父母等参加城镇居民医疗保险时，才需要当地公共财政予以缴费补助。因此，加快推进农民工市民化亟需正确理清政府、企业、个人在农民工市民化成本上的分摊责任，既要避免夸大政府的公共财政支出规模，也要避免向企业、个人甩包袱的倾向。

（2）合理界定中央与地方政府的成本分摊责任。为了加快推进农民工市民化，合理调整中央与地方政府在农民工市民化中的支出责任。第一，根据公共支出的外溢性，优化中央与地方政府的分摊责任。中央政府承担跨区域基础设施建设以及社会保险、教育医疗、住房保障等基本公共服务中需要全国统筹的部分，地方政府承担公用设施建设以及卫生健康服务、就业创业指导等地方性公共事项。第二，根据农民工群体的跨区性，优化中央与地方政府的分摊责任。中央政府重点解决跨省流动农民工的市民化成本，地方政府重点解决省内流动农民工的市民化成本。第三，建立健全与居住证人口数量挂钩的财政转移支付制度。重点考虑中央转移支付对农民工社保、医疗、教育等民生需求的覆盖，建立农民工市民化专项补助资金，形成“钱随人走”“钱随事走”的机制。

（3）处理好一次性成本分摊与连续性成本分摊。农民工市民化成本既包括需要一次性投入的市政、医院、学校、保障房以及相关的公共管理服务设施等，也包括需要按年度支出的社会保障、低保救助、义务教育、卫生保健等。从农民工市民化成本分摊的时间维度来看，一个误区是往往把按年度连续支出的成本加总后与一次性成本混为一谈，其结果是误判了农民工市民化的一次性投入规模，无法正确反映各年度农民工市民化成本的分摊情况。因此，为了加快推进农民工市民化，需要在较长的时间维度里处理好一次性成本分摊与连续性成本分摊的关系，着力实现不同年份之间的平滑分摊。一方面充分利用市场机制，引入社会资本来促进市政、医院、学校、保障房等一次性投入在较长时间内的分摊；另一方面对需要连续支出的公共服务、社会福利等支出项目，需要建立可持续的财政保障机制，把农民工市民化的连续性公共支出项目纳入中长期财政预算框架。

2. 基于现行政策的各级各地政府间分担

各级政府对农民工落户的公共成本分担，基本的思路是根据各级政府承担的基本公共服务事权，履行相应的财政支出责任，强调增强农业转移人口落户较多地区政府的公共服务保障能力。《国家新型城镇化规划（2014—2020）》提出，中央政府负责统筹推进农业转移人口市民化的制度安排和政策制定，省级政府负责制定本行政区农业转移人口市民化总体安排和配套政策，市县政府负责制定本行政区城市和建制镇农业转移人口市民化的具体方案和实施细则。

本研究提出，为了增强各级政府对推进跨省农民工落户的积极性，中央政府承担的农民工落户公共成本，主要针对跨省落户的农民工群体，省级政府承担省内农民工在城市落户的公共成本。根据测算，跨省农民工落户成本占总成本的比例为47.49%，Ⅰ类地区、Ⅱ类地区、III类地区、IV类地区相应比例分别为83.43%、66.91%、20.81%、20.61%。（如表9-17所示）

表9–17 跨省落户农民工数量及其成本情况

地区	落户农民工数量（万人）	跨省落户农民工数量（万人）	农民工落户成本（亿元）	跨省农民工落户成本（亿元）	跨省农民工落户成本占比（%）
全国	7000	3532.90	34720.57	16488.42	47.49
全国城市均值	20.65	10.42	102.42	48.64	
Ⅰ类地区	911	742.71	5644.87	4709.42	83.43
Ⅰ类城市均值	227.75	185.68	1411.22	1177.35	
Ⅱ类地区	2464	1639.12	12456.47	8334.45	66.91
Ⅱ类城市均值	84.97	56.52	429.53	287.39	
Ⅲ类地区	1650	339.78	7563.14	1573.63	20.81
Ⅲ类城市均值	68.75	14.16	315.13	65.57	
Ⅳ类地区	1975	391.42	9078.35	1870.93	20.61
Ⅳ类城市均值	7.00	1.39	32.19	6.63	

根据公共支出的外溢性，中央政府义务教育、社会保险需要全国统筹的部分，既针对跨省落户农民工，也覆盖省内落户农民工。

对于养老保险的全国统筹部分，根据2011年国务院出台的《国务院关于开展城镇居民养老保险试点的指导意见》，中央财政对中西部地区按中央确定的基础养老金标准给予全额补助，对东部地区给予50%的补助。地方人民政府应对参保人员缴费给予补贴。中央确定的基础养老金标准为每人每月55元，地方人民政府可以根据实际情况提高基础养老金标准。对于长期缴费的城镇居民，可适当加发基础养老金，提高和加发部分的资金由地方人民政府支出。根据2015年人力资源和社会保障部、财政部发布的《关于提高全国城乡居民基本养老保险基础养老金最低标准的通知》，从2014年7月1日起，全国城乡居民基本养老保险基础养老金最低标准提高至每人每月70元，即在原每人每月55元的基础上增加15元。提高标准所需资金，中央财政对中西部地区给予全额补助、对东部地区给予50%的补助。

对于医疗保险的全国统筹部分，根据2016年人力资源和社会保障部、财政部制定的《关于做好2016年城镇居民基本医疗保险工作的通知》，2016年各级财政对居民医保的补助标准在2015年的基础上提高40元，达到每人每年420元。其中，中央财政对120元基数部分按原有比例补助，对增加的300元按照西部地区80%、中部地区60%的比例补助，对东部地区各省份分别按一定比例补助。

对于义务教育的全国统筹部分，根据2015年国务院发布的《关于进一步完善城乡义务教育经费保障机制的通知》，要求建立统一的中央和地方分项目、按比例分担的城乡义务教育经费保障机制，统一城乡义务教育"两免一补"政策，实现"两免一补"和生均公用经费基准定额资金随学生流动可携带。因此，本文将义务教育阶段的新增公共财政教育经费计入中央财政统筹范围。

具体测算如下：在农民工落户成本的34720.57亿元中，中央政府需要承担12946亿元，占比为37.29%。Ⅰ类地区、Ⅱ类地区、III类地区、IV类地区分别需要中央政府承担成本1929.96亿元、3161.53亿元、3853.23亿元、4001亿元，占比分别为34.19%、25.38%、50.95%、44.08%。在每个农民工的落户成本4.96万元中，中央政府需要承担1.85万元，其余由省级及以下政府承担。（如表9-18、表9-19所示）

表9-18　中央政府承担的农民工落户公共成本总额

地区	落户农民工数量（万人）	农民工落户成本（亿元）	中央政府承担的部分				
			义务教育成本（亿元）	医疗保险成本（亿元）	养老保险成本（亿元）	合计（亿元）	占总成本比例（%）
全国	7000	34720.57	1213.28	4418.32	7314.93	12946.53	37.29
全国城市均值	20.65	102.42	3.58	13.03	21.58	38.19	—
Ⅰ类地区	911	5644.87	950.45	290.79	688.72	1929.96	34.19
Ⅰ类城市均值	227.75	1411.22	237.61	72.70	172.18	482.49	—
Ⅱ类地区	2464	12456.47	433.32	830.61	1897.60	3161.53	25.38
Ⅱ类城市均值	84.97	429.53	14.94	28.64	65.43	109.02	—
III类地区	1650	7563.14	−87.46	1658.54	2282.15	3853.23	50.95
III类城市均值	68.75	315.13	−3.64	69.11	95.09	160.55	—
IV类地区	1975	9078.35	−83.04	1638.39	2446.46	4001.81	44.08
IV类城市均值	7	32.19	−0.29	5.81	8.68	14.19	—

表9-19 每个农民工落户公共成本需要中央政府承担的金额（单位：万元）

地区	每个农民工落户成本	中央政府承担的部分				
		义务教育成本	医疗保险成本	养老保险成本	合计	占总成本比例
全国	4.96	0.17	0.63	1.04	1.85	37.29%
Ⅰ类地区	6.20	1.04	0.32	0.76	2.12	34.19%
Ⅱ类地区	5.06	0.18	0.34	0.77	1.28	25.38%
III类地区	4.58	–0.05	1.01	1.38	2.34	50.95%
IV类地区	4.60	–0.04	0.83	1.24	2.03	44.08%

结合表9-16农民工落户的公共成本支出期限结构，可得知，一次性支出主要由地方政府承担，中央政府承担的成本集中在连续性支出与远期性支出，其中：中央政府承担的连续性支出为5631.6亿元，占总成本的16.22%；中央政府承担的远期性支出为7314.93亿元，占总成本的比例为21.07%。（如表9-20所示）

表9-20 农民工落户的公共成本支出期限结构与主体责任

成本类别	中央地方	义务教育（亿元）	保障住房（亿元）	社会保险（亿元）	就业培训（亿元）	医疗卫生（亿元）	全国合计（亿元）	占总成本的比例
一次性支出的成本	地方	2319.63	6358.06	—	337.12	1756.44	10771.25	31.02%
	中央	—	—	—	—	—	—	—
连续性支出的成本	地方	—	—	7194.68	—	539.07	7733.75	22.27%
	中央	1213.28	—	4418.32	—	—	5631.6	16.22%
远期性支出的成本	地方	—	—	3269.07	—	—	3269.07	9.42%
	中央	—	—	7314.93	—	—	7314.93	21.07%
合计	合计	3532.91	6358.06	22197.00	337.12	2295.51	34720.59	100.00%

3.基于事权财权统一的各级各地政府间分担

基于现有政策考虑的各级各地政府间分担没有很好地把事权与财权统一起来。从事权财权统一的角度看，一方面，目前中央政府财权大于事权、地方政府事权大于财权的现象特别突出；另一方面，输出地政府与输入地政府之间接受的中央转移与劳动力流动不相匹配，中央转移支付不同程度地遵循户籍人口尺度，而非常住人口尺度。尽管大量农村劳动力跨市跨省流转到了其他城市，但相应地，与之相关的中央转移支付却留在农民工原籍地。为了更合理地分担农民工落户的公共成本，需要分两步走，第一步是修正中央与地方政府之间的分担失衡，第二步是修正输入地政府与输出地政府之间的分担失衡。

为修正中央与地方政府之间的分担失衡，需要从中央与地方政府的财政收支比例关系入手。2007—2014年统计数据表明，中央财政收入占全国财政总收入比重约为50%，但在农民工落户的相关公共服务供给中，地方政府的事权明显远远大于中央政府，一些公共支出外部性较强的服务项目，尤其是对跨省农民工落户的公共服务供给，大部分服务供给责任与成本分担责任也落在地方政府身上。按照现行政策测算，在农民工落户成本34720.57亿元中，中央政府需要承担12946亿元，占比为37.29%，既远远低于中央政府的财政收入在全国的占比，也与公共服务供给与成本分担的责任归属不相匹配。为了便于估算，以表9-18、表9-19的中央与地方成本分担作为一个成本分担的起点，参照中央财政收入占全国财政收入50%的比例来相应调整中央与地方对农民工落户公共成本的分担，得到新的成本分担关系表，如表9-21、表9-22所示。

表9-21 （基于事权财权统一的情景）中央政府承担的农民工落户公共成本总额

地区	落户农民工数量（万人）	农民工落户成本（亿元）	中央政府承担的部分				
			义务教育成本（亿元）	医疗保险成本（亿元）	养老保险成本（亿元）	合计（亿元）	占总成本比例（%）
全国	7000	34720.57	1626.82	5924.27	9808.17	17359.25	50.00
全国城市均值	20.65	102.42	4.80	17.47	28.94	51.21	—
Ⅰ类地区	911	5644.87	1274.40	389.90	923.46	2587.77	45.84
Ⅰ类城市均值	227.75	1411.22	318.60	97.48	230.87	646.94	—
Ⅱ类地区	2464	12456.47	581.01	1113.72	2544.38	4239.11	34.03
Ⅱ类城市均值	84.97	429.53	20.03	38.40	87.73	146.18	—
Ⅲ类地区	1650	7563.14	-117.27	2223.84	3060.00	5166.57	68.32

续表

地区	落户农民工数量（万人）	农民工落户成本（亿元）	中央政府承担的部分				
			义务教育成本（亿元）	医疗保险成本（亿元）	养老保险成本（亿元）	合计（亿元）	占总成本比例（%）
III类城市均值	68.75	315.13	-4.88	92.67	127.50	215.27	—
IV类地区	1975	9078.35	-111.34	2196.82	3280.32	5365.79	59.10
IV类城市均值	7	32.19	-0.39	7.79	11.64	19.03	—

表9-22 （基于事权财权统一的情景）每个农民工落户公共成本需要中央政府承担的金额（单位：万元）

地区	每个农民工落户成本	中央政府承担的部分				
		义务教育成本	医疗保险成本	养老保险成本	合计	占总成本比例
全国	4.96	0.23	0.84	1.39	2.48	50.00%
I类地区	6.20	1.39	0.43	1.02	2.84	45.84%
II类地区	5.06	0.24	0.46	1.03	1.72	34.03%
III类地区	4.58	-0.07	1.35	1.85	3.14	68.32%
IV类地区	4.60	-0.05	1.11	1.66	2.72	59.10%

为了修正输入地与输出地政府之间的分担失衡，需要从输入地与输出地之间农村劳动力流向与中央转移支付流向着手，适当提高对吸纳劳动力较多地区城市的中央转移支付。从31个省份人口流动程度与财政自给程度来看，以二者的全国平均值为界限，则属于补助低溢入的有北京、上海、江苏、天津、广东、浙江、山东、福建、辽宁、河北等10个省（市），属于补助高溢入的省份主要分布在中西部地区。

再将人口净流入、净流出因素相联系，可将全国 31 个省（自治区、直辖市）分为以下几类：人口净流入-补助低溢入、人口净流入-补助高溢入、人口净流出-补助低溢入和人口净流出-补助高溢入4种类型。其中，人口净流入-补助低溢入的10个东部省份在农民工落户成本分担中面临巨大的压力，以浙江省为例，2010 年省外流入人口为 1182 万人，占全部常住人口的 21.7%，2014 年全省从中央获得的税收返还和转移支付合计 979 亿元，占当年全国税收返还和转移支付总额 51605 亿元的 1.9%，全省实现公共预算总收入7522 亿元，其中地方一般公共预算收入 4121 亿元，即上解中央 3401 亿元，扣除获得的税收返还和转移支付 979 亿元，净上解中央 2422 亿元。一些流入人口较多的市、县（市），财政支出压力非常大。（如表9-23所示）

表9-23　31个省份人口流动与补助溢入情况对比

省（自治区、直辖市）	人口流动程度	类型		财政自给率	类型	
	常住人口/户籍人口	人口净流入	人口净流出	地方财政一般预算收入/地方财政一般预算支出	补助低溢入	补助高溢入
北京	1.55	√		0.87	√	
天津	1.3	√		0.83	√	
河北	1.02	√		0.51	√	
山西	1.02	√		0.48		√
内蒙古	1.01	√		0.45		√
辽宁	1.02	√		0.68	√	
吉林	1.01	√		0.39		√
黑龙江	1.01	√		0.29		√
上海	1.68	√		0.88	√	
江苏	1.05	√		0.84	√	
浙江	1.14	√		0.82	√	
安徽	0.87		√	0.44		√
福建	1.05	√		0.68	√	
江西	0.98		√	0.42		√
山东	1.01	√		0.69	√	
河南	0.93		√	0.41		√
湖北	0.93		√	0.47		√
湖南	0.94		√	0.42		√
广东	1.22	√		0.82	√	
广西	0.9		√	0.37		√
海南	1.02	√		0.44		√
重庆	0.9		√	0.48		√
四川	0.89		√	0.44		√
贵州	0.87		√	0.34		√

续表

省（自治区、直辖市）	人口流动程度	类型		财政自给率	类型	
	常住人口/户籍人口	人口净流入	人口净流出	地方财政一般预算收入/地方财政一般预算支出	补助低溢入	补助高溢入
云南	0.98		√	0.38		√
西藏	0.85		√	0.07		√
陕西	0.98		√	0.41		√
甘肃	0.87		√	0.25		√
青海	0.89		√	0.16		√
宁夏	0.86		√	0.31		√
新疆	0.96		√	0.32		√

资料来源：常住人口参考第六次全国人口普查数据，户籍人口以2010年年末为基准。现在好多省（自治区、直辖市）都不公布户籍人口，所以户籍人口数据可能有误差，但对比值的排名影响不大。地方财政自给率根据《中国财政年鉴2012》有关数据计算。

修正输入地与输出地之间的分担失衡，核心是在考虑一个地区分担的农民工落户成本时要兼顾当地农民工流入流出情况与承担的农民工市民化任务大小，打破常住人口与户籍人口、原居民与农业转移人口新居民的界限，实行人均公共服务均等化更为完善的分税制，让人口流动迁徙到哪儿就把财政公共服务带到哪里，形成这些城市接纳劳动力与人口的引致机制与倒逼机制，让人口自由流动迁徙的“用脚投票”市场机制发生作用。

从实际情况看，各省份常住人口与户籍人口与国际分税制意义上的标准性常住人口存在较大差别，分税制尚未脱出省级财政承包制的窠臼，仍然沿用按财政供养人口计算地方财力的传统做法，完全不同于国际标准的按常住人口均衡地方财力的分税制。基于这个背景，采用“标准人”分配方式[1]来修正输入地与输

[1]“标准人”分配公式即在全国或本区域按常住人口“标准人”逐级分配地方财力；所谓“标准人”即以常住人口乘以“标准人”系数。计算“标准人”系数Q= Mm/M × 15%+ Nn/N × 15%+ Ll/L × 70%（限标准人系数≥1）。其中M、N、L 为全国按统计常住人口数计算的人均GDP、人均财政收入和人均财政支出；而M_m、N_n、L_l则表示各省区市按统计常住人口数计算的人均GDP、人均财政收入、人均财政支出；凡计算出的“标准人”系数低于“1”则需把它提高到“1”来计算，以求得剔出劳动财富外溢或公共服务外溢的非真实因素的国际一般分税制意义上的标准性常住人口。

出地之间的分担失衡，综合考虑不同省份的财政状况、人口流动等，如图9-1所示，大部分西部省份按常住标准人口估算的财力明显低于实际财力水平，而东中部省份尤其是中部人口大省的实际财力明显低于按常住标准人口估算的财力。

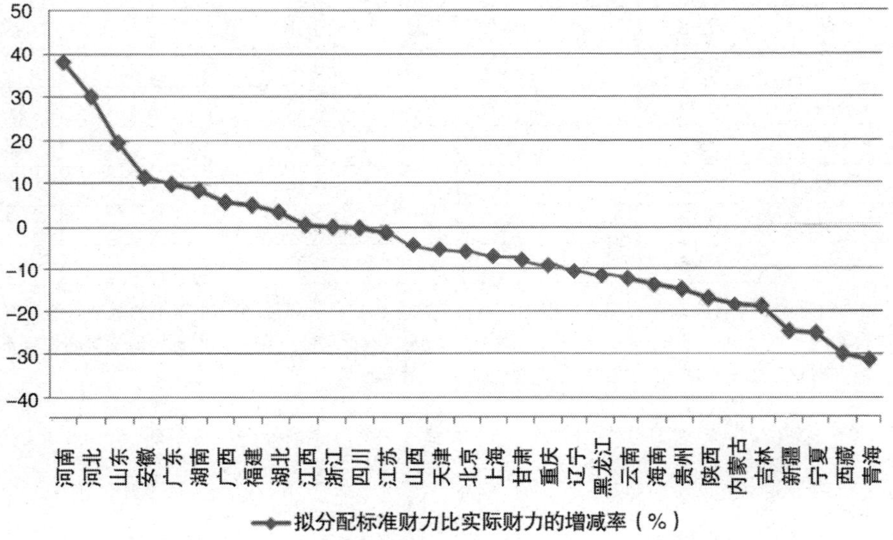

图9-1 全国不同地区按“标准人”公式拟分配财力与实际财政支出的对比[1]

根据上述各省份拟分配标准财力与实际财力的增减率，以不同城市乡城迁移人口占全国乡城迁移人口比例作为权重，可初步估算Ⅰ类地区中央政府承担的农民工落户成本比例下调6.69个百分点，Ⅱ类地区中央政府承担比例上调2.49个百分点，III类地区中央政府承担比例上调0.91个百分点，IV类地区中央政府承担比例上调3.04个百分点。经过调整后，各类地区中央政府承担情况如表9-24、表9-25所示。

[1] 拟分配标准财力计算公式：某省标准财力=（全国总财力/标准人数）×某省常住人口×某省标准人系数。若标准人系数小于1则按1计算。

表9-24 （经标准人分配公式调整）不同地区中央政府承担的农民工落户公共成本总额

地区	落户农民工数量（万人）	农民工落户成本（亿元）	中央政府承担的部分（亿元）				
			义务教育成本	医疗保险成本	养老保险成本	合计	占总成本比例
Ⅰ类地区	911	5644.87	1088.47	333.01	788.73	2210.21	39.15%
Ⅰ类城市均值	227.75	1411.22	272.12	83.26	197.19	552.55	—
Ⅱ类地区	2464	12456.47	623.50	1195.17	2730.46	4549.13	36.52%
Ⅱ类城市均值	84.97	429.53	21.49	41.21	94.15	156.87	—
Ⅲ类地区	1650	7563.14	–118.82	2253.15	3100.33	5234.67	69.22%
Ⅲ类城市均值	68.75	315.13	–4.94	93.89	129.18	218.11	—
Ⅳ类地区	1975	9078.35	–117.07	2309.96	3449.26	5642.13	62.14%
Ⅳ类城市均值	7	32.19	–0.41	8.19	12.24	20.01	—

表9-25 （经标准人分配公式调整）每个农民工落户公共成本需要中央政府承担的金额（单位：万元）

地区	每个农民工落户成本	中央政府承担的部分				
		义务教育成本	医疗保险成本	养老保险成本	合计	占总成本比例
全国	4.96	0.23	0.84	1.39	2.48	50.00%
Ⅰ类地区	6.20	1.19	0.37	0.87	2.43	39.15%
Ⅱ类地区	5.06	0.26	0.49	1.11	1.85	36.52%
Ⅲ类地区	4.58	–0.07	1.37	1.87	3.18	69.22%
Ⅳ类地区	4.60	–0.05	1.17	1.75	2.86	62.14%

（三）农民工落户的效益分析

农民工落户能释放有效需求。从需求角度看，大量农村人口转为市民，将对食品、家电、汽车、住房等吃穿住用行产生巨大的消费效应，从而直接或间接地形成巨大的投资和消费需求[1]。

第一，城市居民与农村居民对工业品和服务的消费需求存在较大落差，当大

[1] 马晓河．城镇化是我国经济增长的新动力［N］．人民日报，2011-12-07.

量农村人口进入城镇并真正转为市民后，他们将改变消费模式，提高消费水平，城乡需求落差将转化为有效消费需求，从而产生消费转换效益与收入增长效应，这是推动我国未来经济发展的内需之源[1]。根据对城乡居民消费水平变化的历史分析，在新中国成立以来的较长时期内，城乡居民消费水平保持基本同步的增长态势，城乡居民消费差距维持在较小区间。进入20世纪90年代以来，城乡居民消费差距迅速扩大，根据近年的数据，城乡居民消费差距超过1万元，这意味着一个农民转化为市民，每年将至少增加1万元消费，如果把农民非现金消费支出部分计算在内，这个数字将更大。根据测算，到2020年，农民进城每年预计可以带动3800亿～5400亿元的消费需求。

第二，在城镇化快速发展过程中，城镇人口持续增长和消费水平提高所带来的需求增加，将极大地刺激工农业和城镇投资需求：一是工业消费品、生活必需品等生产生活性投资；二是基础设施投资，如道路、给排水、电力、通信、交通等，这些基础设施建设不仅是为满足城市人口生活的基本需要，也是为现代消费品进入居民消费领域所准备的基础条件；三是房地产投资，以满足城市人口的居住需求和工商企业的发展需求。根据对城乡固定资产投资变化的历史分析，在改革开放以来的较长时期内，城乡人均全社会固定资产投资额差距较小，均呈缓慢增长态势。然而，进入21世纪以来，城乡人均全社会固定资产投资额迅速扩大，进一步比较城乡人均固定资产存量，按照2010年价格，城乡人均固定资产存量分别为13.8万元、2.6万元，二者相差11.2万元[2]，这意味着一个农民转化为市民，至少需要增加城镇固定资产投资10万元以上，“十三五”时期7000万农民工落户预计可以带动7万亿元投资需求。

第三，农民工落户推动供给端发力。根据顾严、魏义方（2016）的研究，农民工从农村转移到城镇，增加了城镇的劳动力供给总量，降低了城镇劳动力市场

[1] 刘恒中．以农转非为中心的内需开发战略［EB/OL］.参见网址http://www.unirule.org.cn/index.php?c=article&id=2370.

[2] 数据来源：中国经济学术基金．中国未来十年城镇化战略［R］.

的均衡价格水平。从经济学的角度，这既降低了企业的用工成本，增加了利润，创造了“生产者剩余”；同时，也为城镇提供了更加低廉的产品和服务，压低了价格总水平，创造了“消费者剩余”。根据顾严的测算，2014—2020年农民工进城落户1亿人，平均每年产生市民化经济收益760多亿元，7年累计产生5300多亿元的市民化经济收益；平均每年产生市民化财政收益近240亿元，7年累计产生1600多亿元的市民化财政收益；将市民化经济收益与市民化财政收益加总，得到2014—2020年农民工进城落户1亿人的“市民化总收益”，年均1000多亿元，累计7000多亿元。与此同时，根据陆铭（2016）的研究，农民工落户有利于解决大城市养老的燃眉之急。（参考专栏9-6所示）

专栏9-6　外来人口是负担还是财富

截至2011年底，上海市户籍60岁以上老年人口达347.76万，占总人口的24.5%，预计到2015年年末，户籍60岁及以上老年人口将超过430万，比例接近户籍人口总数的30%。几年前，在严峻的老龄化趋势之下，上海的养老金常常入不敷出，每年需要财政大量补贴。上海市社保局的数据显示，2010年上海的养老金余额是-103.54亿元，但在2011年就变成了211.61亿元。在老龄人口越来越多的情况下，为何社保资金年度余额会由负变正？

根据相关的统计数据可知，从2010年到2011年，上海市的城镇职工养老保险参保人数有一个不同寻常的增加，参保人数由542.87万人猛增为926.93万人，增长率几乎达到70%。这与上海市政府自2011年7月起实施的社保新政有关。根据2011年6月下发的《上海市人民政府关于外来从业人员参加本市城镇职工基本养老保险有关问题的通知》，原本强制缴纳的来沪就业人员综合保险变成强制缴纳的城镇职工养老保险。于是，那些本来缴纳综合保险的都变成了缴纳城镇职工养老保险，当年城镇职工养老保险缴纳增加人数为384万人，这与2010年缴纳来沪就业人员综合保险的404万人的数量大致吻合。

扭转养老金入不敷出的局面当然有很多办法，比如推迟退休年龄、降低养老金的支付水平等，但是，这些办法均是全国性的政策。对于一个地区来说，更为重要的解决办法有两条，一是要提高劳动生产率，二是要使人口的年龄结构年轻化。通俗地说，就是要让未来的工作一代挣钱的能力更强，让每一个人平均能够负担的老人更多，同时，要让能够挣钱的人更多。所以，答案就出来了，在大城市人口预期寿命不断提高的情况下，必须通过城市的扩容来引入更为年轻的人口来缓解人口老龄化趋势，不至于让未来的老年人老无所养。

资料来源：陆铭外来人口是负担还是财富 [M].《大国大城》摘选，上海：上海世纪文景出版社2016.

四、完善农民工群体差别化落户分担机制的建议

（一）成本测算结果

根据测算，“十三五”时期，推进7000万农民工落户，从全生命周期的视角出发，需要公共财政支出共计34720.57亿元，每个城市平均为102.42亿元。从地区与城市来看，Ⅰ类地区农民工落户成本为5644.87亿元，每个城市平均为1411亿元；Ⅱ类地区农民工落户成本为12456.47亿元，每个城市平均为429.53亿元；III类地区农民工落户成本为7563亿元，每个城市平均为315亿元；IV类地区农民工落户成本为9078亿元，每个城市平均为32亿元。

根据测算，1个代表性农民工落户需要支出公共成本4.96万元，其中义务教育成本0.5万元、保障住房投入0.91万元、社会保险投入3.17万元、医疗卫生投入0.33万元、技能培训投入0.0481万元。分地区与城市来看，Ⅰ类地区代表性农民工的落户成本为6.2万元，其中义务教育成本、保障性住房成本明显高于其他地区，Ⅱ类地区、III类地区、IV类地区代表性农民工的落户成本分别为5.06万元、4.58万元、4.6万元。

根据测算，跨省农民工落户成本占7000万农民工落户总成本的比例为47.49%，Ⅰ类地区、Ⅱ类地区、III类地区、IV类地区相应比例分别为83.43%、

66.91%、20.81%、20.61%。

根据测算，在7000万农民工落户总成本34720.57亿元中，中央政府需要承担12946亿元，占比为37.29%。Ⅰ类地区、Ⅱ类地区、III类地区、IV类地区分别需要中央政府承担成本1929.96亿元、3161.53亿元、3853.23亿元、4001亿元，占比分别为34.19%、25.38%、50.95%、44.08%。

根据测算，在每个农民工的落户成本4.96万元中，中央政府需要承担1.85万元，其余由省级及以下政府承担。在每个农民工的落户成本4.96万元中，在"十三五"时期需要一次性支出的成本为1.54万元，占比为31.02%；需要在全生命周期连续性支出的成本为1.91万元，占比为38.49%；需要远期支出的成本为1.51万元，占比为30.48%。

通过统筹考虑中央与地方事权财权统一、不同地区人口流动与财政自给情况，在全国农民工落户总成本中，中央政府承担的比例估算为50%，中央政府在Ⅰ类地区、Ⅱ类地区、III类地区、IV类地区承担的比例分别为39.15%、36.52%、69.22%、62.14%，要更加强调对III类地区、IV类地区的财政转移支付力度。

农民工落户对释放有效需求、推动供给侧发力、缓解大城市养老难题具有举足轻重的作用。

（二）成本分担建议

农业转移人口市民化问题，归根结底是城镇常住人口平等共享各项基本公共服务及其相应的公共财政支出问题。根据本文对"十三五"时期7000万农民工落户公共服务成本的测算，推进农民工市民化重在完善市民化成本的分摊机制，并提出如下若干政策建议：

一是要打破市民化成本难以承受的认识误区，破除各级政府、部门在推动农业转移人口市民化上产生的畏难情绪，明确各级政府、部门在城镇基本公共服务成本方面的分摊责任，客观评价各级政府、部门的公共财政支出能力，有序推进城镇基本公共服务覆盖城镇常住人口，根据年度财政能力合理安排市民化进度与重点。

二是合理安排各项城镇基本公共服务覆盖农业转移人口的先后顺序，针对新生代农民工要优先推动基本技能培训全覆盖，提升新生代农民工参与就业竞争、融入城市生活、承担市民化私人成本的能力；针对已经举家迁徙或长期外出的中老年农民工，要优先帮助他们参加城镇基本医疗保险、养老保险，让他们“病有所医”“老有所养”。

三是根据年度财政能力、一次性支出规模大小以及对基本公共服务需求的时间紧迫程度，盘活存量、用好增量，明确政策工具选择的优先顺序。优先推动农民工的社会保障关系转移接续，落实灵活就业人员和农民工随迁家属参加城镇居民医疗保险与养老保险，鼓励有稳定就业的农业转移人口参加城镇职工保险；优先推动对民办义务教育学校的补贴支持，根据农民工子女的义务教育需求推动对公办义务教育学校的扩建、改建、新建；优先推动社会资本投入保障性住房建设。

四是优化中央与地方政府在农民工落户中的公共支出责任。根据公共支出的外溢性，推动中央政府在义务教育、社会保障等领域的统筹责任，中央政府重点解决跨省农民工的市民化成本；省级政府重点负责省内跨市县迁移农民工并承担相应的支出责任；城市政府负责各项公用设施与基础设施建设、卫生健康服务、就业创业指导等地方性公共事项的支出。建立完善与常住人口数量挂钩的财政转移支付制度，形成“钱随人走”“钱随事走”机制，优化中央与地方的财税分配比例，增强基层政府提供公共服务的自主支配财力，加大对中小城市、小城镇和落后地区的财政转移支付力度。

五是探索农村“三资权益”折股到人，深化农村承包地流转改革，推动建立城乡统一的建设用地市场，形成“带资进城”的市民化成本负担机制。完善农民承包地、宅基地的确权登记颁证，探索“两地”依法自愿有偿、公平公开合理的市场化退出机制，试点承包地的经营权向金融机构抵押融资，审慎推进农民住房财产权抵押、担保、转让。探索农村集体经营性建设用地折股到人，引导与规范农村集体经营性建设用地出让、租赁、入股，实行与国有土地同等入市、同权同价，加快建立农村集体经营性建设用地产权流转和增值收益分配制度。积极推进城乡建设用地增减挂钩政策，探索新增城镇建设用地指标的跨区交易，改革土地出让金征收制度，将一次性征收改成长期受益或者不动产税形式，引导规范农民宅基地及其附属物置换为城镇住房等。

六是调整城市权责分配。不同层级城市政府之间的职能同构、权责失衡问题是传统城镇化模式下较为突出的问题。为了全面推进新型城镇化发展，需要优化中央与地方之间、各级城市政府之间的权责分配，实现财权与事权的统一，重点是完善县级城市的综合管理职能，加快乡镇管理体制改革。第一，重新定位省级行政政府与县级城市政府的职能性质与权责分配，弱化省级政府作为中央政府代理人直接参与经济社会管理和资源权力分配的行为，强化省级政府作为广域性行政组织的公共管理职能与区域统筹作用。第二，稳步推进强县扩权改革，对工商、税收、投资、土地等管理权限有序下放到县级城市政府，使县级政府真正成为有权有责有财的完整政府，逐步形成县级城市经济社会发展的内生机制。第三，稳步推进撤乡并镇与强镇扩权改革，赋予经济社会发展条件较好的中心镇建立一级独立财政和行政管理体制，拥有社会保障、集镇规划、户籍管理、财政税费等部分县级政府的经济社会管理权限，按常住人口安排基础设施和公共服务体系建设，解决中心镇经济社会发展与公共服务滞后之间的矛盾。

七是推动城乡基本公共服务均等化建设。在城乡二元户籍制度下，进城务工农民难以平等共享城镇公共服务与社会福利，户籍制度异化为限制农民工市民化的瓶颈。为了全面推进新型城镇化，户籍制度需要回归社会管理功能的本位，推动城乡居民平等共享各项公共服务与社会福利。首先，全面实行流动人口居住证制度，逐步完善大城市、中小城市与小城镇的落户政策，逐步建立统一、开放的人口管理机制，把以农民工为主体的外来流动就业人口纳入人均GDP、人均财政收入、人均建设用地、人均教育支出、人均卫生支出、人均社会保障费用等指标的统计范畴，农民工公共服务与社会福利支出列入各级城市政府年度财政预算。其次，城镇总体规划逐步覆盖与城镇连片的农村集体建设用地，城市给排水、供电、交通、网络等基础设施与教育、医疗、社保等公共服务向与城镇连片的农村集体建设用地延伸。最后，在条件成熟的地方，探索城乡基本公共服务均等共享的标准化建设，建立标准化管理的一揽子基本公共服务包，主要涵盖义务教育、公共卫生、社会保障、公共文化、公用事业、环境保护、就业服务等7个大类，城乡居民均等共享标准化管理的基本公共服务，各级政府根据基本公共服务受益范围、类型属性的不同承担各自的职责。

参考资料

1. 张国胜. 中国农民工市民化：社会成本视角的研究［M］. 北京：人民出版社，2008.
2. 黄锟. 城乡二元制度对农民工市民化影响的实证分析［J］. 中国人口资源与环境，2011（2）.
3. 马晓河. 城镇化是我国经济增长的新动力［N］. 人民日报，2011-12-07.
4. 刘恒中. 以农转非为中心的内需开发战略［R］. 2008.
5. 顾严，魏义方. 分担农民工市民化成本要破除三大误区［E］. 宏观高端智库，2016.
6. 陆铭. 外来人口是负担还是财富. 大国大城［M］. 上海：世纪文景出版社，2016.
7. 胡拥军. 新型城镇化条件下政府与市场关系再解构：观照国际经验［J］. 改革，2014（2）.
8. 胡拥军，高庆鹏. 处理好农民工市民化成本分摊的五大关系［J］. 中国发展观察，2014（5）.
9. 马晓河，胡拥军. 中国城镇化的若干重大问题与未来总体战略构想［J］. 农业经济问题，2010（11）.
10. 国务院发展研究中心课题组. 农民工市民化：制度创新与顶层政策设计［M］. 北京：中国发展出版社，2011.
11. 简新华，张建伟. 从农民到农民工再到市民——中国农村剩余劳动力转移的过程和特点分析［J］. 中国地质大学学报（社会科学版），2007（6）.
12. 申兵. 十二五时期农民工市民化成本测算及其分担机制构建——以跨省农民工集中流入地区宁波市为案例［J］. 城市发展研究，2012（1）.
13. 张国胜. 基于社会成本考虑的农民工市民化：一个转轨中发展大国的视角与政策选择［J］. 中国软科学，2009（4）.
14. 冯俏彬. 农民工市民化的成本估算、分摊与筹措［J］. 经济研究参考，2014（8）.
15. 蔡昉. 户籍制度改革与城乡社会福利制度统筹［J］. 经济学动态，2010（12）.

第十章　农民工群体落户研究综述
——向差别化落户迈进

内容提要：户籍制度改革一直都是学界研究的焦点，学者们从不同的角度表达各自的思想见解，研究成果较为丰硕。本报告围绕“如何看待农民工落户、农民工如何落户”的主线，对农民工落户与市民化的关系、农民工落户的意愿变化与困境、落户的路径与政策、落户的成本测算与分担机制等方面进行了梳理和评述，但相关研究众说纷纭，仍然没有形成广泛共识，提出的措施可操作性不强。综述农民工落户的研究轨迹，越来越多的研究指向差异化的落户政策是户籍制度改革的前进方向。未来应以农民工差异化落户为基本方向，充分借鉴已有的研究成果，形成切实可行的农民工群体差异化落户的实施方案和配套政策体系。

新型城镇化是我国经济增长的新动力（马晓河，2011），其对于中国发展的重要意义已经众所周知，如何扎实推进以人为核心的新型城镇化是大家普遍关心的问题。随着“农民工市民化”“提高户籍人口城镇化率”等问题的提出，无论从研究层面还是实践层面，农民工落户问题都日益成为学界和社会关注的焦点。总体来看，关于农民工落户的研究较为丰富，涵盖了农民工落户与市民化的关系、农民工群体落户意愿变化、农民工落户困境及思路、农民工落户的配套政策、落户成本测算及分担机制等方面。这些研究及观点为深化农民工落户研究，探索农民工群体差异化落户之路提供了较好的支撑。

一、关于农民工群体落户与市民化关系的研究

（一）新型城镇化的关键是农民工市民化

由于户籍制度，特别是附加在户籍制度上的城市居民福利和农村居民福利差别的限制，大部分在城镇居住半年以上被称为城市人口的农民工，仅仅只是实现了在职业上的转换，而其生活方式和消费观念等仍未发生转变，未成为真正意义上的“市民”（国务院发展研究中心课题组，2011）。新型城镇化的关键和重点是农民工市民化，而市民化不仅应该是农民地域转移和职业转变的过程，更重要的是实现就业方式、人居环境和保障福利的转变，从而实现从“城镇化”到“市民化”（范虹珏，2014）。农业转移人口是否实现了市民化，是度量中国新型城镇化水平的重要标志（辜胜阻、李睿、曹誉波，2014）。传统观点认为农民工市民化不等同于户籍的取得。辜胜阻、李睿、曹誉波（2014）提出市民化是一个渐进复杂的过程，不能一蹴而就，也不只是简单地改变转移人口的户籍。

（二）落户是农民工市民化的重点

更多的学者则看到户籍的重要性。主流观点认为要将农民工变成市民，必须去掉农民工的农业户籍，取得城市户口，以户籍化促进农民工的城镇化、以户籍身份确保社会保障与公共服务的共享（陆学艺，2002；邓鸿勋、陆百甫，2006；刘传江、徐建玲，2008）。这些观点正在被政府相关部门吸纳为制度建设的内容。诚然，在没有得到城镇户籍的情况下，农民工的进城就业与居住生活，只在数量上提高了常住人口的城镇化水平。同一城市内部城乡户籍分割的二元格局，还易造成城市政府的福利歧视，将公共福利如教育资源与医疗资源等倾斜配置在户籍人口身上，却对农民工及其他非户籍城市移民设置门槛，拒绝或变相限制其平等共享。因此，由农民工常住所形成的城镇化，是一种“不完全的城镇化”或“伪城镇化”（张翼，2011）。基于此，王春蕊（2014）将农民工市民化转型过

程划分为“转移”和“转户”两个不同阶段，其中涉及农民基本权利和核心权利、农民工拓展权利、市民基本权利及其三种身份的转换，提出需要转户福利增进的“兼容型”匹配机制、转户条件限制的“甄别型”匹配机制、城乡部分权益可置换的“替代型”匹配机制与之相应，并从理论与实践的角度提出农民工落户城市的途径。

评述：总的来看，农民工落户与市民化关系的研究有一定的争论，但由于近几年来我国农民工市民化进程缓慢，越来越多的学者研究认为推进农民工群体落户，使其一步到位地转变为就业地的“城里人”，是农民工市民化的重点。

二、关于农民工群体落户意愿变化及落户面临困境研究

（一）农民工群体落户意愿发生较大变化

关于农民工落户意愿的研究较多，这类研究大多采用问卷调查或有关机构的问卷数据，方法上多使用Logistic模型、Probit模型进行定量测算，将分析的问题作为因变量，如农民工留城意愿、户籍改革意愿、对宅基地的态度等，将农民工的人口学、社会学属性作为自变量，如性别、年龄、职业、工龄、婚姻、进城方式、收入等（刘燕、李录堂，2015；秦立建、王震，2014；卢小君、向军，2013）。早期的研究一般认为，农民工向往城市生活，落户意愿应该较为强烈（李强，2004），但近期的许多研究并没有支持这一结论。在湖北的调查发现，尽管66.8%的农民工喜欢城镇生活，却只有7.3%的农民工愿意落户城镇（谢云、曾江逃、夏春萍，2012）。相比于“获得城市户口”，“在城里有自己的住房”更是农民工心中“城市人标志”，对湛江的调查发现，47.73%的农民工认为“在城里有自己的住房”是“城市人标志”。而仅有22.35%的农民工认为“获得城市户口”是“城市人标志”（许抄军、陈四辉、王亚新，2015）。

土地制度安排被认为是影响落户意愿的重要因素，如果落户与放弃土地权利挂钩，则约有90%的农民工不愿转为城镇户口（张翼，2011）。在重庆开县的调

查显示，仅有26.05%的农民工愿意放弃宅基地，影响宅基地退出意愿的因素主要有：对经济补偿的期望、家庭经济收入状况、预期收入及家庭负担等（张怡然、邱道持，2011）。可见，当前农民工进城务工已经不再是为了生存温饱，而是具有职业人特征的职业规划发展渴求（刘燕、李录堂，2015），如果没有稳定的收入预期，农民工以退出土地为代价落户城镇的动力不足。城市的归属感、乡土情怀等社会心理因素也被认为是影响农民工落户意愿的因素（许抄军、陈四辉、王亚新，2015）。市民化作为农民工一生中的长期行为，其选择一个城市务工并定居，最终是要融入这个城市，甚至还要保障下一代在该城市的生活、成长等。有学者也认为，子女教育是农民工落户普遍关注的重要因素，已经到城市就业的农民工，学历越高，其对子女的教育获得问题越关注，"为了孩子的教育与升学"是不少农民工愿意转户的主要原因（张翼，2011）。

（二）现有政策下农民工群体落户存在较大困难

有学者认为，农民工落户面临最大的一个问题就是城市住房问题。这或许是农民工在城市中开销最大最难解决的问题，难以提供足够住房的农民工并不倾向于城市落户（刘燕、李录堂，2015）。尽管有学者积极呼吁将农民工纳入住房保障体系（国家发展改革委国土所课题组，2012），让农民工享受与城镇居民同等的住房保障权利。也有学者认为，改善农民工居住环境的政策能够使住房供给对经济增长的推动力具有可持续性（郑思齐等，2011）。

多个研究指出落户政策供给在不同等级城市之间错配是农民工落户面临的突出问题。邹一南（2013）认为，在大城市，由于外来人口众多，城市政府受社会福利成本上升的压力所迫而无法放开户籍控制；中小城市和小城镇的户籍门槛虽已大幅降低，却难以吸引农民进城落户，由此导致大、中、小城市和小城镇资源错配。我国的农民工落户政策正在呈现出显著的"小城镇化"或"小城市化"，而这对农民工的吸引力严重不足（毛丹、王燕锋，2006）。杨伟民（2014）认为，农民工不太愿意在中小城市落户，原因是配套的体制机制改革不健全，这没法给农民一个可预见的、全面的预期。而缺少就业岗位被普遍认为是小城镇吸引力不足的另一个重要原因（肖金成，2012）。

与此同时，大城市对农民工落户的严格限制也引起了学者们的讨论。陶然、王瑞民、潘瑞（2014）认为，其实内地的中小城市已经放开了，但是没有人去，而与此同时，大城市已经有很多流动人口进去了，却在花精力进行疏解。叶裕民（2014）认为，现在最难完成城镇化的是大城市的流动人口，中国有8000万人跨省流动，其中有4000多万人在前十大城市，2600万人在京沪深三市，中国的大城市要直面“流动人口”或者是未来农业转移人口市民化的任务。陆铭（2014）认为，农民工是否愿意留在城市，未来是在大城市还是小城市，这个问题需要科学的理解，这涉及我国未来城镇化是对沿海地区重点推进，还是在内地城市重点推进，或者在大小城市同时推进。放开户籍可能会导致城市规模爆炸性增长，是特大城市政府普遍担心的，而梁琦等（2013）的定量研究则表明，放松户籍制度，并不会导致城市无限度扩张，大城市生活的高成本所引致的分散力，会内生地约束城市扩张。

一些研究表明，地方政府积极性不高也是农民工落户面临的困难。尽管中央政府积极推进户籍制度改革，但地方政府的步伐还相对缓慢，仍然设置了相对较高的落户门槛。提供给农民工的落户指标少也被认为是一个较为普遍的问题，在广东，指标分配上偏重于欠发达地区，积分计算标准具有人才和投资“偏好”（傅晨、李飞武，2014）。地方政府积极性不高也有自身的考虑，税制改革后，许多公共服务领域属于地方政府事权，地方财政能力的制约是不得不考虑的现实问题（张桂文、张亚南，2013）。地方政府对接纳农民工带来的收益还缺少科学的评估和认识，从全球来看，迁移自由化收益高达世界GDP的122%，美国因移民合法化可获得净收益。总体来看，中国农业转移人口市民化过程中产生的收益高于成本（蔡昉，2013）。

评述：关于农民工落户意愿变化及落户面临的困境引起了越来越多学者的关注。总体看来，由于现有制度安排，农民工落户城镇的意愿不高，但一些因素如子女教育等加大了农民工对落户的重视。目前，农民工落户面临诸多问题，其中，住房、户籍制度供给空间错配、地方政府积极性不够等被认为是面临的突出问题。

三、关于农民工群体落户的思路与路径探寻研究

（一）对如何推进农民工群体落户存在较大争议

关于如何解决农民工市民化、推进户籍制度改革方面，学者们的解决路径存在差异。有人认为更好解决农民工市民化的途径不应该是户籍改革本身，而应该是基本公共服务均等化。杜睿云、段伟宇（2011）认为，对于我国户籍制度改革，绝对不能只停留在简单的“放开”上面，而必须是一个全方位、深层次、渐进式的系统工程，废除现有户籍制度只是这一具有重大历史意义改革的起点，在后户籍改革时代，政府尤其需要注意从教育方面给予农村人口以补偿。张翼（2011）则认为，推进城镇化的优选之路是“常住化城镇化”而并非“户籍化城镇化”，重要的是要在不强迫改变农民土地权属的前提下将农民工转变为城市新市民，深层城镇化的政策配置重点，应是“基本公共服务与福利配置的均等化”，而不是强化户籍的制度区隔功能。这与王一鸣等人（2000）的观点大同小异，他认为应该进一步健全居住证制度，对已经在城镇就业和居住但尚未落户的外来人口，要以居住证为载体提供相应的基本公共服务。

更多的人认为户籍制度本身具有重要价值，是推进农民工市民化的重要因素，从而从户籍制度改革的视角进行思考，户籍改革推行的力度和效果是解决农民工市民化成败的关键。户籍改革的红利主要包括提供较稳定的劳动力供给、提高生产率，以及解决掉后顾之忧的农民工会大幅度提高消费需求（蔡昉，2014）。张车伟（2012）认为户籍制度改革必须以加快缩小城乡和地区差异为前提，而不是在仍然存在巨大差异的情况下简单地以服务均等化为目标取消户籍制度，户籍制度改革则需要在不断缩小城乡和地区差距的基础上循序渐进，在服务于经济社会发展大局中扮演重要角色。熊万胜（2015）则明确提出，新户籍制度

改革的着力点不在于将户籍与各种社会福利剥离开来，而是赋予常住人口依据居住证享有更多社会福利的资格，事实上强化了户籍制度的社会治理功能。关于如何推行户籍制度改革，岳澎、黄解宇（2008）提出分两步走的解决方案，首先变现在的户籍“三元结构”为“新二元结构”，再变“新二元结构”为“一元结构”，将农民工合并到“非农户”中，实现达到一元户籍结构的过渡，此解决方案与转户大同小异。

除此之外，许多学者从其他角度对解决农民工落户问题建言献策。邹一南（2014）提出应当改变单一地消除城市内部户籍与非户籍居民享受城市福利失衡的改革政策取向，转而致力于缩小不同规模城市经济社会发展水平的失衡。陈玉光（2015）认为户籍制度创新、土地制度、社会保障制度、教育培训体制机制、农民工社会参与的体制机制等是解决农业转移人口“半城市化”问题的关键。李志德（2010）认为户籍制度变迁的重点是一方面增加城市吸纳农村剩余人口的公共资源供给，另一方面加快社会主义新农村建设，缩小城乡差距，实现城乡和谐发展，从而处理好城市户籍的供需关系。

（二）走向差别化落户的初步探寻

农民工群体落户进展举步维艰，近年来，有些学者寻找新路，开始转向开展农民工群体差别化、精准化落户的研究，取得了一些初步成果。

学术界对“差别化”具有不同的理解。从城市规模的角度，分大、中、小城市和小城镇实施差别化落户政策的文献较多，提出合理确定大城市落户标准、有序放宽中小城市落户限制相关举措（辜胜阻、李睿、曹誉波，2014；张琛、吕世辰，2016）。也有依据农业转移人口对当地城镇经济社会发展贡献的大小在落户时序上体现一定的差别，设置工作年限、纳税情况、各项社保费缴纳情况、获得专业技能证书情况等多项指标，确定优先转为当地城镇户籍居民（陈玉光，2015）。这两种差别化处理的方式与中央政策较为接近。

同时，也有从其他较为新颖的角度进行“差别化”划分。王春蕊（2014）根据“转户”农民工农村核心权益的配置方式作为划分依据，提出大、中、小城市和小城镇对农民工“转户”具有层级吸引力：中小城市和小城镇，在全面放开落户条件的同时，可尝试允许农民工保留农村土地承包经营权、宅基地使用权、农村集体经济收益分配权等核心权益转户，通过“转户”的福利增进，引导农民工向中小城市和小城镇转移落户；对于大城市和特大城市，根据城市的容纳程度和发展水平，可以采取设定过渡期的方式，允许农民工适当保留农村核心权益转户，实现“转户”农民工社会福利配置。张车伟（2012）根据人口承载能力进行划分，提出在人口规模达到承载极限的城市地区，设置一定的准入门槛，有选择地让部分人进入；在那些仍然具有承载人口潜力且需要加快经济发展的地方，需要最大限度地聚集人力资源优势，通过“以劳引资”方式实现经济快速发展和产业聚集；在生态环境脆弱、不适合人类生产生活的地方，则需要鼓励人口迁出，减轻人口对资源环境的压力，实现人口与生态环境之间的良性互动。张琛、吕世辰（2016）则从更多维度加以划分，针对东中西部城镇化存在差异，提出放宽农业转移人口进入中西部地区的政策限制，严格控制东部地区人口落户规模；针对不同类型村落农业人口落户需求的差异，提出吸引远离城市的农村人口进入城市，让近郊村的农业人口放心进入城市落户，有序完成城中村改造以及城中村农民的就地城镇化；针对不同类型农业转移人口的利益权益保障差异，提出按年龄层次划分老中青三代农民工的差异化政策。

评述：学术界对农民工差异化落户有初步的研究探索，但还在起步阶段，其差异化分类缺乏理论依据，提出的农民工群体差异化落户路径还停留在思路与策略方面，可操作性有待加强。

四、关于农民工群体落户的配套政策研究

（一）农民工子女教育政策

对农民工子女教育问题的研究比较丰富。范先佐等（2009）建议构建“以市为主、各级政府分担”的经费保障机制，即主要由流入地市级财政承担主体费

用，区一级政府的教育部门专心于农民工子女的教育教学管理，无须承担财政责任；省级财政对省内流动的农民工子女义务教育提供专项转移支付；中央财政对跨省流动的农民工子女义务教育提供奖励性转移支付。吴霓（2010）则从教育资源布局角度，提出通过教育资源的布局引导农民工流向的建议。熊萍（2012）在讨论农民工子女教育时提出，农村居民转户后，户籍迁入地和居住地一致的，转户居民子女可按照就近入学的原则就读城市学校，享受与现有城镇学生的同等待遇，由迁入地教育部门安排入学；户籍迁入地和居住地不一致，由居住地教育部门安排学校入学；当学生就近就学容量不足时，当地教育部门采取随机派校等形式统筹安排学生相对就近就读。

（二）农民工社会保障政策

对农民工社会保障问题的解决，主要有三种认识，分别是将农民工纳入城镇社会保障体系、纳入农村社会保障体系以及建立新的农民工社会保障体系。

周毕芬等（2004）、高泉等（2004）认为，将农民工纳入城市社会保障系统是建立全国统一劳动力市场，打破城乡二元结构、实现城乡一体化以及促进农村经济发展的需要，是我国社保制度改革的必然趋势。杨立雄（2004）对此表示反对，认为将农民工纳入城市社会保障系统既会造成城镇职工与农民工社会保障待遇的不平等，也会给脆弱的城镇社会保障系统造成压力，提出应将农民工社会保障纳入农村社会保障体系，根据不同地区的经济状况选择不同的社会保障内容，建成正式保障与非正式保障相结合的农村社会保障体系，并逐步向城乡一体化的社会保障体制过渡。提出建立新的农民工社会保障体系的学者似乎更多，如郑功成（2002）建议参照城镇社会保障制度，对农民工实行分层分类保障：首先建立农民工的工伤保险制度，其次建立大病或疾病住院保障机制，然后再考虑建立农民工社会救助制度。对于农民工最低生活保障制度，李强（2004）提出在大城市建立“公共劳动”，保障失业农民工能够通过“公共劳动”得到生活保障。李迎生（2006）指出农村社会保障制度已不能满足农民工的需要，现阶段应推出相对独立的农民工社会保障制度，建构一种作为过渡形态的“三元社会保障模式”，根据农民工的具体情况建立大范围内归农村社会保障体系管理而小范围内又有其特殊性的社会保障制度。毛光烈（2009）等认为农民工身份的过渡性要求必须建立有利于城乡衔接的农民工社会保障制度。

（三）农民工住房政策

住房是农民工在融入城市生活中成本最高的支出，也不是轻而易举就能解决的问题。对此，马万里、陈玮（2008）提出“四位一体”地解决农民工住房问题的思路，即中央政府应着重于解决覆盖全社会公民基本需要的社会保障，从而提高农民工的住房消费能力；流入地和流出地政府应着重于农民工的生存环境、土地关系、住房建设规划、住房保障体系建设等问题的解决；农民工用工单位是改善农民工居住条件的责任主体，要为招用的农民工提供符合基本卫生和安全条件的居住场所，并逐步改善其居住条件。黄艳辉、汤腊梅（2009）提出，目前农民工的住房问题主要还是通过现有的住房市场加以解决，特别是二手房的买卖和租赁。张道航（2010）从4个方面提出解决农民工城镇住房问题的途径，包括推进户籍制度改革，使农民工住房问题的解决与普通市民一样被纳入政府的公共服务；变革现行土地制度，由政府部门回购进城农民工的土地，使进城农民工得到一部分进城购房置业的资本；建设城市流动人口公共住宅；将农民工纳入城市住房保障体系。王玉峰（2015）提出将城市的经济适用房、廉租房等公共住房逐步向农民工开放，让新生代农民工也能享受到城镇住房保障带来的实际好处。

（四）农民工的农村土地处置政策

对农民工落户土地问题处置政策的研究也较多，处置方式主要有两种。第一种方式已经成为许多地区的实践，并形成了不同的模式，如天津“宅基地换房”、成都的“三个集中”和嘉兴的“两分两换”等模式（陶然等，2010）。宓小雄（2010）提出了“土地换保障”的保障模式，即改革土地制度，给予农民永佃权或产权，农民工以土地的永佃权或产权换取现代社会保障体系中的社会保障账户，以达到与城市一体化的保障水平，实现其市民化。虽然许多研究持质疑或是反对态度（韩俊，2009；夏锋，2010；王东京，2009），但这无疑是经过无数探索后形成的一种处置农村问题的方式。第二种方式在我国一些发达地区也进行了探索，受到许多学者的热捧。陆铭（2010）认为未来的土地制度改革应促进非农业用地指标的跨地区再配置，应允许农村宅基地所对应的建设用地指标入市进行跨地区交易，让进城务工的农村户籍人口用自己拥有的建设用地指标换取其就业所在地的户籍、社会保障和公共服务，通过交易机制的建立，确保农民分享城市化和工业化进程中产生的土地增值收益。汪晖等（2009）、陶然等（2010）认为浙江省开展的以“折抵、复垦指标”“待置换用地区”为2个基本要素的“区域内土地发展权转移”政策，以及以“折抵指标有偿调剂”“基本农田易地代保”“易地补充耕地”为3个主要内容的“跨区域土地发展权交易”政策，具有探索性。

评述：对农民工落户配套政策研究成果丰硕，通过学者的思想碰撞，对政策制定者提供了不少有益借鉴。但是，农民工群体千差万别，农民工所在地域各有特色，许多点状的研究不能形成面状的解决方案，要解决如此庞大的农民工群体落户的配套政策体系，还需要从细分农民工群体特征和地域状况着手，提出精细化的解决方案。

五、关于农民工落户成本测算及分担机制的研究

（一）农民工落户成本的内涵

农民工落户成本是推进农民工落户必须考量的因素，往往成为地方政府不积极推动农民工落户的主要原因，因此必须充分认识农民工落户成本的基本内涵。张国胜（2009）认为农民工落户成本是使农民工在身份、地位、价值观、社会权利以及生产、生活方式等方面全面向城市市民化转化并顺利融入城市社会所必须投入的最低资金量。黄锟（2011）提出农民工市民化成本包括因为城镇人口增加而导致的公共投资的增加，以及政府需要承担的新增市民的社会保障、公共服务和社会福利的支出。在界定农民工落户成本时，不同学者对农民工落户成本具

体界定存在不一致，但更多的学者都从个人成本和社会成本角度对农民工市民化成本进行探讨，中科院可持续发展研究组（2005）将农民工市民化成本界定为基础成本、生活成本、生存空间成本、智力成本、社会保障成本、居住成本；张国胜、杨先明（2008）认为农民工市民化成本包括社会保障成本、住房成本、智力成本、私人生活成本、基础设施成本。也有许多学者仅仅考虑农民工落户的个人成本或是公共成本（周晓津，2011；国务院发展研究中心课题组，2011；申兵，2012）。

（二）农民工落户成本的测算

农民工落户成本测算是推进农民工落户的基础。在农民工落户成本测算方面，学者们存在差异，有学者认为测算农民工落户成本仅包含政府支付的公共服务成本，也有学者认为测算农民工落户成本不仅包含公共成本，也包含农民工个人支付的私人成本。国务院发展研究中心课题组（2011）和申兵（2012）属于前者。国务院发展研究中心课题组（2011）分别对重庆、武汉、郑州、嘉兴等地进行考查，对涉及教育、医疗、养老、各种民政补助求助和社会管理等领域，分别提出各个城市的农民工市民化成本，其中重庆为80409元/人，嘉兴为83690元/人，武汉为85087元/人，郑州为77361元/人。申兵（2012）仅考虑义务教育、公共卫生、就业扶持与社会保障、住房保障，测算出宁波的农民工市民化成本为1.35万~2.55万元/人。

陈广桂（2004）、张国胜等（2008）既考虑到公共成本，也考虑到私人成本。陈广桂（2004）分别研究了不同类型的城市，将落户成本细分为人均生活成本、人均智力成本、人均自我保障成本、家庭居住房成本等，提出特大城市农民工落户成本为34868元/人，大城市为18882元/人，中等城市为10881元/人，小县城为8031元/人，农村小城镇为3654元/人。张国胜等（2008）针对23个东部沿海城市和21个内陆省会城市，分别提出东部第一代农民工、第二代农民工在东部沿海地区和内陆地区的落户成本；在他的研究里，第一代农民工落户成本略高于第二代农民工，东部沿海地区落户成本远远大于内陆地区。

（三）农民工落户成本的分担机制

成本分担机制的缺陷是制约农民工市民化有序推进的关键。从中央与地方来看，部分农民工市民化成本从中央转嫁到地方，地方城市政府出于自身财政属性、财政状况的考虑，在农民工市民化的成本投入上没有动力（郭庆松，2011）。因此，要强调中央与省级政府应该重点加强跨省（市）农民工集中流入地区的支持（申兵，2012；柳博隽，2012）。此外，企业需要承担农民工的社会保险、职业培训等方面的市场成本，个人则承担市民化的生活成本。分税制下的中央与地方在农民工市民化的成本负担上的制度现状，是影响农民工市民化的衍生性政策体制障碍（刘传江、徐建玲，2007）。必须充分发挥政府的主导作用，加大各级财政的投入力度，同时鼓励企业、农民、社会积极参与，逐步建立一个由政府、企业、农民、社会等共同参与的多元化成本分担机制（魏后凯、盛广耀，2015）。申兵（2012）提出应进一步明确中央和地方支出领域，充分发挥企业的作用，具体而言，地方政府承担公共卫生、教育、就业扶持和权益维护方面的主要投入，中央和省级政府加大对跨省（自治区、直辖市）农民工集中流入地区的支持，企业分担就业培训、权益维护、社会保障和住房条件改善的成本，由此形成政府间以及政府与企业间的分担机制。

评述：目前，国内关于农民工市民化成本测算及分担机制的研究文献10多篇，都充分认识到其重要性，但无论是测算方式还是解决方案都众说纷纭，迄今还没有形成一个让大众广泛认可的说法，农民工市民化成本测算及分担机制的建立健全仍然是下一步推进农民工市民化及落户的关键所在。

六、向差别化落户迈进的农民工落户研究

长期以来，户籍制度改革问题都是国内学者研究的热点领域，国家出台新型城镇化战略以及关于推进户籍制度改革的意见以来，农民工市民化、落户政策研究散见于各处，学者们见仁见智，提出了诸多独特的见解，但户籍制度改革依然

陷入困境。总体来看，关于农民工群体落户方面的研究存在以下发展趋势：

第一，落户是农民工市民化的重点所在。农民工市民化是新型城镇化的关键这一点已经取得广泛共识，但对于落户与市民化的关系认识尚未统一。尽管也有人认为户籍不是市民化的唯一标志，不能简单地改变转移人口的户籍实现市民化，但更多的人、更主流的认识是要将农民工变成市民，必须去掉农民工的农业户籍，取得城市户口，以户籍化促进农民工的城镇化、以户籍身份确保社会保障与公共服务的共享。

第二，向差别化落户迈进是户籍制度改革的基本方向。与我国区域经济发展不均衡相对应，不同地区农民工市民化面临着不同的问题与困境，无论是城市规模层面的大、中、小城市和小城镇，还是农民工群体的技能等自身特征都存在显著差异，要切实推动差别化落户政策的实施，必须同时高度重视地区和人群的特殊性，牢牢把握户籍制度改革向差异化落户迈进的基本方向。

第三，差别化落户需要更精准的政策体系支撑。现有文献对于市民化的解决思路和路径中，无论是推行基本公共服务均等化，还是推行户籍制度改革，都更多在原则上、方向上以及理论层面提出见解，尚难以支撑农民工群体差别化落户的推动实施，也难以回应解决李克强总理提出的3个“1亿人”问题，因此必须从落户群体、落户地域的细分角度，提出更加细化、更加精准的实施方案，实现“户籍人口城镇化率加快提高”的目标。

参考资料

1. 马晓河. 城镇化是我国经济增长的新动力［N］. 人民日报，2011-12-07.
2. 国务院发展研究中心课题组. “十二五”时期推进农民工市民化的政策要点［J］. 发展研究，2011（6）.
3. 范虹珏. 差别化茫政策对我国城镇化的影响与对策——从人口市民化的角度分析［J］. 甘肃理论学刊，2014（5）.
4. 辜胜阻，李睿，曹誉波. 中国农民工市民化的二维路径选择——以户籍改革为视角［J］. 中国人口科学，2014（5）.
5. 陆学艺. “三农论”：当代中国农业、农村、农民研究［M］. 北京：社会科学文献出版社，2002.
6. 邓鸿勋，陆百甫. 走出二元结构: 农民工、城镇化与新农村建设［M］. 北京：中国发展出版社，2006.
7. 刘传江，徐建玲. 中国农民工市民化进程研究［M］. 北京：人民出版社，2008.
8. 张翼. 农民工“进城落户”意愿与中国近期城镇化道路的选择［J］. 中国人口科学，2011（2）.
9. 王春蕊. 农民工市民化转型中的权益谱系与匹配机制［J］. 河北学刊，2014（6）.
10. 刘燕，李录堂. 农民工城市落户需求影响因素实证分析——以西安市为例［J］. 统计与信息论坛，2015（3）.
11. 秦立建，王震. 农民工城镇户籍转换意愿的影响因素分析［M］. 中国人口科学，2014（5）.
12. 卢小君，向军. 农民工进城落户意愿研究——以大连市为例［M］. 调研世界，2013（11）.
13. 李强. 农民工与中国社会分层［M］. 北京：社会科学文献出版社，2004.
14. 谢云，曾江辉，夏春萍. 农民工落户城镇意愿及影响因素调查——以湖北为例［J］. 调研，2012（9）.
15. 许抄军，陈四辉，王亚新. 非正式制度视角的农民工市民化意愿及障碍——以湛江市为例［J］. 经济地理，2015（12）.
16. 张怡然，邱道持，等. 农民工进城落户与宅基地退出影响因素分析——基于重庆市开县357份农民工的调查问卷［J］. 中国软科学，2011（2）.
17. 国家发展改革委国土所课题组. “十二五”时期促进农民工市民化问题问题［R］. 国家发展改革委宏观经济研究院重点课题，2012.
18. 郑思齐，等. 农民工住房政策与经济增长［J］. 经济研究，2011（2）.

19. 傅晨，李飞武. 农业转移人口市民化背景下户籍制度创新探索——广东“农民工积分入户”研究［J］. 广东社会科学，2014（3）.
20. 邹一南. 城镇化的双重失衡与户籍制度改革［J］. 经济理论与经济管理，2014（2）.
21. 毛丹，王燕锋. 市农民为什么不愿做市民——城郊农民的安全经济学［J］. 社会学研究，2006（6）.
22. 杨伟民. 积极稳妥推进城镇化［J］. 中国发展观察，2014（4）.
23. 肖金成. 谈谈农民工的市民化、本地化、家庭化——中国城镇化的基本途径［J］. 中国经贸导刊，2012（2）.
24. 陶然，王瑞民，潘瑞. 新型城镇化的关键改革与突破口选择［J］. 城市规划，2015（1）.
25. 叶裕民. 城市化难点在于流动人口［J］. 小康，2014.
26. 陆铭. 活在城市，还是生活在城市［J］. 上海交通大学学报（哲学社会科学版），2014（4）.
27. 梁琦，等. 户籍改革、劳动力流动与城市层级体系优化［J］. 中国社会科学，2013（12）.
28. 傅晨，李飞武. 农业转移人口市民化背景下户籍制度创新探索——广东“农民工积分入户”研究［J］. 广东社会科学，2014（3）.
29. 张桂文，孙亚南. 二元经济转型中收入分配的演变［J］. 中国人口科学，2013（5）.
30. 蔡昉. 以农民工市民化推进城镇化［J］. 经济研究，2013（3）.
31. 杜睿云，段伟宇. 城镇化背景下的户籍制度改革：方向、重心与路径选择［J］. 当代经济管理，2011（3）.
32. 王一鸣，等. 关于加快城市化进程的若干问题研究［J］. 宏观经济研究，2000（2）.
33. 张车伟. 户籍制度改革需要差别化的政策［J］. 人口与发展，2012（2）.
34. 熊万胜. 新户籍制度改革与我国户籍制度的功能转型［J］. 社会科学，2015（2）.
35. 岳澎，黄解宇. 从“二元结构”到“三元结构”——中国“农民工”的户籍演变路径及其解决方案［J］. 农业现代化研究，2008（2）.
36. 陈玉光. 以体制机制创新推动农业转移人口市民化［J］. 哈尔滨市委党校学报，2015（1）.
37. 李志德. 中国户籍制度变迁的路径选择：城市户籍的供需均衡与实现［J］. 经济体制改革，2010（4）.
38. 张琛，吕世辰. 争议农业转移人口差别化落户政策［J］. 中共山西省委党校学报，2016（2）.
39. 范先佐，等. 农民工子女义务教育经费保障机制构想［J］. 中国教育学刊，2009（3）.
40. 吴霓. 农民工随迁子女教育的新趋势及对策［J］. 求是，2010（4）.
41. 熊萍. 户籍制度视角下的农民市民化机制探析——基于推拉理论［J］. 农村经济，2012（6）.

42. 周毕芬等. 农民工：城市社会保障系统应该覆盖的对象［J］. 喀什师范学院学报，2004（5）.
43. 高泉等. 农民工社会保障权的实现［J］. 中国发展，2004（2）.
44. 杨立雄. “进城”还是“还乡”——进城务工农民社会保障政策的路径选择［J］. 中国社会保障，2004（2）.
45. 郑功成. 我不太赞成农村社会保障这个提法［N］. 21世纪经济报道（电子版），2004-05-13.
46. 李迎生. 中国农村社会保障体系研究［M］. 合肥：安徽人民出版社，2006.
47. 毛光烈. 关于农民工社会保障实践的新思考［J］. 中国经济时报，2009-12-15.
48. 马万里，陈玮. 建立健全面向农民工的城市住房保障体系研究［J］. 城市规划，2008（5）.
49. 黄艳辉，汤腊梅. 农民工住房现状及发展对策［J］. 湖南城市学院学报，2009（10）.
50. 张道航. 城市农民工住房现状及其解决路径［J］. 大连大学学报，2010（1）.
51. 王玉峰. 新生代农民工市民化的现实困境与政策分析［J］. 江淮论坛，2015（2）.
52. 陶然等. 中国尚未完成之转型中的土地制度改革：挑战与出路［J］. 国际经济评论，2010（2）.
53. 宓小雄. 土地换保障：化解农村社保困局［N］. 中国经济时报，2009-07-29.
54. 韩俊. 现阶段我国农民工流动和就业的主要特点［J］. 发展研究，2009（4）.
55. 夏锋. 土地换社保不是长期制度安排［N］. 中国证券报，2009-08-05.
56. 王东京. 质疑“土地换社保”［N］. 中国经济时报，2009-12-14.
57. 陆铭. 建设用地指标可交易：城乡和区域统筹发展的突破口［J］. 国际经济评论，2010（2）.
58. 汪晖，等. 论土地发展权转移与交易的“浙江模式”——制度起源、操作模式及其重要含义［J］. 管理世界，2009（8）.
59. 张国胜. 基于社会成本考虑的农民工市民化：一个转轨中发展大国的视角与政策［J］. 中国软科学，2009（4）.
60. 黄锟. 深化户籍制度改革与农民工市民化［J］. 城市发展研究，2009（2）.
61. 中国科学院可持续发展战略研究院. 中国可持续发展战略报告2005［M］. 北京：科学出版社，2005.
62. 张国胜，等. 中国农民工市民化的社会成本研究［J］. 经济界，2008（5）.
63. 周晓津. 基于福利经济学的农民工规模与市民化成本分析. 载李江涛，汤锦华. 中国广州农村发展报告（2011）［M］. 北京：社会科学文献出版社，2011.
64. 国务院发展研究中心课题组. 农民工市民化：制度创新与顶层设计［M］. 北京：中国发展出版社，2011.
65. 申兵. “十二五”时期农民工市民化成本测算及其分担机制构建——以跨省农民工集中流入地区宁波市为案例［J］. 城市发展研究，2012（1）.

66. 陈广桂. 房价、农民工市民化成本和我国的城市化［J］. 中国农村经济，2004（3）.
67. 郭庆松. 农民工市民化：破局体制的“顶层设计”［J］. 学术月刊，2011（7）.
68. 柳博隽. 建立农民工市民化成本分担机制［J］. 浙江经济，2012（10）.
69. 刘传江，徐建玲. 第二代农民工及其市民化研究［J］. 中国人口·资源与环境，2007（1）.
70. 魏后凯，盛广耀. 我国户籍制度改革的进展、障碍与推进思路［J］. 经济研究参考，2015（3）.

附件：

城市编号：

问卷编号：

调查问卷

您好！

我们正在开展一项关于农村进城就业人员工作生活状况的问卷调查，以便为国家制订和完善有关政策提供信息和依据。对问卷中所有问题的回答都没有对错之分，请您根据自己的实际情况或想法填答。本问卷不记姓名，问卷信息仅供学术研究之用，我们保证对您的回答严格保密。

您的回答对我们的调查工作非常重要，感谢您的合作！

课题组

2016年4月

填答说明：

1. 选择题如果没有特殊说明，都是单选题。
2. 回答每个问题时，请将所选答案填在题后（ ）内。
3. 问卷中如果有不清楚之处，请询问调查员。

调查日期：______年_____月____日

调查员签名：________________

一、个人基本情况

1. 您的性别：（ ）

①男

②女

2. 您的年龄：（ ）周岁

3. 您的婚姻状况：（ ）

①未婚

②已婚

③离异

④丧偶

4. 您的文化程度：（ ）

①没上过学

②小学

③初中

④高中

⑤职高、技校或中专

⑥大专及以上

5. 您的户籍所在地是：（ ）

①与就业地不在同一个省

②与就业地在同一个省，不同地级市

③与就业地在同一地级市，不同的县

④与就业地在同一县，不同乡镇

⑤本乡镇

6. 您的户籍类型：（ ）

①城镇户口

②农村户口

7. 您最初进城的原因：（ ）

①务工

②经商

③随迁家属（投靠父母、配偶或其他亲属）

④工作调动

⑤升学

⑥参军

⑦其他

8. 您已经外出进城（ ）年。

9. 您在现在的城镇居住了（ ）年。

10. 您配偶的现居住地是：（ ）

①无配偶

②与您在同一城镇居住

③在其他城镇居住

④在老家

11. 您子女的现居住地是：（ ）

①无子女

②与您在同一城镇居住

③在其他城镇居住

④在老家

12. 您全家目前是否生活在同一城镇：（ ）

①是

②否

二、就业状况

13. 您目前就业的行业属于：（ ）

①制造业

②建筑业

③批发零售业

④交通运输、仓储和邮政业

⑤住宿和餐饮业

⑥居民服务、修理和其他服务业

⑦其他（请注明）____________

14. 您目前的职业是：（ ）

①一般员工

②专业技术人员

③企业中高层管理人员

④个体或私营老板

⑤无固定职业者（如零散工、流动商贩等）

⑥无业失业人员

⑦其他（请注明）____________

15. 您是否与单位或雇主签订了劳动合同：（ ）

①签订了

②没签订

16. 您目前的月收入大概是：（ ）

①1500元及以下

②1501～2500元

③2501～3500元

④3501～5000元

⑤5001～8000元

⑥8000元以上

17. 您参加职业技能培训的情况是：（ ）

①没有参加过任何培训

②当过学徒工

③自费参加过技能培训

④参加过政府组织的技能培训

⑤参加过企业组织的技能培训

18. 您的职业技能等级是：（ ）

①没有技能等级

②初级技工

③中级技工

④高级技工

⑤技师

⑥高级技师

19. 您最希望政府提供哪方面的劳动就业服务：（ ）

①职业介绍和信息提供

②就业技能培训

③创业指导

④创业资金扶持

⑤提供公益性就业岗位

⑥保护劳动权益

⑦其他（请注明）______________

20. 您是工会会员吗：（ ）

①是，工会关系在我现在工作的单位

②是，但关系没有接转到我现在的单位

③是，但工会关系在劳务派遣公司，不在现在的工作单位

④单位有工会，但是我没有加入

⑤单位没有工会

⑦不是会员，也不知道有没有工会

21. 您希望工会为您提供哪方面的服务？（最多选3项）

①职业介绍和信息提供

②职业技能培训

③创业培训和资金支持

④在您的权益受到侵害时提供维权服务

⑤在您生活遇到困难时提供临时救助

⑥开展职业病防治，发放劳动保护用品

⑦组织职工参与企业民主管理

⑧组织旅游、文艺演出、体育比赛等活动

⑨在节假日发放职工福利

三、落户意愿

22. 您是否愿意将户口转为城镇户口：（　）（请户口类型为“农村户口”的作答）

①愿意

②不愿意

③看情况再定

④说不清

（注：第22题如选择②、③、④，不用回答第23、24、25、26、27题，请跳至第28题）

23. 如果要转为城镇户口，您希望：（　）

①只自己转

②只让孩子转

③只自己和孩子转（配偶不转）

④全家一起转

⑤其他（请注明）____________

24. 如果转为城镇户口，您希望在哪里落户：（　）

①就业地或居住地城市

②老家所在地城市

③老家所在县城

④老家所在乡镇

⑤其他（请注明）____________

25. 您想什么时候落户：（ ）

①越快越好

②近期

③符合落户条件时

④孩子上学或者有其他需要时

26. 您愿意落户的原因是：（ ）（最多选3项）

①城市的生活条件好

②城市的公共服务和福利好

③城市工作机会多

④可以申请城镇保障房

⑤为了孩子接受更好的教育

⑥不适应农村生活，回不去了

⑦其他（请注明）____________

27. 您落户最看重城镇户口的哪些权利：（ ）（最多选3项）

①子女可以在城镇上学

②有资格申请城镇保障性住房

③能享受城镇低保

④子女可以在当地参加高考

⑤政府提供就业培训

⑥能享受计划生育服务

⑦能参加城镇选举

⑧其他原因（请注明）______________

（注:第22题如选择①，不用回答第28、29、30题，请跳至第31题）

28. 您不愿意转为城镇户口，原因是什么：（ ）（最多选5项）

①城镇户口没啥用

②怕失去在农村的土地等权益

③在城镇没有稳定工作

④城镇生活费用太高

⑤全家人难以在城镇团聚

⑥难以融入城镇生活

⑦城镇难以解决住房

⑧需要照顾留在农村的老人

⑨喜欢农村的生活环境

⑩落户门槛高

⑪不清楚落户的条件与程序

28. 未来如果您具备什么样的条件，您将愿意转为城镇户口：（ ）（最多选5项）

①在城镇工作较为稳定

②在城镇收入明显较高

③在城镇购买了商品房

④在城镇有条件申请保障性住房

⑤子女能够进入城镇公立学校就读

⑥子女能在城镇参加高考

⑦不会失去自己在农村的土地

⑧不会影响分享农村集体经济收益

⑨全家人在城镇可以团聚

⑩在城镇不再受到城里人歧视

⑪其他（请注明）______________

30. 如果保留农村的土地、宅基地和集体分红，您愿意落户城镇吗：（　）

①我不愿意落

②可以考虑落户

③愿意落户

④说不清楚

31. 您是否清楚城镇的落户条件和手续：（　）（最多选2项）

①对就业地清楚

②对就业地知道一点，但不清楚

③对老家所在城镇清楚

④对老家所在城镇知道一点，但不清楚

⑤都清楚

⑥都不知道

32. 您觉得城镇的落户条件怎样：（　）（最多选2项）

①就业地落户条件太高了，很难达到标准

②就业地落户条件还好，通过努力可以达到

③就业地落户条件不高，现在就可以达到

④老家城镇落户条件太高了，很难达到标准

⑤老家城镇落户条件还好，通过努力可以达到

⑥老家城镇落户条件不高，现在就可以达到

⑦其他（请注明）______________

四、社会保险、子女教育、居住等

33. 目前用人单位或雇主为您缴纳的社会保险有：（　）（最多选5项）

①没有参加任何社会保险

②城镇职工基本医疗保险

③城镇职工基本养老保险

④工伤保险

⑤失业保险

⑥生育保险

⑦其他（请注明）____________

34. 您遇到的社会保险问题有哪些：（　）（最多选3项）

①一些用人单位或雇主逃避缴费责任

②社会保险关系跨地区转移接续难

③医保异地就医报销难

④个人缴费负担重

⑤城乡待遇不平等

⑥保障水平低

⑦其他（请注明）____________

35. 目前您子女的受教育情况是：（　）

①随父母外出，在城镇公办学校就读

②随父母外出，在城镇打工子弟学校就读

③在老家县城学校就读

④在老家乡（镇）学校就读

⑤没有正在读书的子女

⑥其他（请注明）____________

36. 您子女在入学方面是否遇到过以下情况：（　）（最多选3项）

①交过赞助费、借读费，然后就读城镇公立学校

②因交不起赞助费、借读费，只能就读城镇打工子弟学校

③因城镇学校收费太高，只能回老家就读

④因城镇学校名额不够，报不上名，只能回老家就读

⑤因为是农村孩子，被城镇公立学校拒绝入学

⑥没有正在读书的子女

⑦其他（请注明）____________

37. 您对子女教育的期望是：（ ）（最多选3项）

①在父母就业地的公办学校就读

②在父母就业地的打工子弟学校就读

③在父母就业地参加中考和高考

④提高老家学校的教学质量

⑤在老家多建设寄宿制学校

⑥其他（请注明）____________

38. 您在现居住地的居住方式是：（ ）

①单位提供的集体宿舍（包括建筑工棚）

②自己租房

③政府提供的廉租房或公租房

④自己购买商品房

⑤寄住亲戚家

⑥其他（请注明）____________

39. 您的现居住地点处于当地什么位置：（ ）

①中心城区

②近郊区

③远郊区县城

④远郊区乡镇

⑤其他（请注明）____________

40. 在现居住地，您希望如何改善住房条件：（ ）（最多选3项，请按重要性排序，重要性高的排在前面）

①用人单位提供更舒适的集体宿舍

②用人单位提供夫妻宿舍

③用人单位提供租房补贴，自己租房

④政府建设专门的农民工公寓

⑤租住当地政府提供的廉租房或公租房

⑥购买当地政府建设的经济适用房或限价房

⑦购买商品房

⑧政府改善外来人口集聚区的生活环境

⑨其他（请注明）____________

41. 您未来长远的居住打算是：（　）

①在现居住地购买商品房

②在现居住地租房

③回老家附近城镇购买商品房

④回老家附近城镇租房

⑤回老家农村自己盖房

⑥还不确定

⑦其他（请注明）____________

42. 如果您进城定居，希望如何处置自己的承包地：（　）

①保留承包地，自家耕种

②保留承包地，有补偿愿意流转

③如给城镇户口，没有补偿也愿意放弃

④即使给城镇户口，要有补偿才愿意放弃

⑤无所谓

⑥其他（请注明）____________

43. 如果您进城定居，希望如何处置宅基地和房屋：（　）

①保留，将来再用

②有补偿愿意转让

③如给城镇户口，无补偿愿意放弃

④即使给城镇户口，有补偿才愿意放弃

⑤如能置换城里的住房，才愿意放弃

⑥其他（请注明）____________

感谢您参与我们问卷，如果您还有什么建议或想法，请在此留言：

____

____

____

____